盘口语言系列 1
专家论股

盘口语言

解密与实战

毕全红◎著

四川人民出版社

图书在版编目（CIP）数据

盘口语言解密与实战/毕全红著．—成都：四川人民出版社，2019.2（2019.6 重印）
ISBN 978－7－220－11196－9

Ⅰ.①盘…　Ⅱ.①毕…　Ⅲ.①股票投资－基本知识　Ⅳ.①F830.91

中国版本图书馆 CIP 数据核字（2019）第 002965 号

PANKOU YUYAN JIEMI YU SHIZHAN
盘口语言解密与实战
毕全红　著

责任编辑	王定宇
封面设计	李其飞
版式设计	戴雨虹
责任校对	李　欣
责任印制	王　俊
出版发行	四川人民出版社（成都市槐树街 2 号）
网　　址	http://www.scpph.com
E-mail	scrmcbs@sina.com
新浪微博	@四川人民出版社
微信公众号	四川人民出版社
发行部业务电话	（028）86259624　86259453
防盗版举报电话	（028）86259624
照　　排	成都木之雨文化传播有限公司
印　　刷	成都蜀通印务有限责任公司
成品尺寸	185mm×260mm
印　　张	14.75
字　　数	250 千
版　　次	2019 年 2 月第 1 版
印　　次	2019 年 6 月第 2 次印刷
书　　号	ISBN 978－7－220－11196－9
定　　价	48.00 元

谨以此书献给过去23年我作为交易员时的同人、股民朋友、师长，你们的交易技能、操作技巧给了我极大的帮助，这是我一生最大的财富。同时希望此书能够对众多的股票交易人员有所帮助。

序言 FOREWORD

二十三年磨一剑，毕全红讲解盘口技巧的著作《盘口语言解密与实战》面世，其意义极为深远。这本著作可以帮助投资者快速学会盘口语言，看懂主力机构的操盘手法及其实际意图，从而获取稳健的收益。本书凝聚了作者的心血和创新，他将二十多年的研究心得编撰成册，力图用最简洁的语言，结合所绘制的分时走势图和K线走势图，帮助读者在最短的时间内学会读懂盘口的技术。

投资市场是一个没有硝烟的战场，在一个零和博弈的市场环境中，只有努力学习前辈们对市场的感悟和总结，才能走得更快更远。很多投资者认为能做好投资的人都是天才、高智商，但是事实却不尽如此，诸多经济学家、诺贝尔奖获得者等高智商人群参与市场也都亏损累累。归根结底，投资是一个概率游戏，能够熟练掌握技术是一方面，重要的是能够始终做到知行合一，及时对市场进行归纳和总结。

就如作者所言，盘口挂单决定了分时成交，分时成交决定了分时波形，分时波形走势才决定了K线。大多数技术分析者是从单根K线入手，然后开始研究K线组合，紧接着是形态、浪型，最后是趋势。但是主力往往会做好趋势让投资者买在高点，卖在低点。因此，投资者很有必要从源头出发，在分时盘口掌握主力的动向，揣摩主力的意图。

本书开篇就讲述了技术分析的弊端，讲解了主力是如何通过技术诱使投资者入坑被骗。但是凡事都讲究两面性，有反面必然相应地有正面。主力在操盘的过程中，在盘口留下线索，投资者若能学会本书对盘口的挂单、波形、量峰等的归纳总结，投资者便能“以其人之道，还治其人之身”，把握关键的盈利点，从主力手中分得一杯羹。

万变不离其宗。主力操盘方式再变化多样，也无非就是通过盘口语言诱使投资者上套。作者通过大量图表帮助投资者深刻地理解盘口语言的奥妙，掌握盘口语言的实战意义。同时，作者通过详解实盘操作日志的方式，贴出每一笔交割单，讲述所创的胜利V进场模型等选股方法，教会投资者如何从市场中稳定获取收益。

资金管理始终是投资者的一大弊病，牛市快涨却只挣了小钱，熊市慢跌却亏了大钱。究其原因，一是投资者不懂得顺势而为；二是不懂得如何在不同的环境中掌控自己的资金，不懂得如何控制仓位的比例。作者从牛市、平衡式、熊市三个传统意义上的市场环境分别讲述资金的管理模式，可谓是面面俱到。

《孙子兵法》有云：“夫未战而庙算胜者，得算多也；未战而庙算不胜者，得算少也。多算胜，少算不胜，而况于无算乎！”投资市场也如战场，没有详细的操盘计划，就不能在合适的时机做出合适的选择。主力尚且在操盘前做好完美的计划，更何况一般投资者？在操作伊始，就应当对所有的内容考虑妥当，面临什么情况该做如何选择，包括对止盈止损的设置，等等。

我和毕老师相识多年，都在从事投资者教育培训工作。当下正值市场寒冬，随着市场容量越来越大，同时2018年中国A股正式纳入MSCI，市场内的关系也将越来越复杂，更有必要多学习、多思考、多总结。毕老师不吝笔墨，将二十多年股票盘口操作的经验和技巧悉数写于书内，传授于更多的人，帮助更多的人在这个市场中快速成长，功德无量。希望有缘人能够得之！

江海

2018年11月15日

江海，江氏操盘创始人，中国投资者教育联盟发起人，中国职业操盘手培训导师，中和应泰联合创始人，中国管理科学院特约研究员。江海2019年将在全国举办40场江氏操盘战法的分享会，时长超过120天，欢迎读者朋友关注其微博“投教第一人江海”了解开课信息。

前言 PREFACE

盘口语言反映一切

20多年来，中国的股市从无到有、从有到快速地发展壮大。中国股市从8只股票开始，到现在已经有包括A股、B股、中小板、创业板四大体系近3000只股票。市场千变万化，影响股价波动的因素错综复杂，如国家政策、国际形势、各种利好利空消息、投资者的心理预期等，但是最终都会通过盘口语言表现出来。

作为一个股票投资者，无论你投资操作的时间长短、经验多少，都要学习。学习内容从初期的K线、成交量、均线、指标到更高深的江恩理论、艾略特波浪理论。但是，从实战的交易结果看，大多数人实际上还是很不理想。亏损、套牢、焦虑一直伴随着股民。

难道这种窘境就不能改变吗？当然不是。本人曾经也是一个普通的散户。自1995~1998年一直从事股票的操作，其间也和其他股民朋友一样赚少亏多。但自从在上海长时间跟随恩师——机构泰斗盛宗元后才对股票操作、主力的操盘细节有了常人所不能达到的认识。

我们进行交易的依据多数就是技术分析和基本面分析。没错，几乎人人都是如此。但是这种分析方法有很大的弊端，那就是严重的滞后性。依据技术分析无非是从K线到K线组合、K线组合到形态、形态到浪型、浪型到趋势。我们只有在趋势形成之后才敢于交易。殊不知，一旦进场，多数人都是买在最高点而出现亏损。为什么会出现这样的情况呢？原因我在1998年到上海才找到，那就是我并没有注意K线形成之前的细节——挂单决定了分时成交，分时成交决定了分时波形走势，分时波形走势才决定了K线。大多数人都不会去关注分时图，也就是分时图盘口，所以造成我们没有把握到盘口细节的地方。主力是在建仓、出货、洗盘，全然不知。要想成为股市中的赢家，就必须能够读懂主力资金的语言，看懂主力行为背后的真实意图。笔者总结17年股票盘口操作的经验与技巧，希望帮助读者朋友找到成功的捷径。

《盘口语言解密与实战》首先讲解我们广大的投资者操作时为什么会经常犯错误，指出我们经常运用技术分析来操作的劣势在哪里；第二章阐述盘口的重要性、盘口的概念、盘口的基础理论、怎样看盘口和用盘口的细节来把握主力的操盘意图，抛开技术分析的理论如何用盘口把控买点和卖点，怎样用挂单、量峰的关系来配合操作；第三章是本书的重点，讲述笔者猎庄的方法（一个重要的进场模型——“15”模型）；第四章教大家写操盘计划，并通过实战中的案例来讲述“15”模型的运用，这是为了便于读者朋友对“15”模型做更深入的理解和把控；第五章是通过在实战中的每一笔交割单来讲解笔者买入和卖出的原因，其中的“黑天鹅事件”重庆啤酒的成功赢利并回避大风险的交易可以称为“绝示”；第六章是实战中资金操作的比例和技巧；第七章是习题，检验学习效果；第八章是笔者的一点儿操作心得；第九章介绍一款准确、高效的智能选股APP，希望帮助股民真正受益。总之，本书是笔者近20年股票操作沉淀下来的心得，希望给朋友们以帮助。祝大家在未来的日子里财源广进，操作顺利，开心每一天。

毕全红

2013年2月于深圳

目录

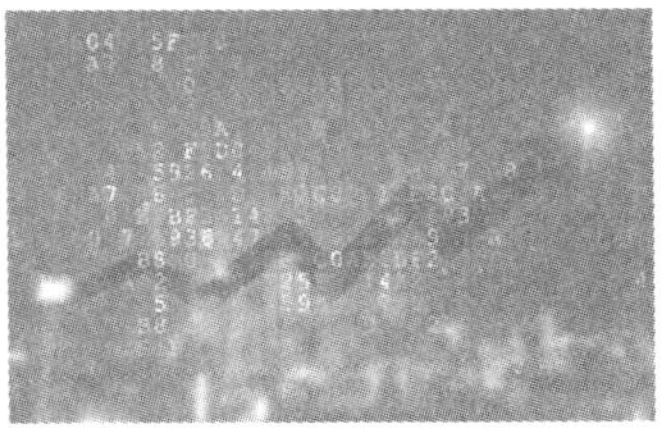

第四章 怎样写操盘计划 P159

第五章 实战操盘日志 P171

第一章

技术分析的弊端和技术骗线

“不是我们无能，是主力太狡猾了。”从我国证券市场的建立到现在已经20多年了，我们的每一位投资者在市场中都受过煎熬，亏损、套牢、抑郁长时期相伴随。在主力面前我们就没有办法了吗？当然有。欲在市场中了解主力操作的每个动作，非盘口莫属。当然，笔者并不是完全反对运用技术分析，在实战中适当地使用技术分析是必要的，但是要客观，必须配合盘口技术的掌握。

有人问笔者：请问毕老师，技术分析是不是股票投资最好的分析途径？

笔者回答：当然不是。因为在从中国股市开市以来20多年的时间里，大多数投资者都是以技术分析来引导操作的。技术分析的方法有K线理论、波浪理论、江恩理论、黄金分割率等，但是掌握了这些理论就可以高枕无忧吗？当然不是。主力深深地知道这一点，并利用技术做骗线让我们广大散户上当。

技术骗线的种类有多种，而主力常用的有两种：一是向上做假突破的技术骗线，二是向下做破位的技术骗线。

一、向上做假突破的技术骗线

主力在运作一只股票的过程中往往采取拉高出货的手法进行派发，而波段性的操作是主力常用手段。所谓波段性的操作就是指主力经过对股价连续多日的打压后，逢低吸纳低价的筹码，而后拉高股价，日K线图走势一般表现为上涨较为强劲。这种上涨从技术分析的角度会表现为：箱体突破、波浪理论的第5浪上升、放量攻击前期股价的高点。可是往往这些情况出现后股价不仅没有继续上涨，反而日后会连续快速下跌，这就是主力利用技术性的骗线吸引不明真相的投资者在高位进场，自己出货，达到赢取波段利润的目的。

这种突破就是向上的假突破。我们来看这种情况的案例：

1. 方大集团（000055）2005年3月3日至4月28日假突破

图1-1是方大集团（000055）2005年3月3日至4月28日走势。读者朋友，你看完了这幅图，下面我们用技术分析一下方大集团的走势，然后请你在心里做个判断，方大集团后市是看涨还是看跌呢？

2005年3月23日至4月28日，该股日K线走势很漂亮。走出连续13天震荡上涨的行情，也就是震荡攀升的第5浪，理论上后市应该很值得期待。分析当时的成交量情况：温和放量，量价配合很合理。

4月28日的K线也明显要对前期高点的K线形成突破。KDJ指标继续向上盘升。综合各种技术分析加上基本面分析，如果买进这只股票，那未来收益应该远远大于风险。现在相信大家都做出了自己的判断，如果你是看涨，很遗憾，你看错了；如果你是看跌，那恭喜你，你看对了，逃过了一劫。下面由图 1－2 为我们揭开谜底。

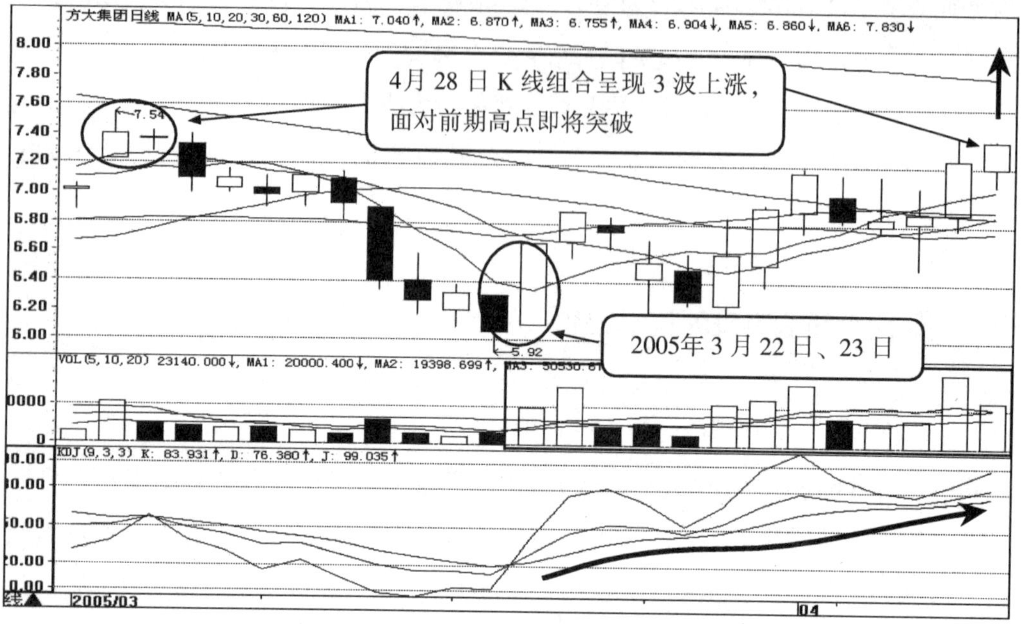

图 1－1

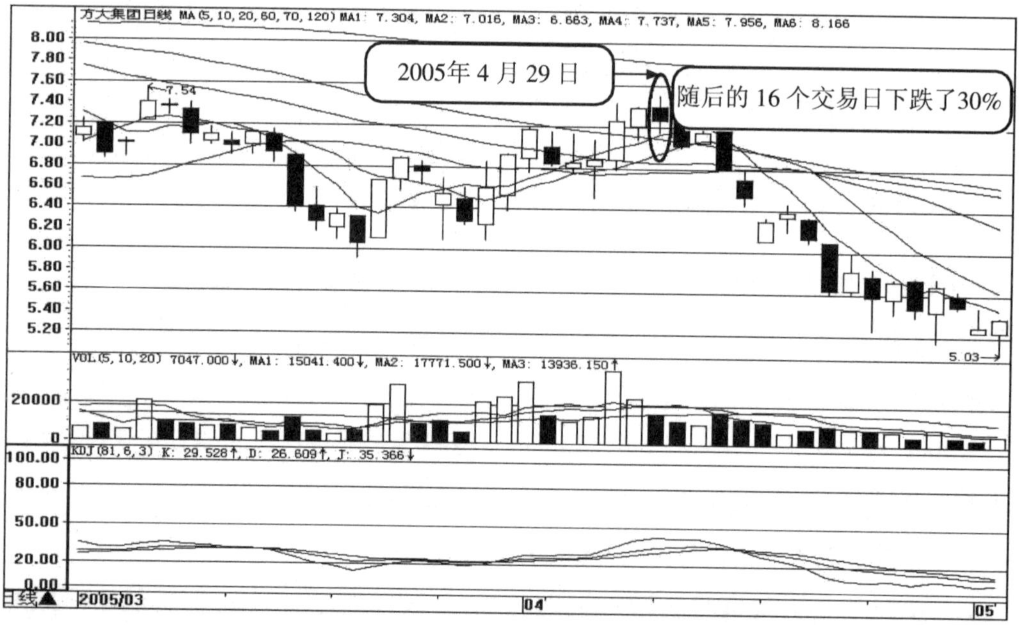

图 1－2

图 1－2 显示，该股 4 月 29 日根本就没有什么好的表现。随后的 16 个交易日股

价从 7.50 元一路下探到 5.03 元，途中也根本没有像样的反弹，不给买进的投资者反弹止损的机会，高位买进的投资者损失惨重。同期大盘还保持很强的上涨趋势，在这种情况下持有该股的多数投资者错以为这只是主力的洗盘而已，一旦洗盘结束，将来还是有机会的。实际上该股的主力在 4 月 28 日之前是故意做出漂亮的技术图形来骗取散户做多进场，而自己则有条不紊地完成派发。

警示 漂亮的蘑菇好看，但是小心有毒。

2. 国药一致（000028）2003 年 1 月 14 日至 4 月 28 日技术骗线

图 1－3 是国药一致 2003 年 1 月 14 日至 4 月 28 日走势。还是用老办法，你看完了这幅图，下面我们用技术分析一下国药一致的走势，然后请你在心里做个判断，国药一致后市是看涨还是看跌呢？

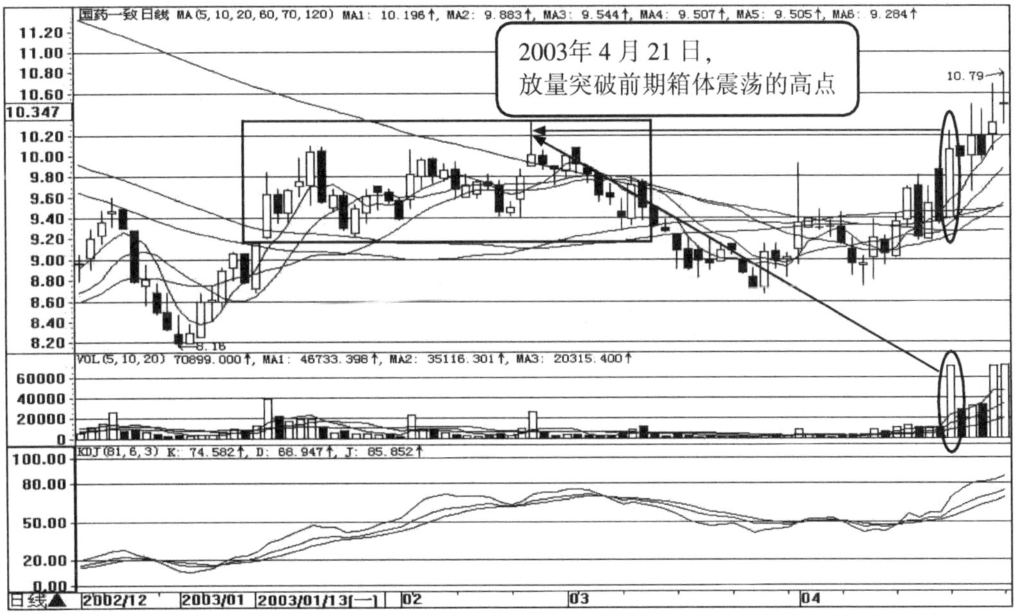

图 1－3

由于 2003 年 4 月 21 日这一天有利好的刺激，该股放量上攻拉出长阳线，对前期震荡箱体的高点产生突破的态势，之后几天股价果然突破了。而且股价连续 5 天就紧紧挨着 5 日均线继续上扬。

把 2003 年 4 月 15 日至 4 月 28 日的 K 线放大看一下。

图1－4放大后K线的走势很明显了，主力刻意采取这种阴阳交错很有规律的效果来告诉散户：上涨还会继续，而且你们可以按照这种规律大胆地做高抛低吸。这是不是真的呢？现在相信大家都做出了自己的判断，如果你是看涨，很遗憾，你看错了；如果你是看跌，那恭喜你，你看对了，又逃过了一劫。下面由图1－5为我们揭开谜底。

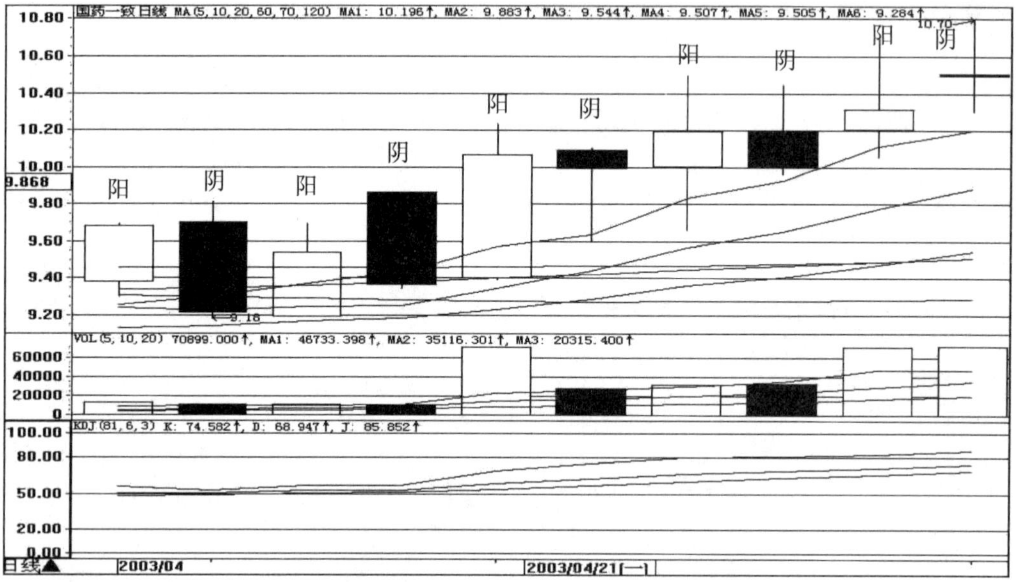

图1－4

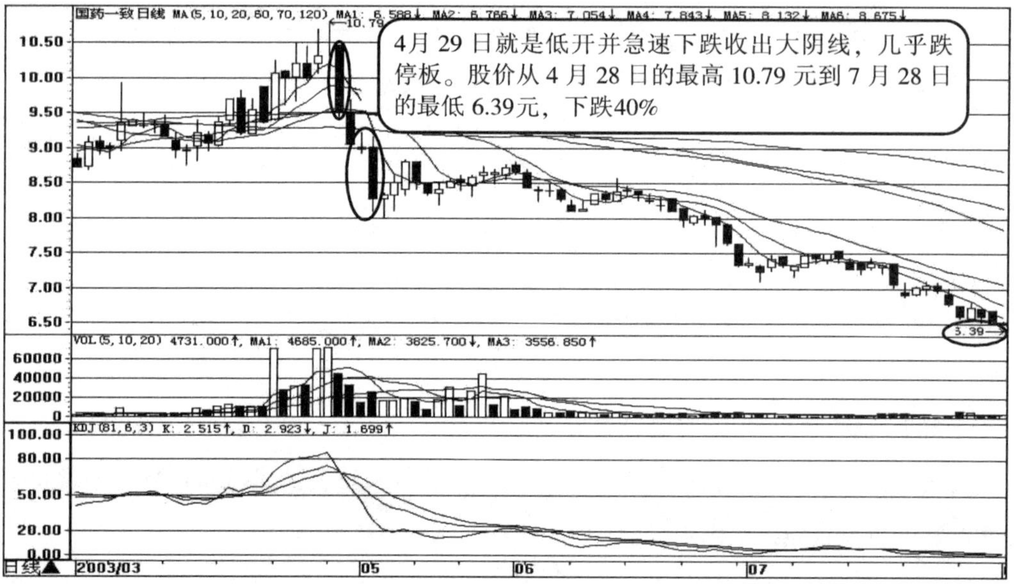

图1－5

4 月 29 日就是低开并急速下跌收出大阴线，几乎跌停板。股价从 4 月 28 日的最高 10.79 元到 7 月 28 日的最低 6.39 元，下跌近 40%。

警示 股市里一旦规律形成，那就是主力给散户挖的深坑。

3. 招商地产（000024）2010 年 1 月 14 日至 4 月 2 日假突破

图 1－6 是招商地产（000024）2010 年 1 月 14 日至 4 月 2 日走势。如果你持有这只股票，你是继续持有还是在下一个交易日择机卖出呢？如果你没有这只股票，你会买进吗？

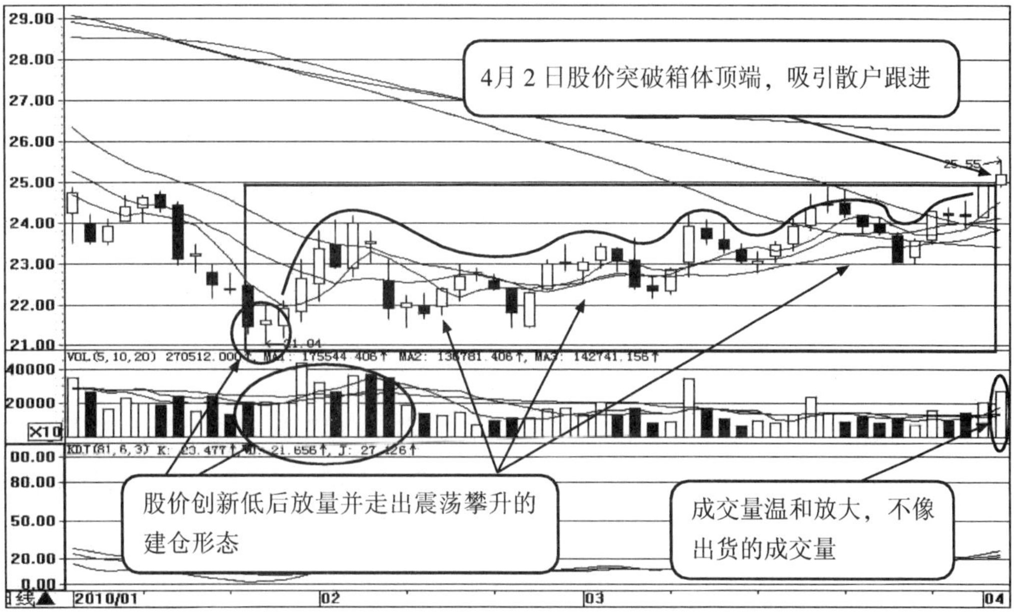
4月 2 日股价突破箱体顶端，吸引散户跟进
股价创新低后放量并走出震荡攀升的建仓形态
成交量温和放大，不像出货的成交量
25.55
21.04
2010/01
02
03
04

图 1－6

2010 年 4 月 2 日的市场情况：盘面中地产板块引领大盘强势上涨，而招商地产又是这次地产股行情的龙头。由于它走势强劲，处于龙头地位，吸引了大量市场短线资金的关注。

从盘面看股价一直走下降通道。到 2010 年 1 月 27 日股价创 21.04 元的新低，从这一天开始连续 6 天放量上攻，而后震荡攀升走出进场吸货的箱体形态。在 4 月 2 日这一天突然高开突破箱顶，属温和放量突破长期的震荡箱体走势。现在相信大家都做出了自己的判断，如果你是选择了持有或买进，很遗憾，你看错了；如果你是选择了卖出或没买，那恭喜你，你看对了，又逃过了一劫。

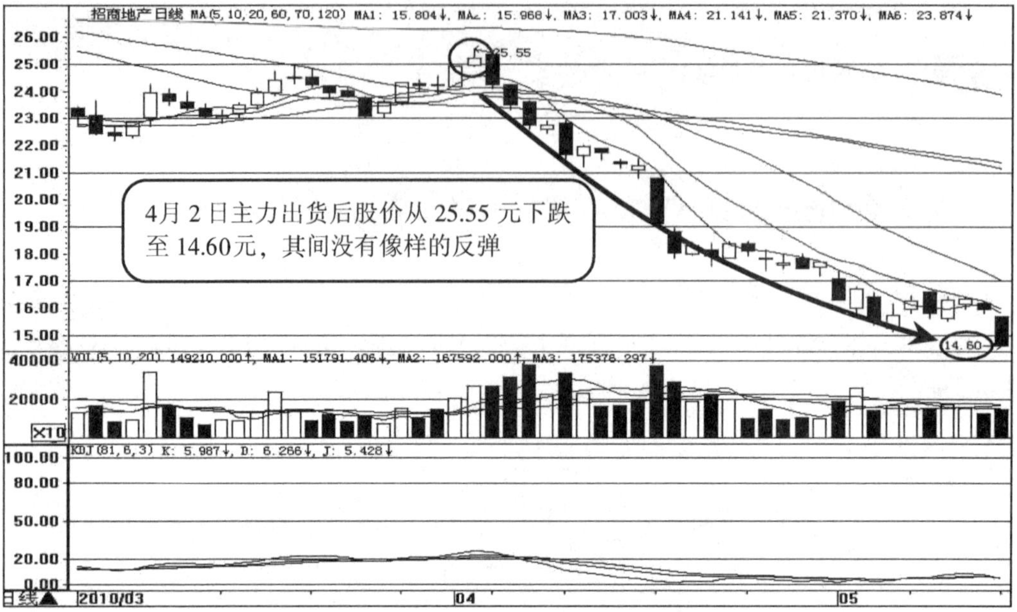

图1-7

图1-7显示，从4月2日之后行情一路狂跌，其间没有一次像样的反弹，股价从25.55元一直跌到14.60元。当然，这次假突破使得高位追进的投资者被套牢，损失惨重。

警示 主力非常了解我们广大散户的操作心理：一旦突破技术分析关键压力位（箱体突破、前期高点、形态等），我们必须要擦亮眼睛，仔细看懂盘口，分析是否是真突破。防止主力下套儿、害人。

4. *ST国商（000056）2008年3月26日至6月11日技术骗线

图1-8是*ST国商（000056）2008年3月26日至6月11日的走势。6月11日*ST国商收出一个带下影线的大阳线，这还是涨停板的大阳线。从趋势看，股价已经形成向上突破。依据波浪理论分析：股价从前期的低点启动，走出标准的5浪上升态势，而第4浪洗盘结束后，6月11日刚好拉出一个涨停板大阳线，可以完全确定上升的第5浪就要开始了。

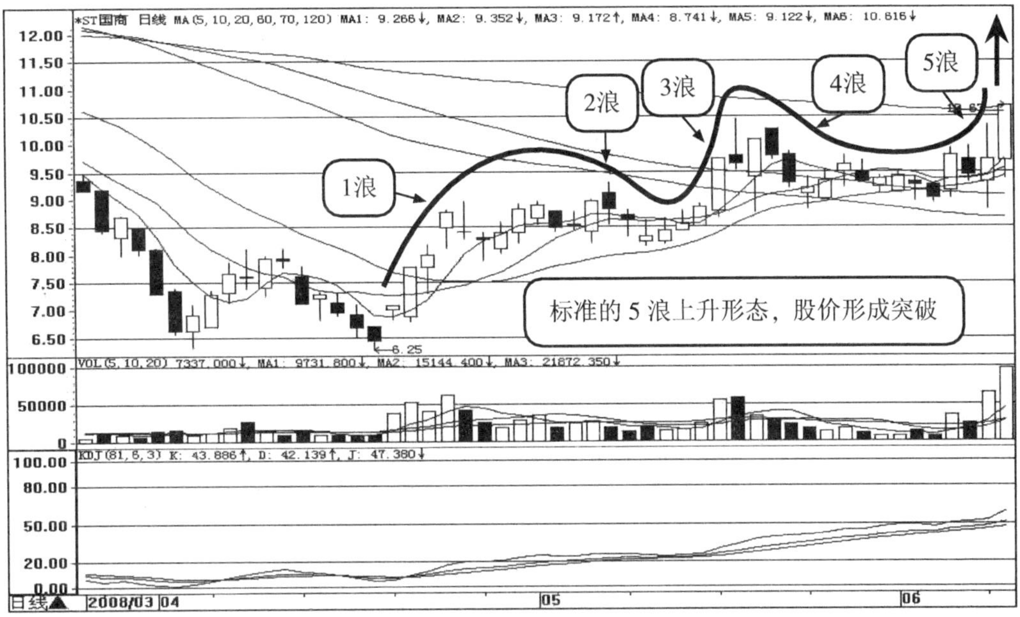

图1－8

从前面套牢盘情况看，如图1－9所示，6月11日是以涨停板形式上攻的，主力把昨日的阳线上影线和5月17日高位的K线上影线全部吃掉。也就是说，把前期的套牢盘全解套了，有经验的投资者都会认为：主力把很多套牢盘解套了，股价后期必然有更大的上涨空间。

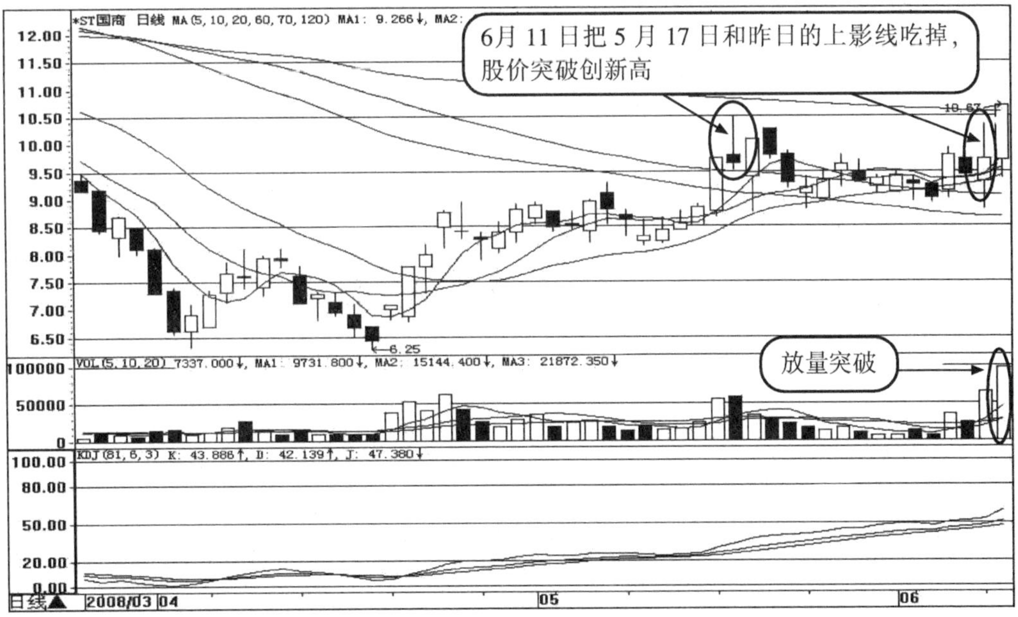

图1－9

综合分析结果：*ST 国商是非常值得操作的。读者朋友，你看完了图 1－8、图 1－9 以及上述分析，相信你在心里也做出了判断，后市是看涨还是看跌呢？后市是怎样的情景呢？图 1－10 为我们揭示谜底。

图 1－10 告诉我们：股价随后从 10.67 元跳水至 5.58 元，其间也没有像样的反弹。请计算，如果按照前面的分析进场 100 万元，那 9 天后账面损失有多少？

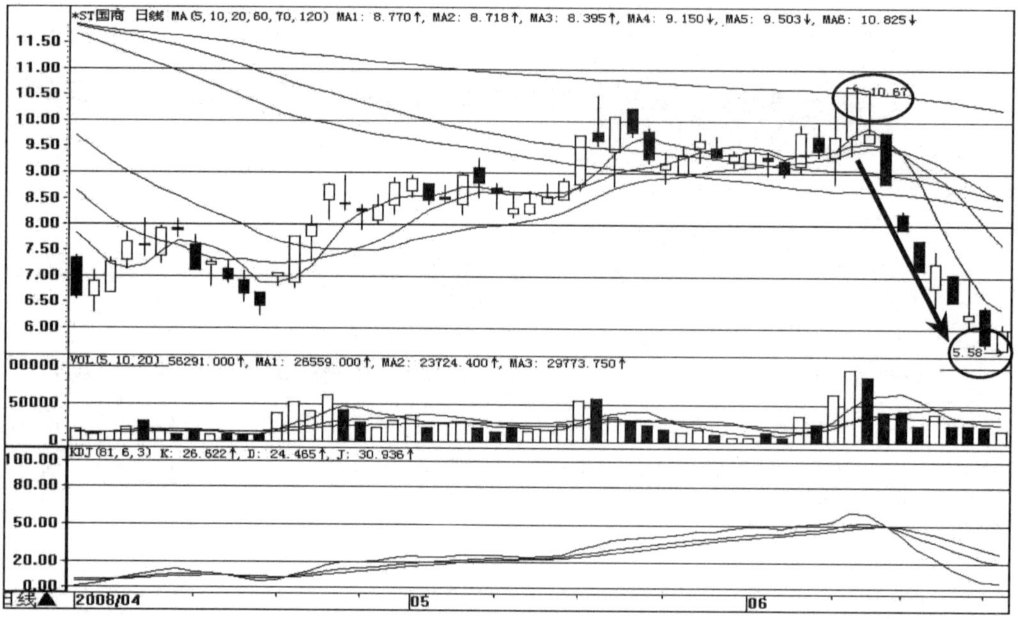

图 1－10

警示 涨停板的性质有三：建仓、拉升、出货。而笔者把涨停板分为两类：可爱的和可恶的。主力用涨停板出货，吸引散户给他买单。看盘口，必须读懂主力，抓可爱的涨停板。而*ST 国商的这个涨停板是可恶的涨停板，是万万不能碰的。

二、向下做破位的技术骗线

破位就是指股票在经过一段时间的下跌后，股价在某一时刻跌破了前期的低点，或者跌破震荡整理的箱体而出现可能继续加速下跌的趋势。主力为了达到逢低收集筹码，清洗浮筹的目的，一般会利用打压股价形成破位来恐吓散户卖出手中的股票，而做破位的技术骗线。

我们来看这种情况的案例：

1. 方大炭素（600516）2011 年 1 月 5 日至 1 月 28 日技术骗线

主力把股价控制在一定震荡幅度内，在下降通道中洗盘。如图 1－11 所示，方大炭素 2011 年 1 月 5 日至 1 月 28 日在下降通道中运行，股价每次触到下降通道的上轨，就调头向下，而且该股的低点的重心在不断下移。亲爱的读者朋友，你根据自己的经验，会怎样操作这只股票呢？对照下面答案，看看你做对了吗？

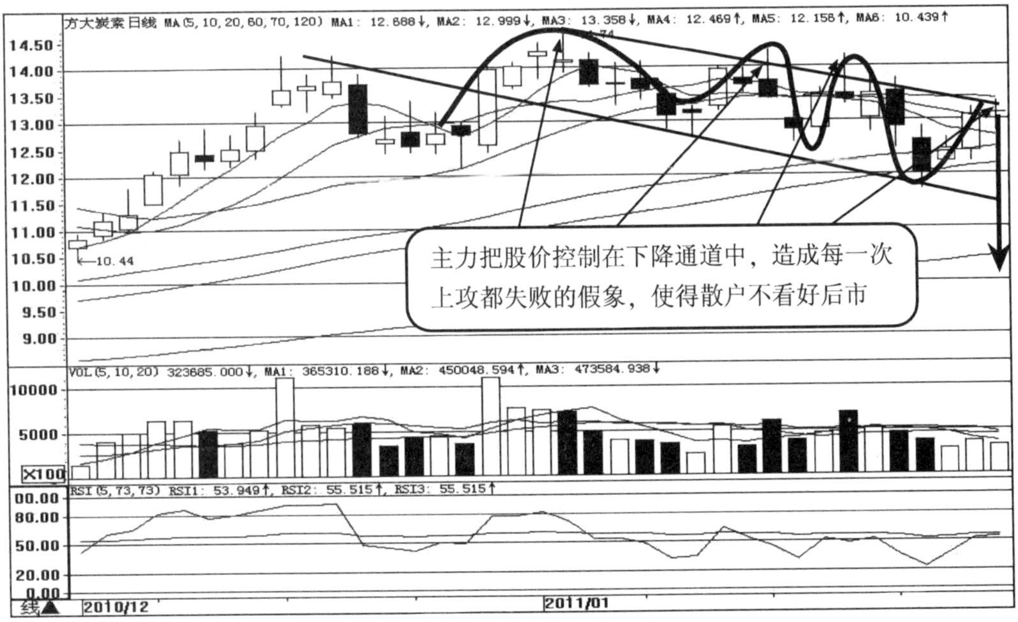

图 1－11

1 月 28 日后的走势，如图 1－12 所示。

图 1－12 告诉我们：主力刻意造成技术突破失败，给市场造成对下降通道的箱顶难以突破的假象。而且该股的低点的重心在不断下移，使得散户觉得风险来临，抛出手中筹码，主力则照单全收。

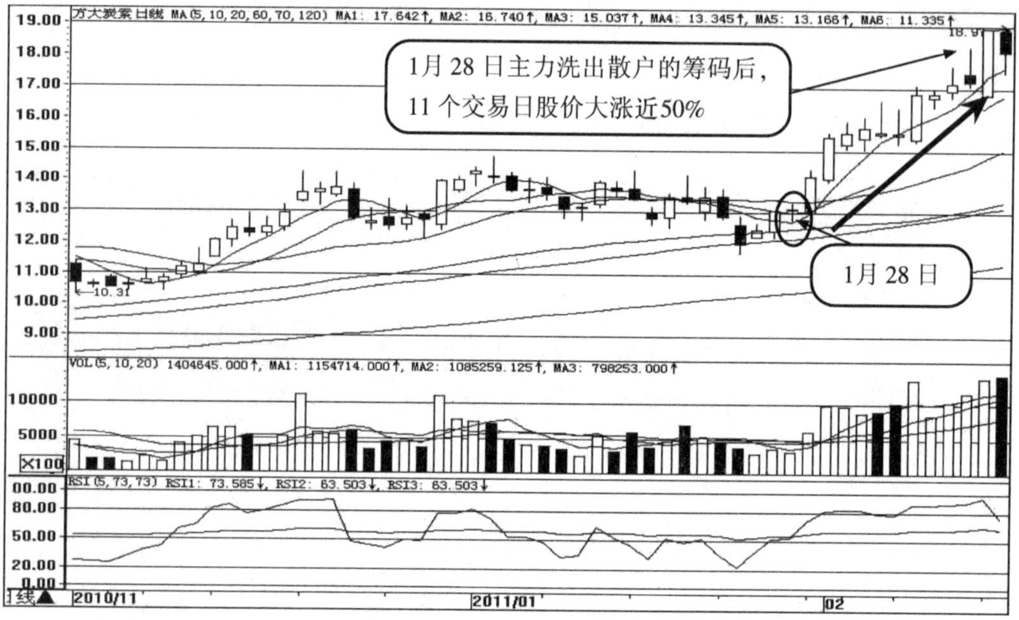

图 1－12

警示 按照技术分析进行操作是基于对以往发生过的事情进行分析和研判，但事后诸葛亮，往往非常容易失误，对主力洗盘、建仓的步骤进行分析时会得到相反的结果。我们运用的时候要慎重！

2. 猛狮科技（002684）2012 年 7 月 24 日向下破位的技术骗线

猛狮科技（002684）是一只上市不久的次新股。自上市之日起，在大盘走熊的情况下走出了一波非常凌厉的上涨走势，请看图 1－13。

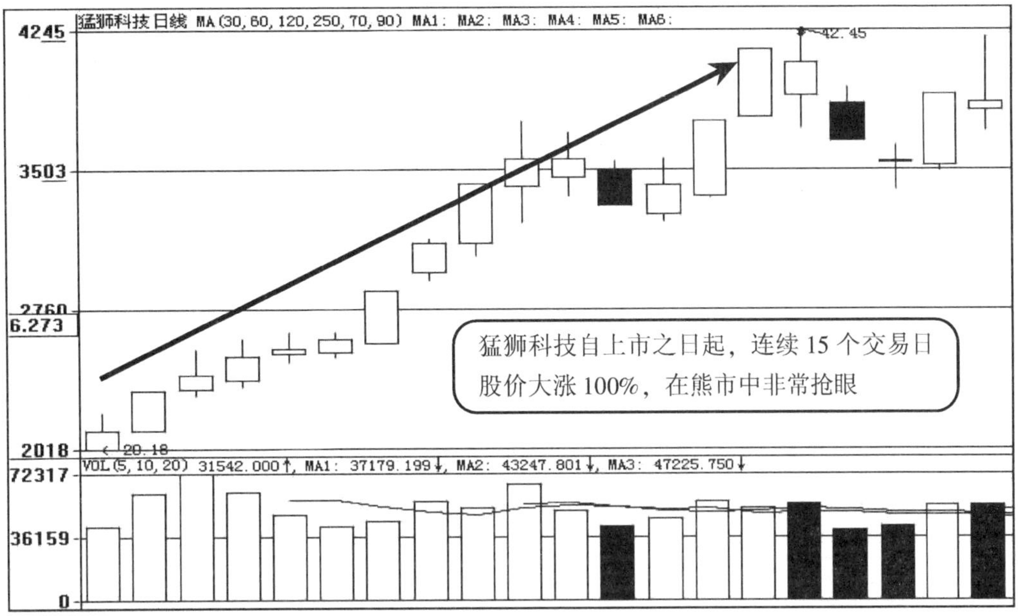

图1－13

股价上涨至42元开始震荡回落，到2012年7月24日走出了明显的三角形整理形态，见图1－14。

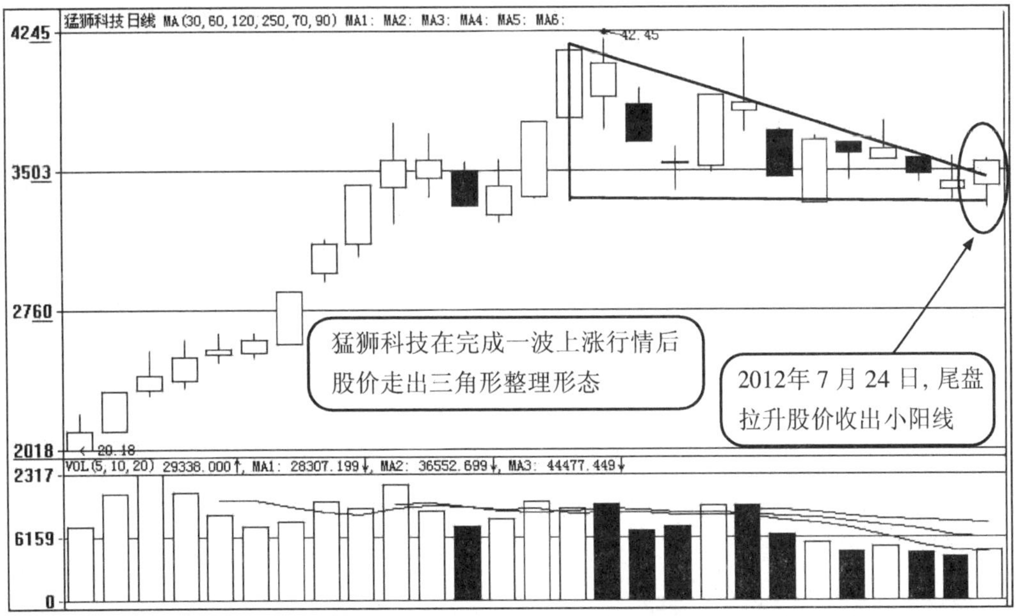

图1－14

该股7月24日盘中走势情况见图1－15。

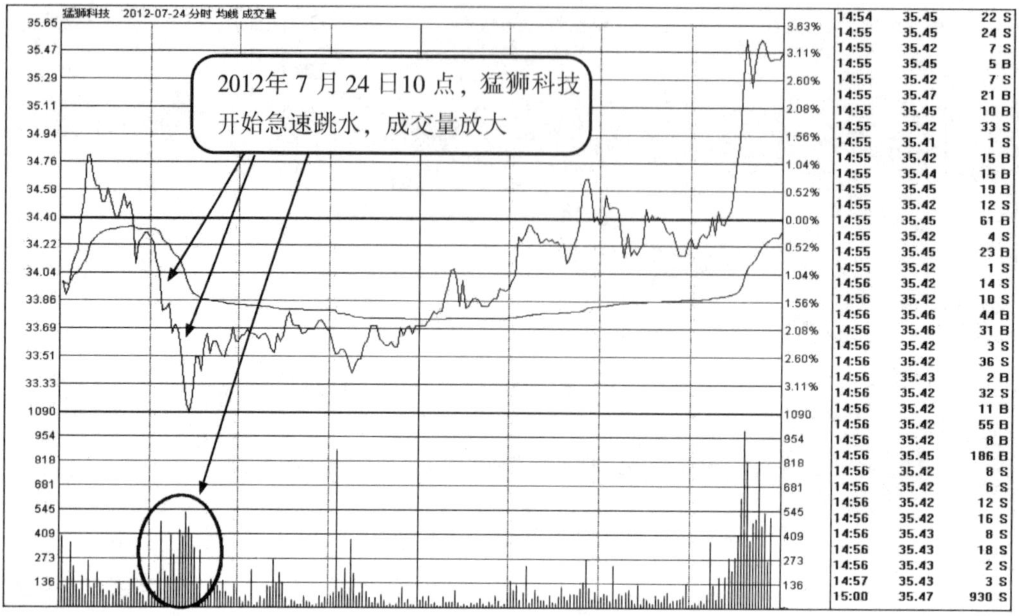
猛狮科技 2012-07-24 分时 均线 成交量
2012年7月24日10点，猛狮科技开始急速跳水，成交量放大

图1－15

如图1－15所示，猛狮科技股价在10点开始急速跳水，伴随着股价快速下跌，成交量明显放大，换手率提升。

而当时的K线情况是呈现向下破位的走势（以60分钟K线来看），见图1－16。

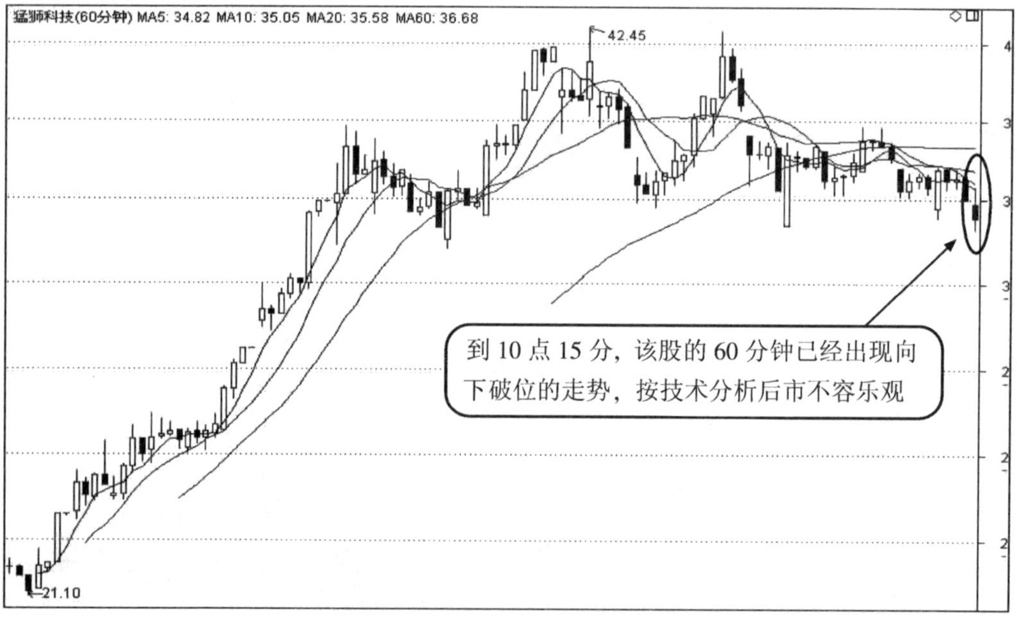
猛狮科技(60分钟) MA5: 34.82 MA10: 35.05 MA20: 35.58 MA60: 36.68
42.45
21.10
到10点15分，该股的60分钟已经出现向下破位的走势，按技术分析后市不容乐观

图1－16

懂技术分析的朋友都会认为，这种情况下后市的风险是很大的，一般都会选择离场。但卖出后，该股真的有下跌的风险吗？请看图 1－17。

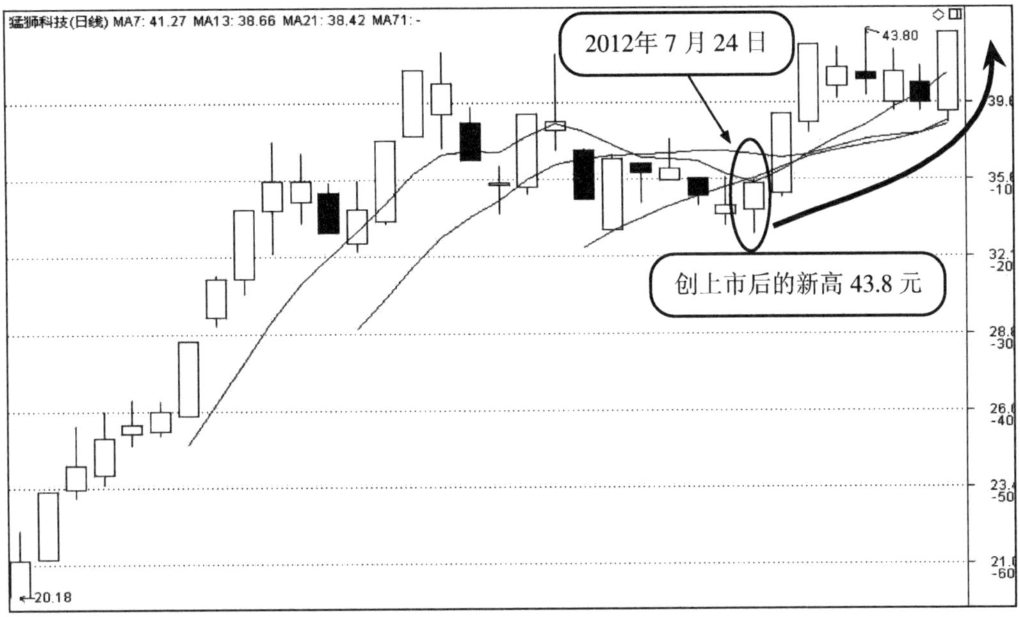

图 1－17

如图 1－17 所示，2012 年 7 月 24 日，猛狮科技主力在借助向下做技术骗线之后股价迅速上涨了近 30%，并且再创新高 43.8 元。可见，技术骗线的杀伤力是很大的。

读者朋友，以上 6 只股票，如果你都判断对了，那就请为自己鼓掌；如果做错了一半以上，那本书以下的内容你可不能错过。

第二章

盘　口

股票价格的产生首先是由挂单来决定的。

本章将讲述盘口的构成、挂单、量峰、分时成交。其中挂单和量峰是重点，尤其是几种挂单形态、量峰的性质。挂单分五种：压迫式挂单、拦截式挂单、夹板式挂单、蜂窝式挂单和自然式挂单。而重点是压迫式挂单、拦截式挂单和夹板式挂单，这三种挂单形式又分成几种挂单形态，朋友们要给予重视。学习并掌握是必需的，因为只有这样，才能为学习盘口打好基础，为将来的赢利做好准备。

在讲述本章内容之前，笔者不得不提一下指标。在证券市场中我们大多数朋友喜欢看指标，也非常乐于用指标来研判趋势。笔者认为，这样做无可厚非，因为这是投资者的习惯。但是所有的指标都是基于过去的信息向我们展示当前的市场状况，因而不能准确地指出未来的走向，也就是说指标都是滞后的。那么到底有没有百分之百准确超前的指标呢？这个真的很难。我们暂且不考虑超前指标是否存在，笔者认为，在这个市场中谁做到“同步”，同步了解主力的每一个操盘动作的细节，那对盈利和风险的把控就会游刃有余，那我们的财富将会像山一样堆积起来。

本章讲述盘口的构成。其中挂单是股价产生的源泉，量峰是挂单的结果，这两个是本章讲述的重点，请读者朋友认真学习。

一、盘口的构成

盘口语言能解释盘面的一切。通常情况下，我们讲的盘口语言其实就是盘口。但是笔者给予更确切的叫法——分时盘口交易图。

盘口是由四个部分组成的：①挂单；②分时成交；③分时走势波形（波形）；④量峰。

以图 2－1 来看：

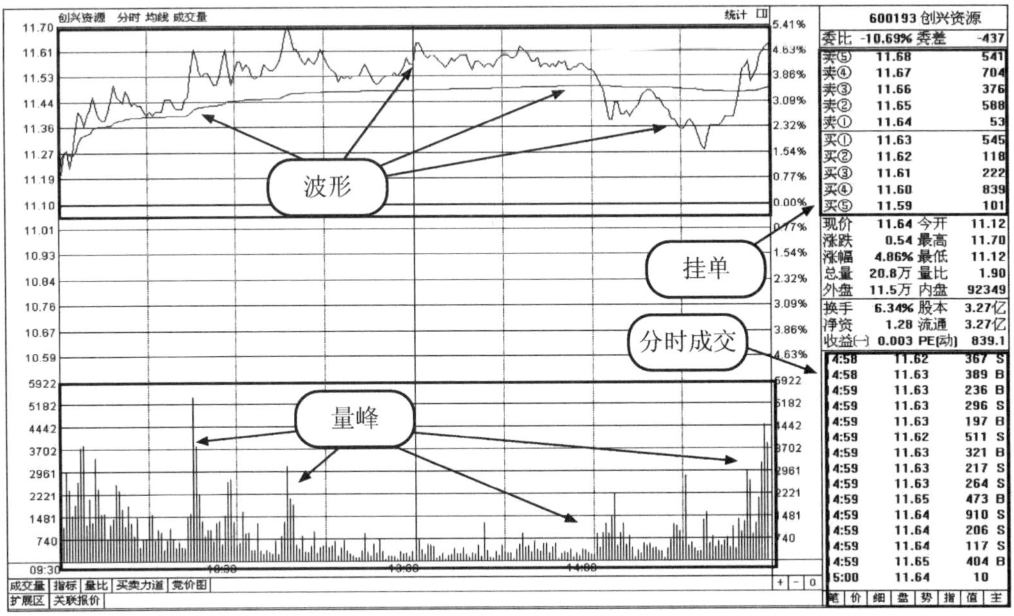

图 2－1

从股票价格的产生到K线，再到K线组合，而后出现明显的趋势技术图表。这个过程实际上是一个从微观到宏观的过程。那么股票的价格是由什么决定的呢？是先有卖还是先有买？目前技术分析人士认为：卖决定了价格。笔者从盘口出发认为：挂单决定了股票的实际成交价格。因为，如果没有卖出的价格和卖出的数量挂出，没有买入的价格和数量挂出，那么，投资者怎么能考虑股票值得买进或者风险来临而卖出呢？这是多数投资者容易忽略的问题，也是投资者不了解股票涨与跌的内在原因。

多数人都乐于研究和学习技术分析，因为技术分析的各种图表很丰富，很多技术理论也很深奥，认为只要把这些学精、学透就可以在股市驰骋。但笔者强调的是：最基本的也是最重要的应该是盘口。好比我们上学要从幼儿园开始学习，之后有初中、高中、大学，不学习盘口就如同我们没有接受基础教育就直接上高中、大学。可以想象这样做会有什么结果。这个市场告诉我们：大多数人亏损，少数人盈利。而亏损的主要原因就是：不了解主力的操盘手法，也就是不了解最基础的挂单原理。

笔者还是再次强调，股票从价格到趋势的形成过程是：先有挂单—挂单决定成交—成交决定K线—K线决定K线组合—K线组合决定形态—形态决定浪型—浪型决定趋势。而我们多数人就是在趋势形成时才决定操作。上一章笔者举出的几个案例告诉我们：主力就是坚持把趋势做好等着投资者进入他设好的圈套，因为主力知道投资者是乐于运用趋势来操作的。

所以，我们还是必须要从源头，也就是盘口挂单学起，因为这很重要，因为理解了挂单才能帮助我们了解主力的操盘意图。

二、挂单的五种形式以及在实战中的运用

在盘口细节的把握过程中，挂单这个环节是至关重要的。盘口挂单是动态的，会经常变化，很多朋友不可能有足够的时间盯住一只或者几只股票盘口的挂单变化。那怎么才能帮助大家看分时图各个时刻的挂单呢？在讲挂单这个环节之前，笔者先教会大家怎么运用软件看当天分时图的每时刻的挂单。首先笔者要朋友们在网上下载大智慧6.0经典版软件，之后打开股票的分时图界面，见图2-2。

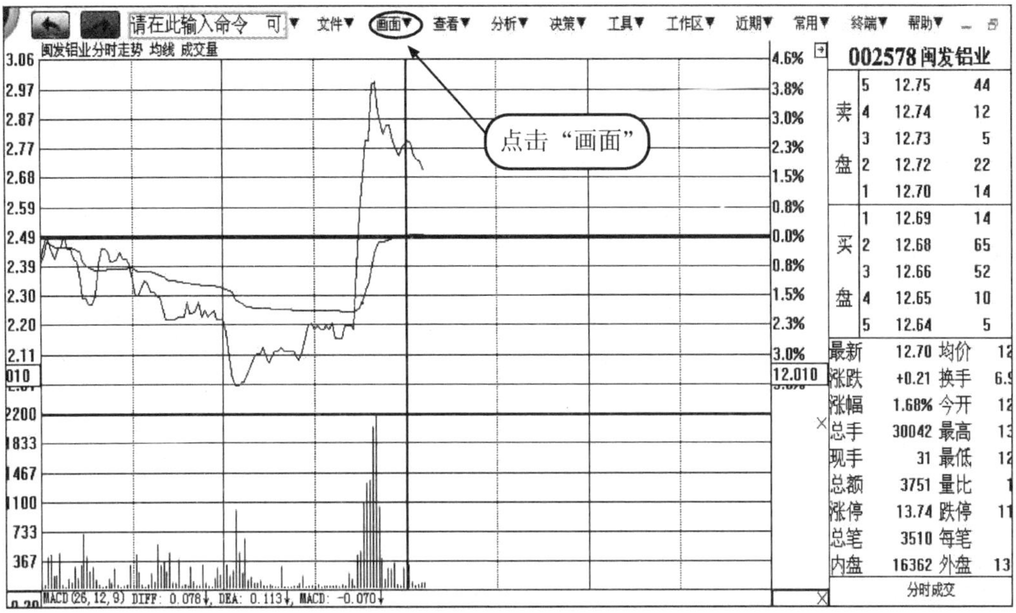

图2-2

点击“画面”后会出现下面的界面，见图2-3。

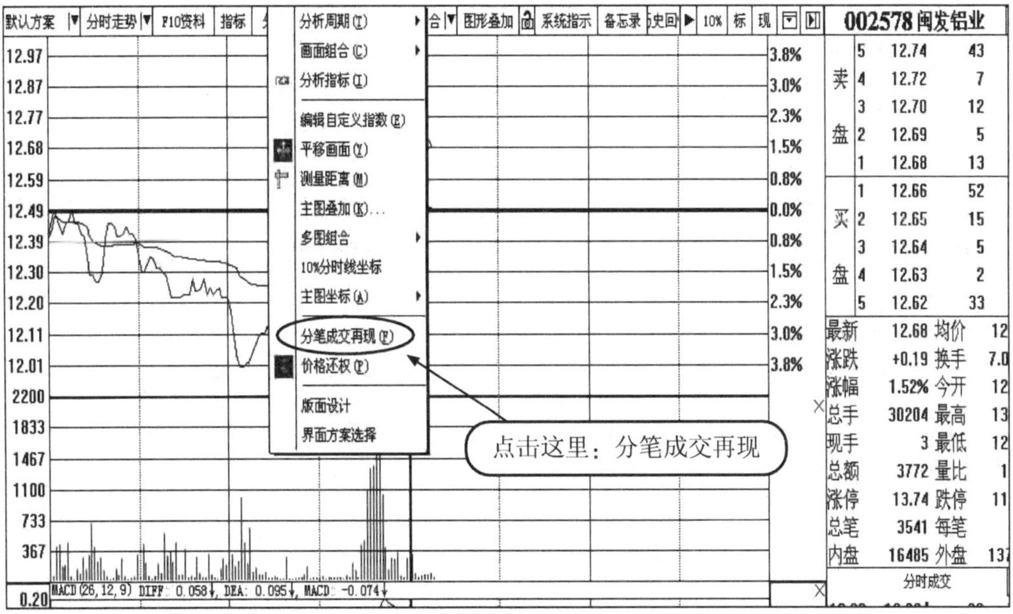

图2-3

点击界面中的“分笔成交再现”，于是就会在“分笔成交再现”这行字的左面出现“对勾”了。下面再回到分时图界面，用键盘的“左键”或者“右键”进行移动就可以看到各个时刻的挂单了。如图2-4所示。

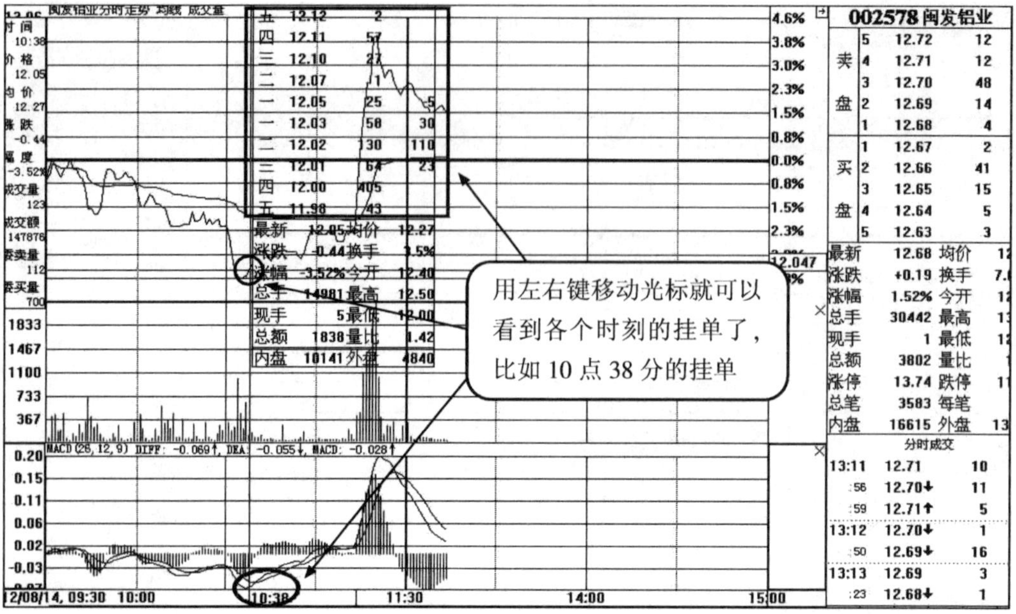
002578 闽发铝业
用左右键移动光标就可以看到各个时刻的挂单了，比如 10 点 38 分的挂单

图 2 -4

图 2 -4 显示的是 10 点 38 分的挂单。

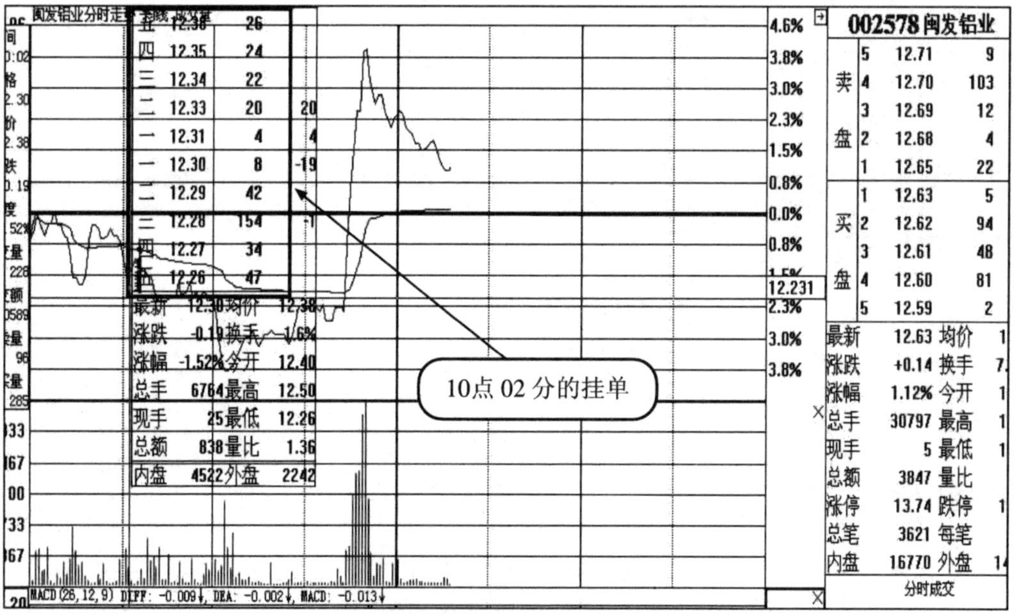
002578 闽发铝业
10点 02 分的挂单

图 2 -5

图 2 -5 显示的是 10 点 02 分的挂单。通过移动左右键可以看到任何时刻的挂单了。

挂单有五种形式：①压迫式挂单；②拦截式挂单；③夹板式挂单；④蜂窝式挂

单；⑤自然式挂单。

1. 压迫式挂单

压迫式挂单是主力进场和出货的常用挂单。压迫式挂单就是指股票在分时图中的某一瞬间“卖盘”栏中从卖一到卖五所挂出的卖单量相加远大于下档的“买盘”栏中买一到买五所挂出的买单量的和。视觉效果如同“泰山压顶”，盘面显示抛压非常重。如图2－6和图2－7所示。

601222 林洋电子			
卖盘	5	10.36	186
	4	10.35	308
	3	10.34	535
	2	10.33	952
	1	10.32	75
买盘	1	10.31	46
	2	10.30	90
	3	10.28	24
	4	10.27	10
	5	10.26	13

图2－6

600456 宝钛股份			
卖盘	5	15.78	100
	4	15.77	116
	3	15.76	131
	2	15.75	279
	1	15.74	296
买盘	1	15.72	62
	2	15.71	1
	3	15.70	13
	4	15.69	40
	5	15.68	19

图2－7

从图2－6中可以看出：林洋电子上档卖一到卖五的总量为：75＋952＋535＋308＋186＝2056手，下档买一到买五的总量为：46＋90＋24＋10＋13＝183手。比较一下，此时的抛压盘比承接盘要大10倍之多，这就是明显的压迫式挂单。

图2－7告诉我们：宝钛股份的上档卖一到卖五的总量为：296＋279＋131＋116＋100＝922手，下档买一到买五的总量为：62＋1＋13＋40＋19＝135手。比较一下，此时的抛压盘是承接盘的6倍，这也是明显的压迫式挂单。

压迫式挂单在不同的情形下还有不同的形态，这是因为市场是在不停地变化的，主力在操作股票时会利用不同的压迫式挂单形态来吸引散户追涨或者杀跌。这就要求我们必须做到心明眼亮，洞察主力的真实操盘意图了。

压迫式挂单按形态分为四种：①递增压迫形态；②递减压迫形态；③“一”字压迫形态；④上蜂窝压迫形态。

（1）递增压迫形态

如图2－8所示，上档的总量明显大于下档的总量，是压迫式挂单。而我们又发现，上档从卖一开始到卖五挂单量是逐级递增的。此时的挂单告诉我们，该股越往上抛压越重，未来股价上涨的压力也就越大。但是，只要我们细心地观察就会发现，如果这只股票的股价是刚刚启动上涨，那上面卖四和卖五的1077手和1799手一般是不会成交的，股价一旦到这个位置挂单会马上撤掉，这是主力常用的手法——骗散户卖出。

当然，如果某只股票前期上涨了比较大的幅度，出现这样的挂单，那么我们要另眼相看了。

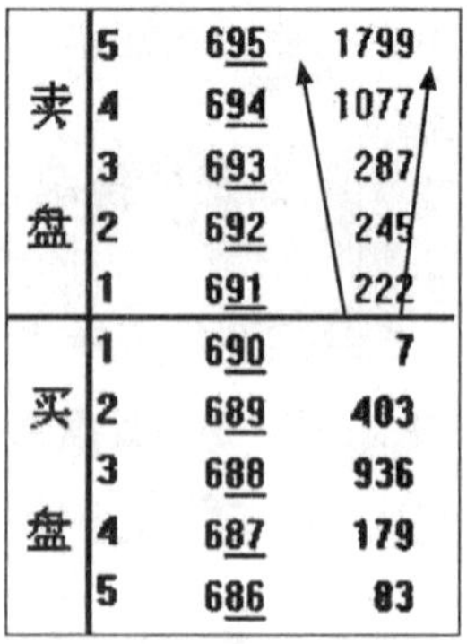

图2-8

图2-9告诉我们：2012年7月20日潜能恒信高开高走，上午10点05分快速拉升，股价上涨7.4%。而该股十几个交易日已经大涨30%，同期大盘是在下跌的。这一瞬间的挂单就是递增压迫形态的挂单，主力是在拉高股价吸引散户进场，而自己在出货。

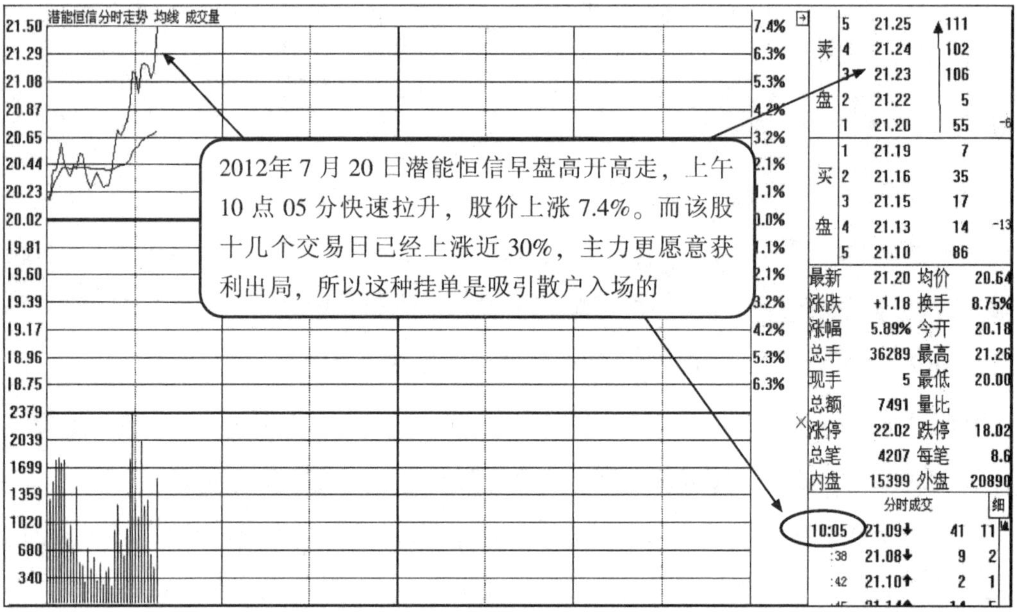

图2-9

请继续看10点05分之后的走势。

图2-10告诉我们：当天10点05分之后的行情让人大跌眼镜，那些不懂主力是在出货的高位追进的人全部套牢。那么7月20日之后它的走势又是怎样的呢，请看图2-11。

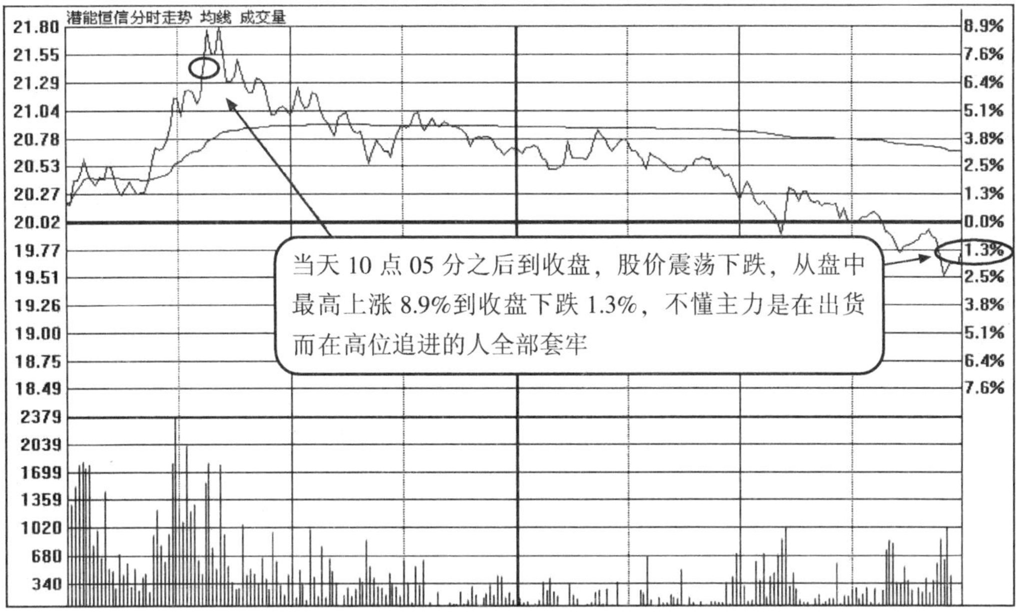
潜能恒信分时走势 均线 成交量
当天 10 点 05 分之后到收盘，股价震荡下跌，从盘中最高上涨 8.9%到收盘下跌 1.3%，不懂主力是在出货而在高位追进的人全部套牢

图 2－10

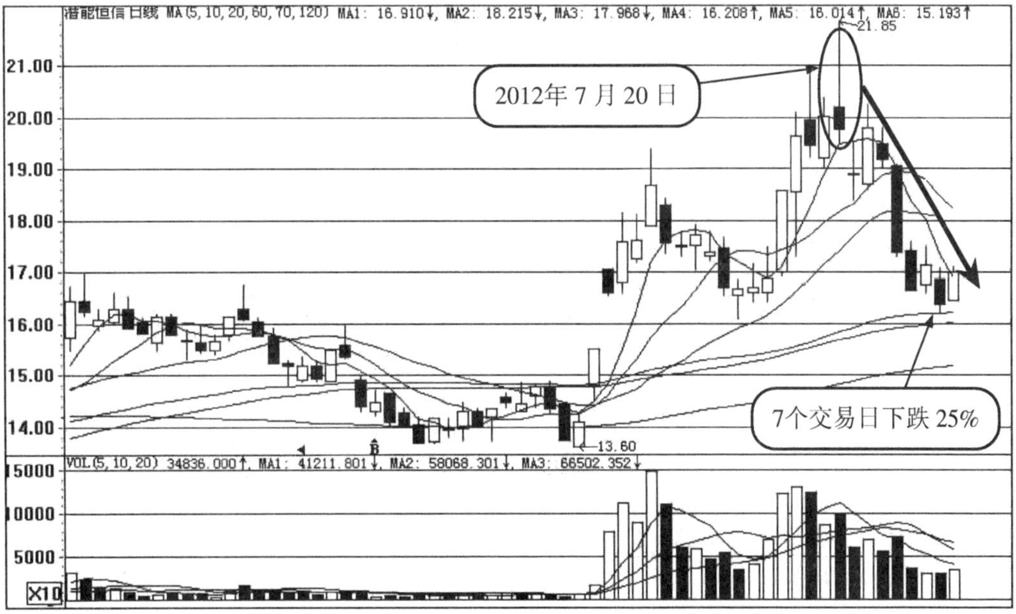
2012年 7 月 20 日
7个交易日下跌 25%
21.85
13.60

图 2－11

7 月 20 日后的 K 线图显示：7 个交易日内股价下跌 25%。

下一个案例，见图 2－12。

2012 年 6 月 7 日，大盘处于连续下跌的熊市状态。同力水泥在整个水泥板块连续走强、多日上涨的市场情况下，成为盘中的强势热点。当天下午股价震荡拉升，在 14 点 01 分上涨到 7.7% 的时候，上档的挂单就是递增压迫形态挂单。这也是典型的主力出货挂单。

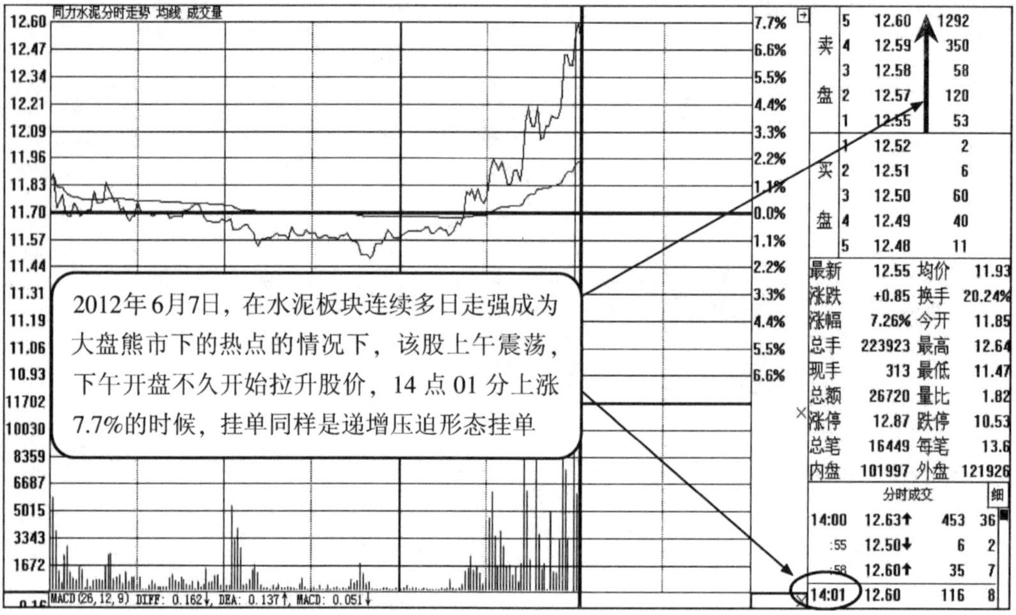
同力水泥分时走势 均线 成交量
2012年6月7日，在水泥板块连续多日走强成为大盘熊市下的热点的情况下，该股上午震荡，下午开盘不久开始拉升股价，14 点 01 分上涨 7.7%的时候，挂单同样是递增压迫形态挂单

图 2 －12

到当天下午收盘情况见图 2 －13。

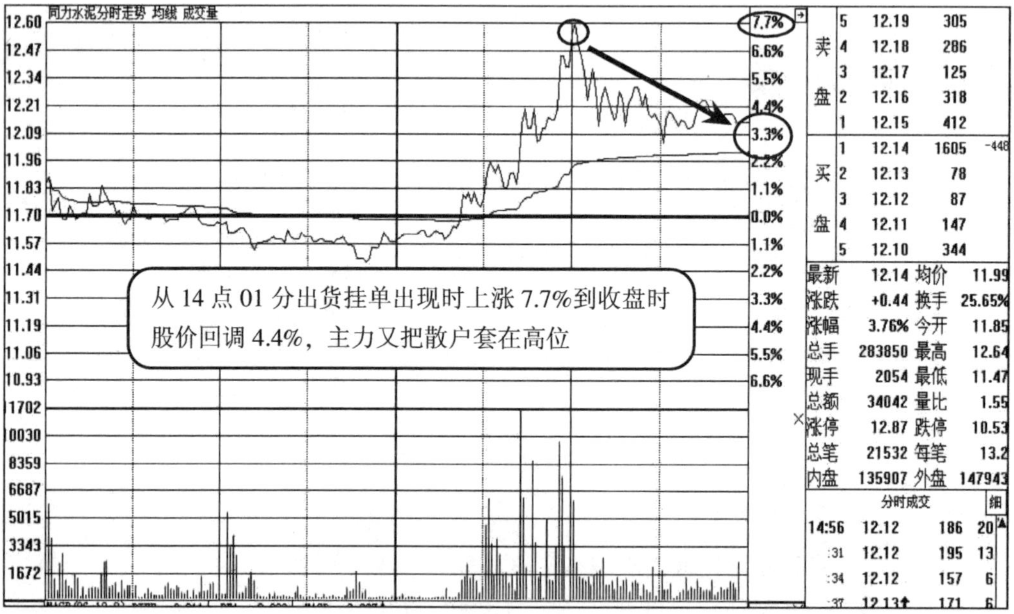
同力水泥分时走势 均线 成交量
从 14 点 01 分出货挂单出现时上涨 7.7%到收盘时股价回调 4.4%，主力又把散户套在高位

图 2 －13

从图2-13可以看出，当天主力拉高出货后，高位进场的散户明显被套牢了。

那么2012年6月7日后又发生了什么呢，请继续看图2-14。

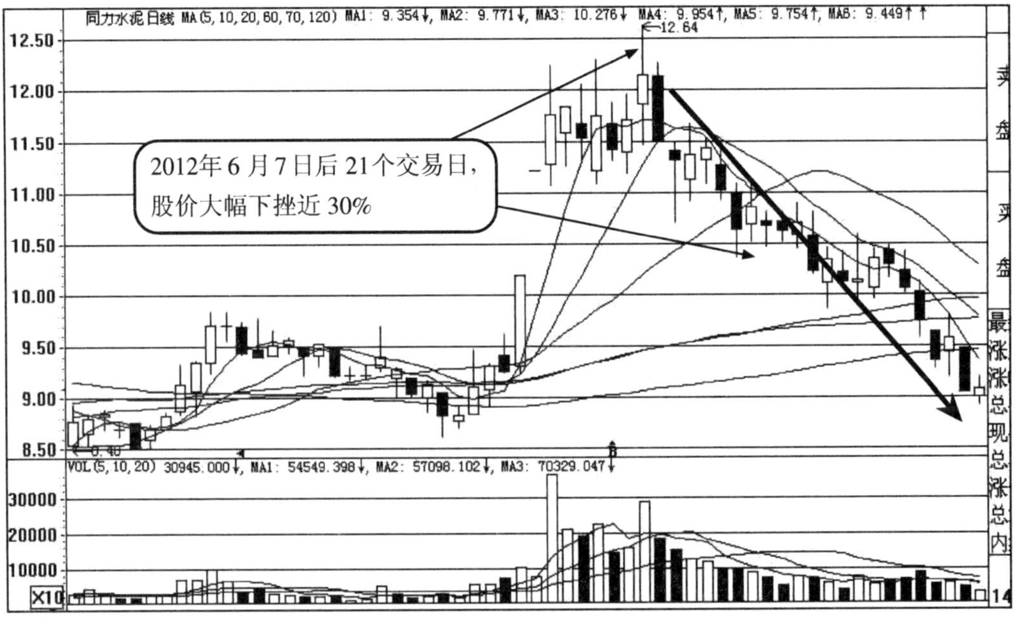

图2-14

图2-14告诉我们：在此股连续成为市场热点并大幅上涨的情况下，主力手中拥有大量的获利筹码。2012年6月7日这一天，主力拉升股价采取递增压迫形态挂单让散户高位追进，此后的21天散户损失惨重。

那么，这种挂单形态在股票刚刚从底部启动时出现是不是好现象呢?

图2-15是西部证券2012年5月10日上午9点54分的分时图情形。当时股价的走势情形是上攻1.4%后马上回落，挂单就是递增压迫形态，意思是告诉市场上档的抛压沉重。而该股上市仅仅6天，第一天的换手很高，达到70%以上，又具有券商概念，说明有主力资金关注。上午9点54分的挂单极有可能是主力用来吓唬跟风的散户，达到清洗浮筹的目的。

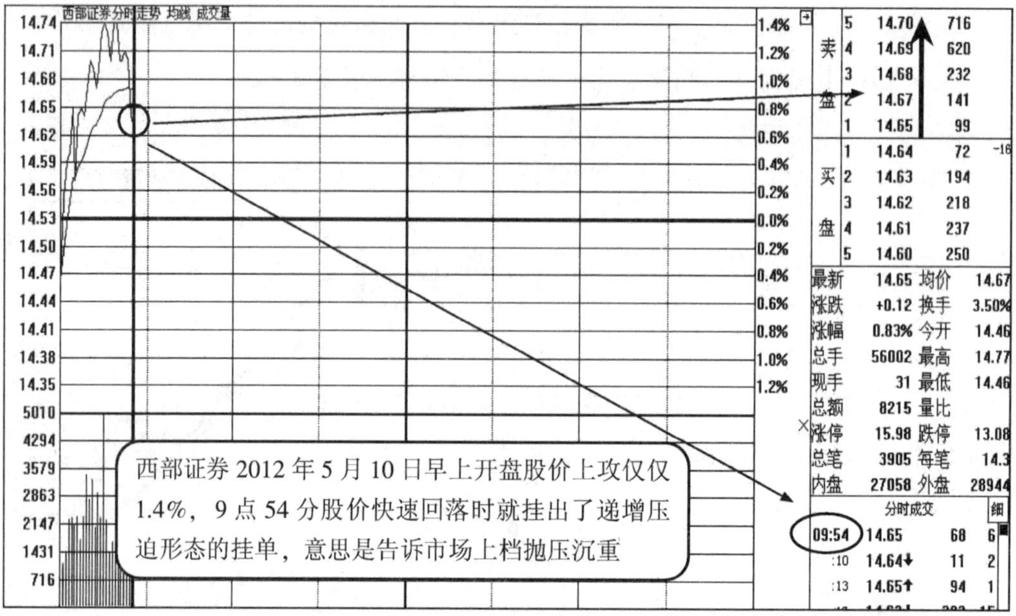
西部证券分时走势 均线 成交量
西部证券 2012 年 5 月 10 日早上开盘股价上攻仅仅 1.4%，9 点 54 分股价快速回落时就挂出了递增压迫形态的挂单，意思是告诉市场上档抛压沉重

图 2 －15

当天的收盘情况如图 2 －16 所示。

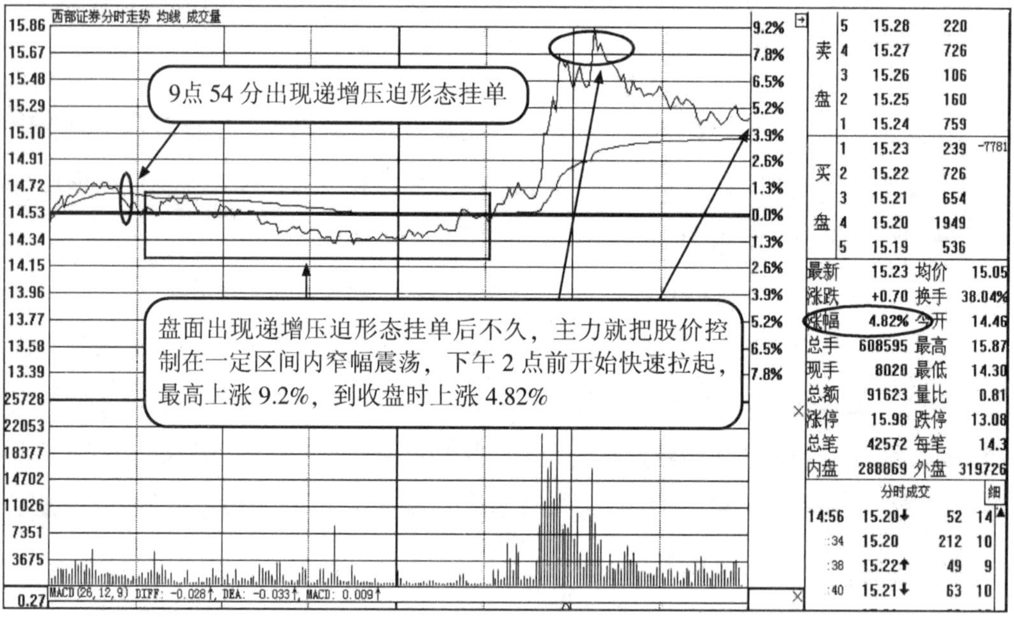
西部证券分时走势 均线 成交量
9点 54 分出现递增压迫形态挂单
盘面出现递增压迫形态挂单后不久，主力就把股价控制在一定区间内窄幅震荡，下午 2 点前开始快速拉起，最高上涨 9.2%，到收盘时上涨 4.82%

图 2 －16

图 2 －16 告诉我们：主力利用挂单来恐吓散户达到洗盘的目的。此后走势见图 2 －17。

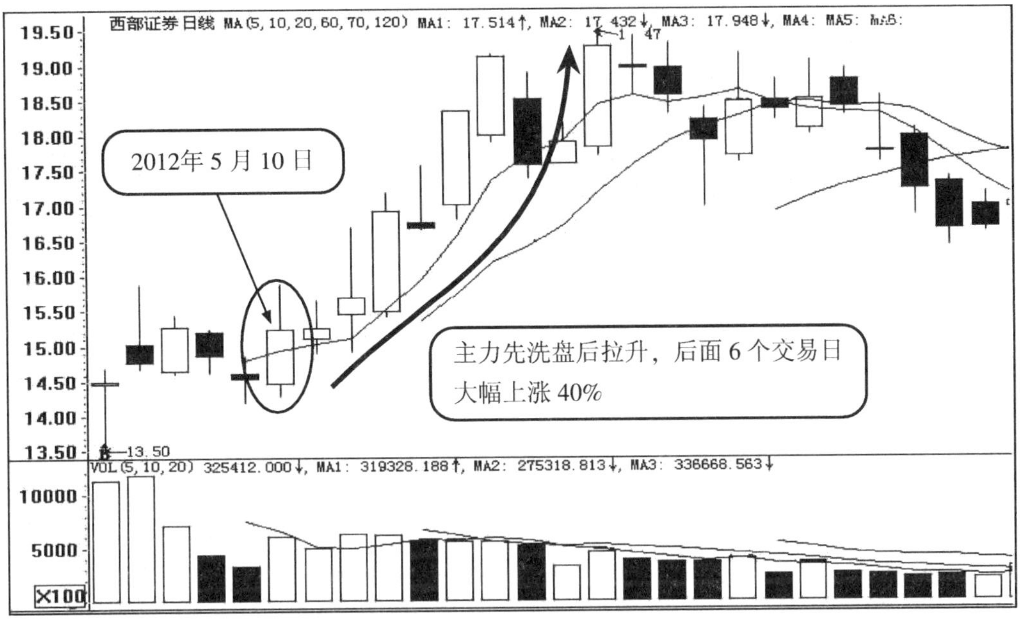

图2-17

从图2-17可以看出：2012年5月10日后，连续6个交易日股价拉出大阳线，大涨40%。此例也告诉我们，懂得主力洗盘时盘口挂单的意义有多么重要。

（2）递减压迫形态

递减压迫形态就是在上档卖盘栏里，从卖一开始到卖五依次的挂单数量明显减少。盘面告诉我们：抛压越往上越小，上涨的空间有望展开。

如图2-18所示，卖一档6.40元的位置挂了3091手，卖二6.41元的位置挂了1679手，卖三6.42元的位置挂了1159手，卖四6.43元的位置挂了748手，卖五6.44元的位置挂了341手。很明显该股的抛压是依次减小的，这就是递减压迫形态挂单。这种挂单形态在盘中经常出现，出现的位置一般是在股价已经上涨到相对的高位，是主力出货经常采取的挂单形态。

卖盘	5	644	341
	4	643	748
	3	642	1159
	2	641	1679
	1	640	3091
买盘	1	639	98
	2	638	25
	3	637	183
	4	636	202
	5	635	336

图2-18

如图2-19所示，大元股份2012年7月20日早盘低开震荡，10点55分快速拉升股价突破前一天的收盘价，当时的挂单就是递减压迫形态：从卖一的位置挂159手依次到卖五的位置挂13手是减少的。意思是告诉市场抛压越来越少了，大家快来抢啊。可是一旦追进是什么结果呢？

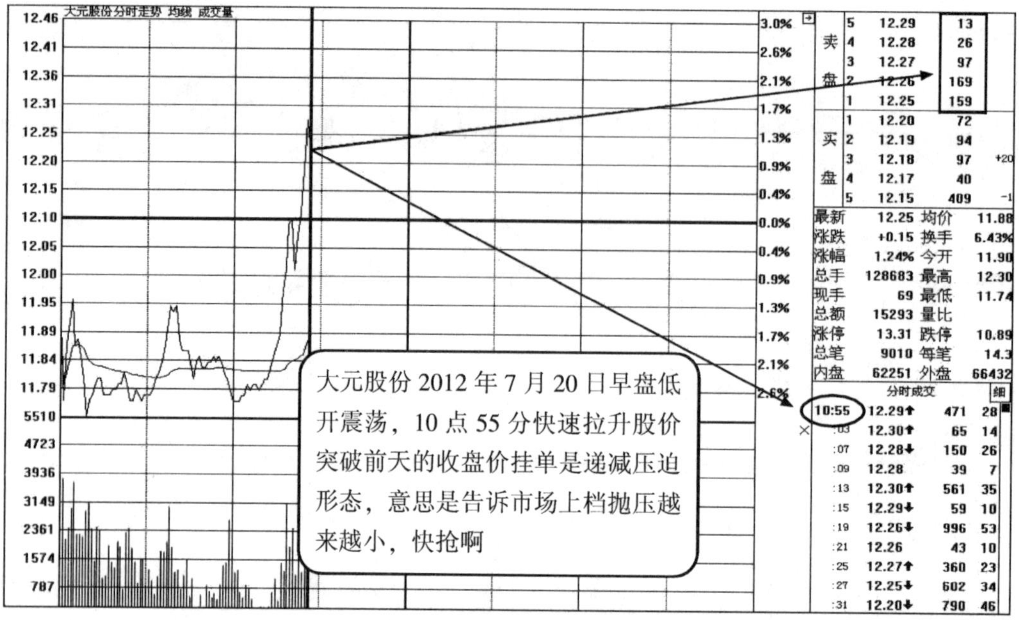
大元股份分时走势 均线 成交量
大元股份 2012 年 7 月 20 日早盘低开震荡，10 点 55 分快速拉升股价突破前天的收盘价挂单是递减压迫形态，意思是告诉市场上档抛压越来越小，快抢啊

图 2 －19

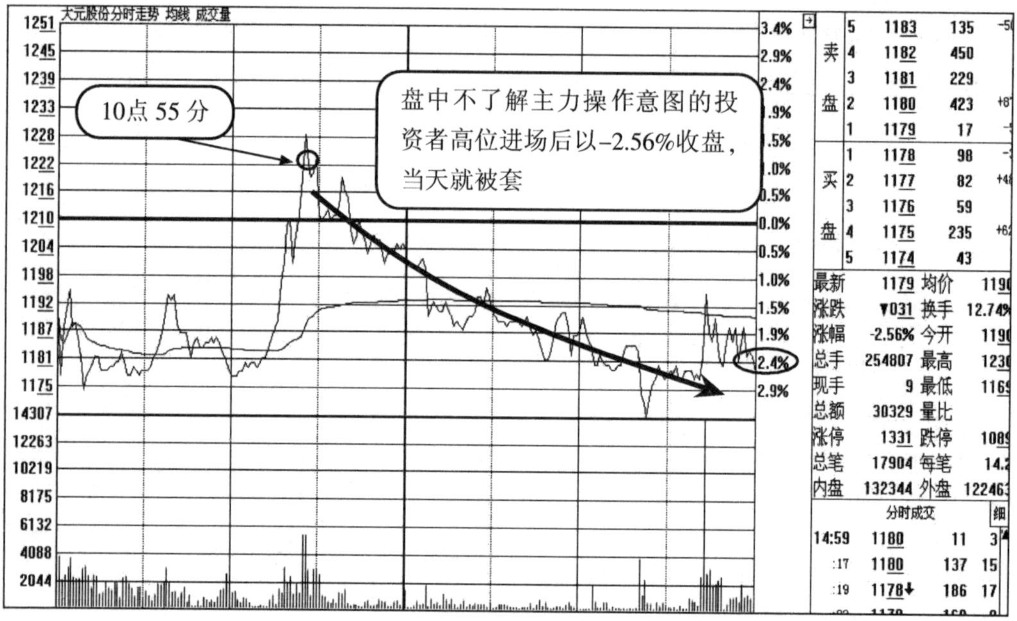
大元股份分时走势 均线 成交量
10点 55 分
盘中不了解主力操作意图的投资者高位进场后以–2.56%收盘，当天就被套

图 2 －20

图 2 －20 告诉我们：上午 10 点 55 分递减压迫形态出现后，散户在不了解主力操作意图的情况下，如果在当天的高位追进，后果是收盘下跌 2.56%，总亏损 3.5%。之后的日 K 线走势如图 2 －21 所示。

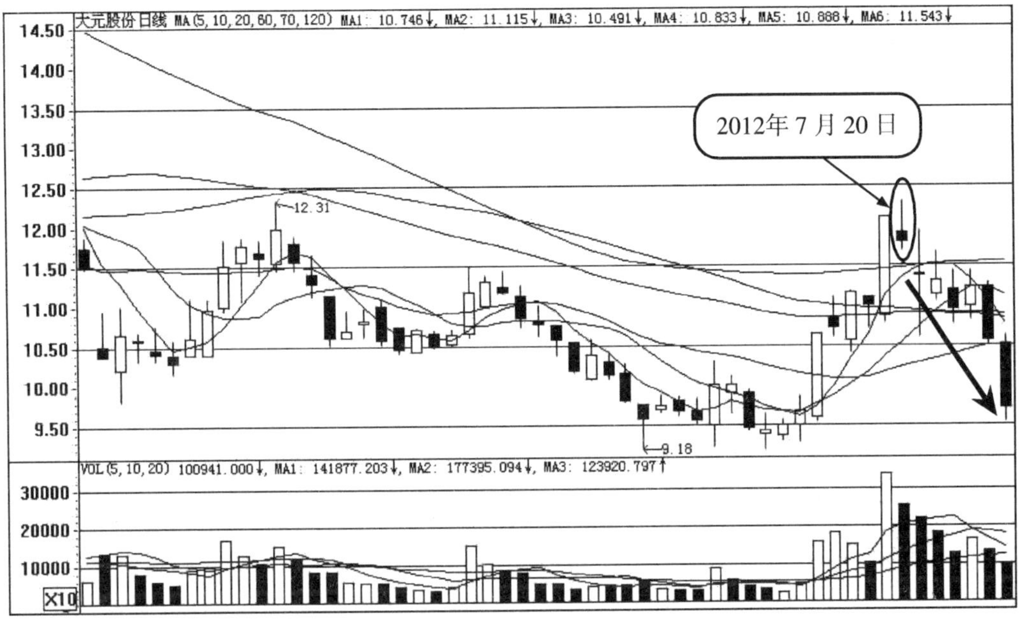

图2-21

图2-21告诉我们：2012年7月20日高点进场的投资者在后面的6个交易日承受的是25%的亏损。

再看下面这个案例，如图2-22所示。

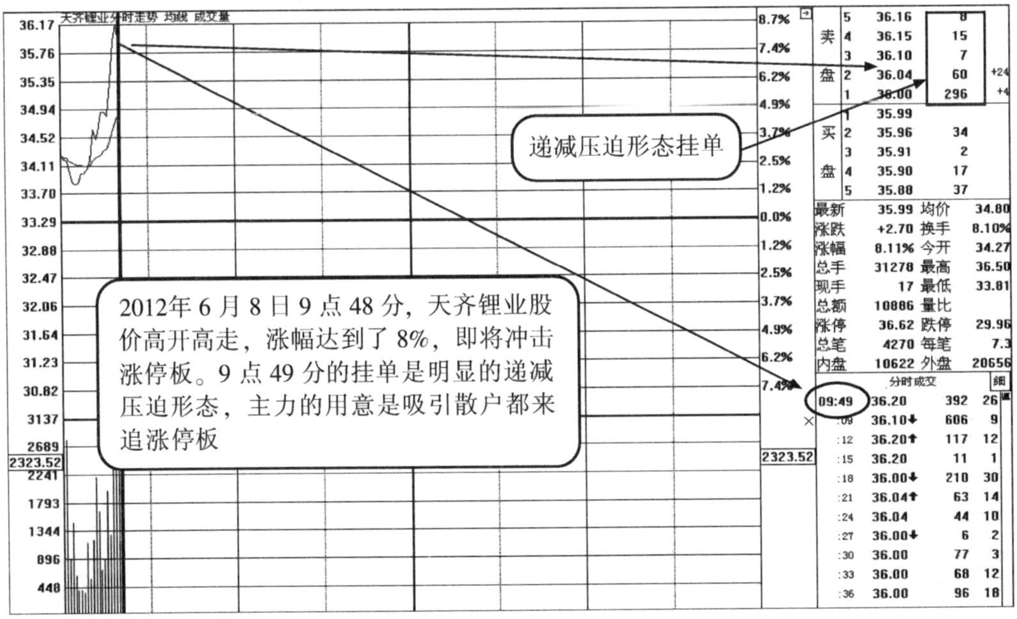

图2-22

天齐锂业2012年6月8日高开高走，放量拉升，盘中涨幅达到8%以上，即将冲击涨停板。9点49分主力挂出递减压迫形态的挂单吸引散户追涨停板，因为主力深谙散户喜欢追涨的心理。但是，追进的后果如何呢？我们看看该股日后的K线走势就很明白了，如图2－23所示。

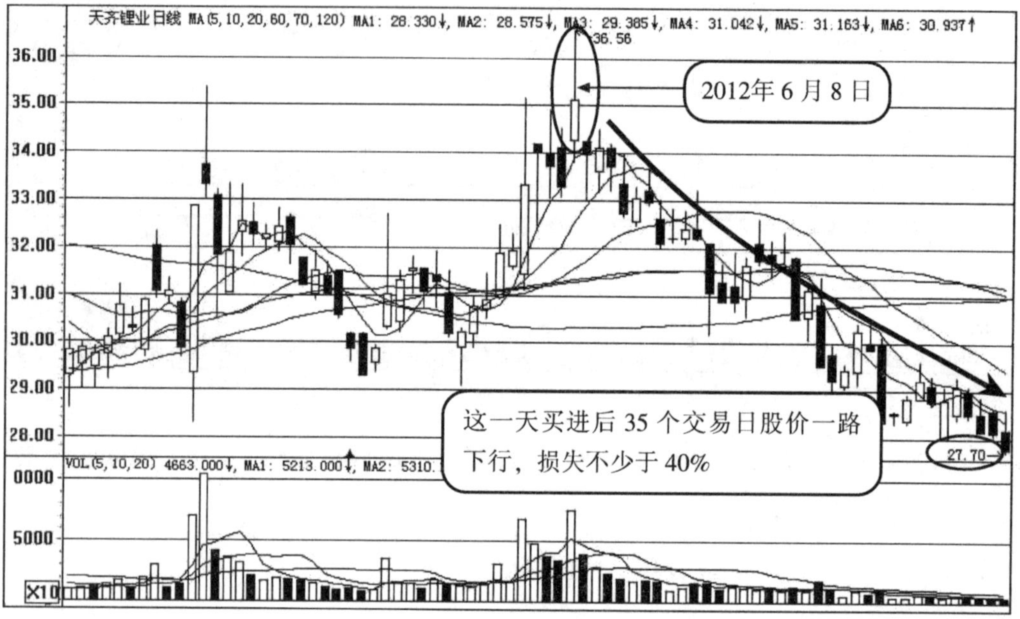

图2－23

此后的35个交易日内，该股股价从36.56元下跌到27.7元。6月8日那天高价追进，后果是亏损至少40%以上。

（3）“一”字压迫形态

“一”字压迫形态就是指某一瞬间股票的挂单出现这样的情况：在上档卖盘的任何一个档位（卖一到卖五）出现一个明显比其他档位大的大卖单，视觉上看，好像汉字“一”一样。如图2－24所示。

2012年8月1日，中海海盛早盘股价低开，到9点39分急速拉升1%的幅度的时候，在上档卖盘的卖五位置出现一个超过2000手的大卖单。此时这一档的卖单数量明显超过其他档位的挂单数量，说明这绝不是散户所为。这种行为很可能是主力在测试筹码的稳定度，也就是试盘。

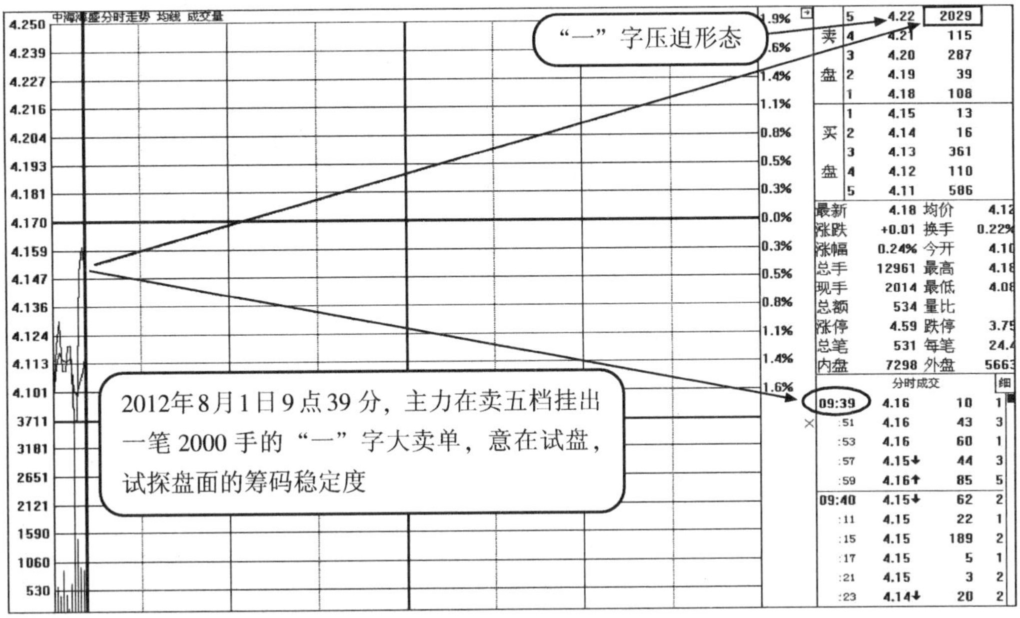
中海海盛分时走势 均线 成交量
“一”字压迫形态
2012年8月1日9点39分，主力在卖五档挂出一笔2000手的“一”字大卖单，意在试盘，试探盘面的筹码稳定度

图2-24

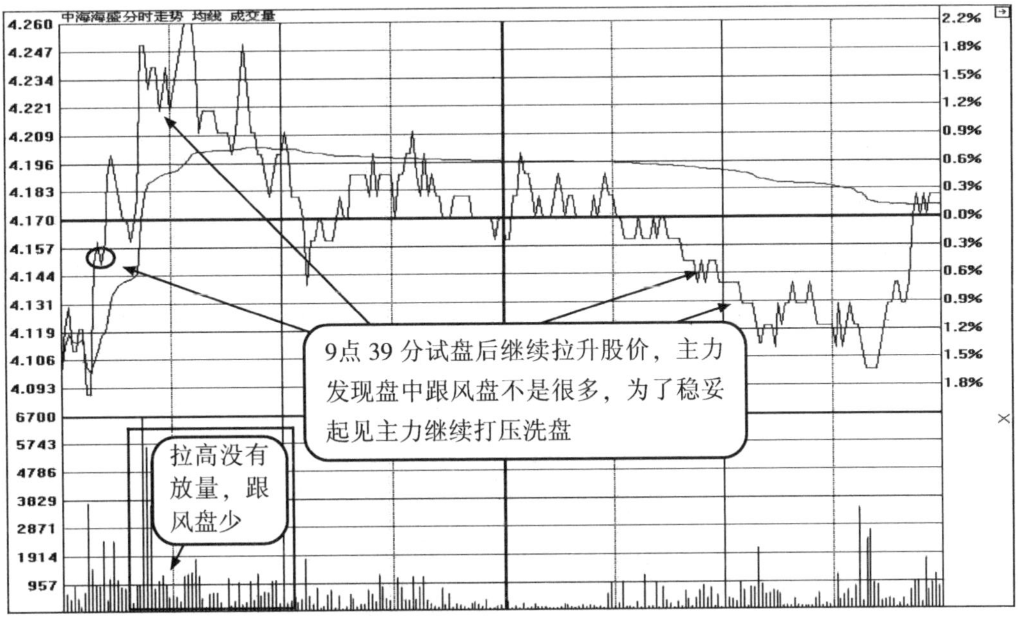
中海海盛分时走势 均线 成交量
9点39分试盘后继续拉升股价，主力发现盘中跟风盘不是很多，为了稳妥起见主力继续打压洗盘
拉高没有放量，跟风盘少

图2-25

如图2-25所示，主力拉升股价前，一般为了操盘的安全性都会试盘。9点39分的“一”字压迫形态挂单出现，目的就是测试在后市拉升股价时跟风单是否很多，拉升时抛盘是不是也很多，毕竟主力拉升股价时希望市场里的跟风盘和抛压盘都少一些。

第二天即8月2日走势如图2-26所示。

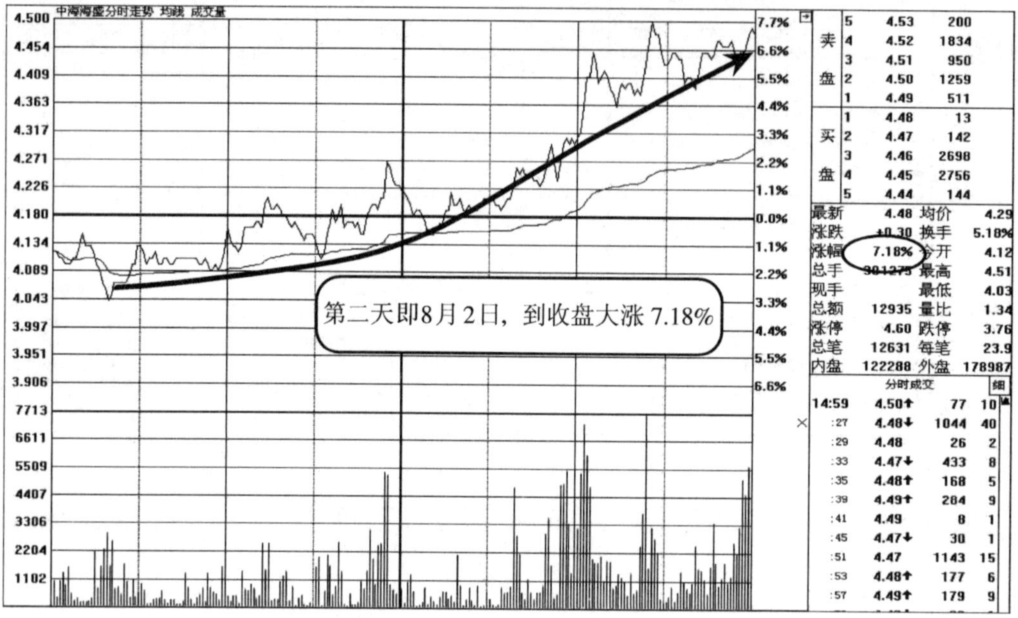
中海海盛分时走势 均线 成交量
第二天即8月2日，到收盘大涨 7.18%

图2-26

“一”字压迫形态挂单在股价经过一波大幅上涨的高位也会出现，但是由于这种情况很少，笔者就不再举例了。

（4）上蜂窝压迫形态

上蜂窝压迫形态，就是股票在盘中某时刻上档的卖盘挂单从卖一到卖五的总量远远大于买盘的买一到买五的挂单总量。形态如同蜜蜂窝一样，数字排列非常紧密。如图2-27所示。

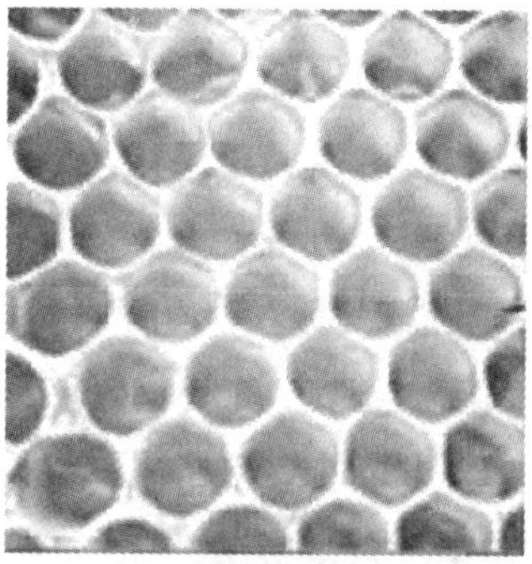

图2-27

从数字的格式上看，一般小盘股是呈现 3 位数均匀排列，大盘股是 4 位数或者 5 位数均匀排列。如图 2－28 和图 2－29 所示。

600184 光电股份			
卖盘	5	15.10	146
	4	15.09	266
	3	15.08	212
	2	15.07	407
	1	15.06	121
买盘	1	15.05	33
	2	15.04	10
	3	15.03	17
	4	15.02	83
	5	15.01	77

图 2－28

600015 华夏银行			
卖盘	5	8.91	1299
	4	8.90	2347
	3	8.89	1378
	2	8.88	2226
	1	8.87	3000
买盘	1	8.86	659
	2	8.85	402
	3	8.84	301
	4	8.83	195
	5	8.82	818

图 2－29

上蜂窝压迫形态出现时的盘面特征：从卖一到卖五挂出的要卖出的股票数量巨大，连续 3 位数或者 4 位数均匀排列，给人的感觉好像是国庆阅兵的方阵一样。在这一时刻股票“一股脑儿”地都要卖出，给人的视觉效果就是抛压沉重。上蜂窝压迫形态多出现在主力洗盘和拉升的过程中。

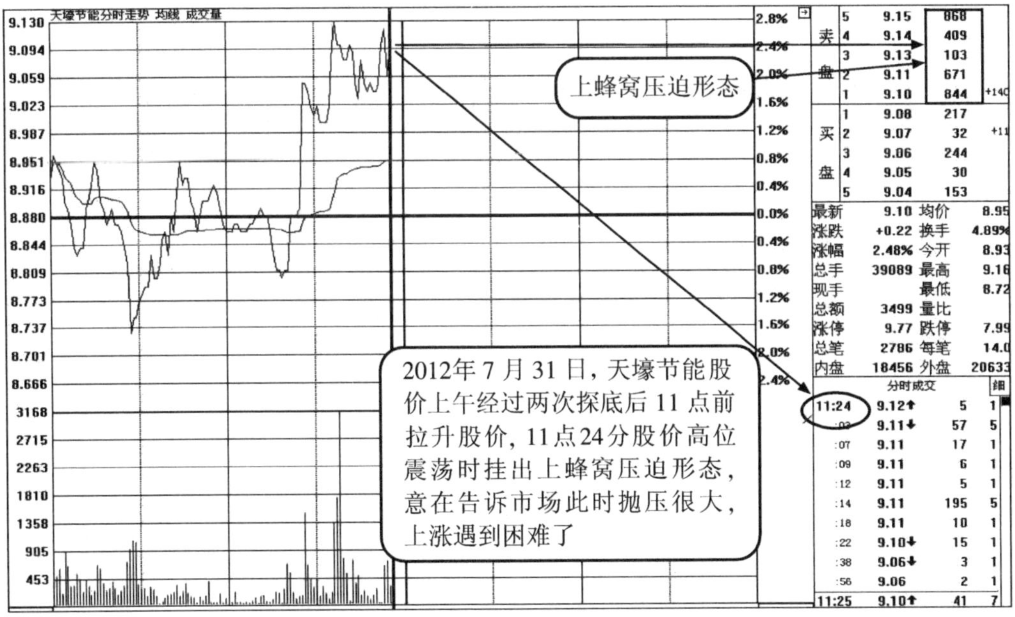
天壕节能分时走势 均线 成交量
上蜂窝压迫形态
2012年7月31日，天壕节能股价上午经过两次探底后11点前拉升股价，11点24分股价高位震荡时挂出上蜂窝压迫形态，意在告诉市场此时抛压很大，上涨遇到困难了

图 2－30

如图2-30所示，天壕节能2012年7月31日11点24分股价在高位震荡时挂出上蜂窝压迫形态挂单，意在告诉市场此时抛压很大，股价继续上涨遇到困难了。其实这种挂单就是主力刻意做出的假象，往往在这种挂单出现的时候成交量并没有放大而是明显缩小了，目的是洗掉前期跟进的浮筹。

3天后的趋势如图2-31所示。

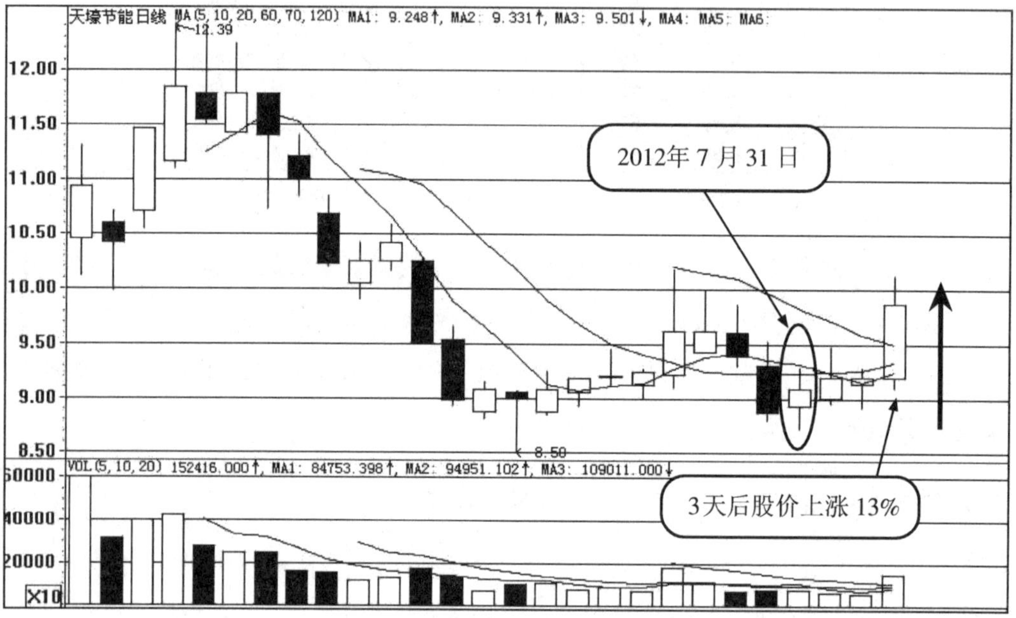

图2-31

主力在操盘时，洗盘是经常发生的。主力洗盘的目的就是洗掉浮筹，降低持仓成本，降低操盘难度。如图2-31中圆圈标示的位置，2012年7月31日洗盘后短短的3天时间股价就上涨了13%。而当时大盘还在持续下跌，被洗出的散户错过了一次赢利的好机会。

再如图2-32所示，广州药业由于受利好消息的刺激，在大盘走熊的情况下连续多日走强，成为市场中的热点。

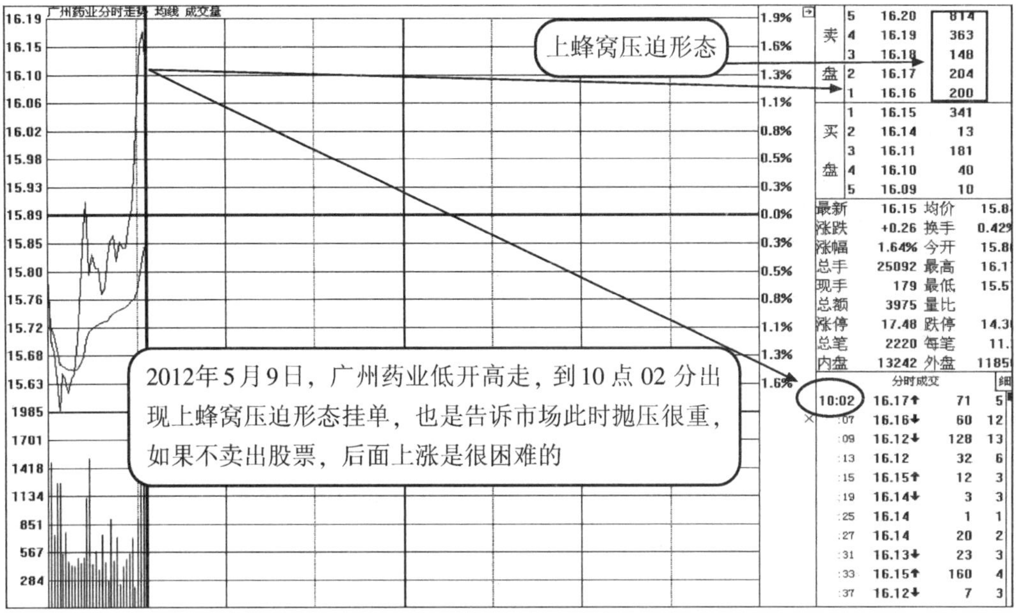
广州药业分时走势 均线 成交量
上蜂窝压迫形态
2012年5月9日，广州药业低开高走，到10点02分出现上蜂窝压迫形态挂单，也是告诉市场此时抛压很重，如果不卖出股票，后面上涨是很困难的
10:02

图2－32

2012年5月9日低开高走，10点02分出现上蜂窝压迫形态的挂单，意在告诉市场此时抛压很重，如果不卖出股票，后面上涨是很困难的，似乎是主力在出货了。但是如果真卖出了，股价后面会是如何呢？请看图2－33。

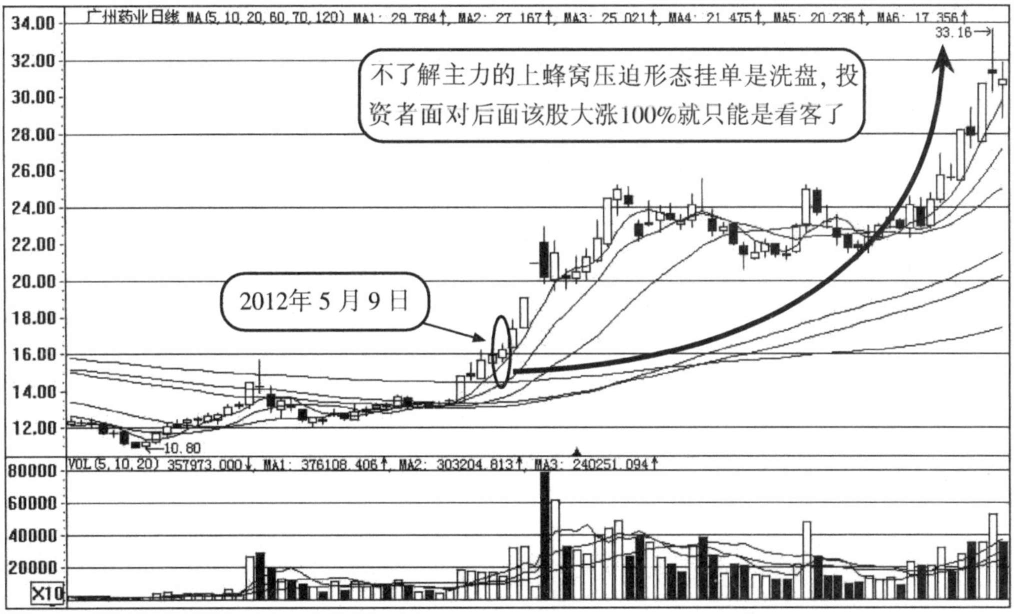
广州药业日线
不了解主力的上蜂窝压迫形态挂单是洗盘，投资者面对后面该股大涨100%就只能是看客了
2012年5月9日
33.16
10.80

图2－33

2012年5月9日这一天，主力运用上蜂窝压迫形态挂单进行恐吓，吓出了很多跟风的散户，之后两个月走出了大涨100%的牛股行情。

实战中我们要把握好看盘细节，不要被主力的恐吓所吓倒，做到该持有的必须持有，力争把每一个波段盈利都赚到。

2. 拦截形态挂单的欺骗性

拦截形态挂单就是指股票在分时图中的某一时间在“买盘”栏中，从买一到买五所挂出的买单量远远大于卖一到卖五的卖单量。盘面显示此时大量的资金都云集于此，被动地等待买进，视觉上产生拦截的效果。如图2－34和图2－35所示。

600132 重庆啤酒			
卖盘	5	18.57	135
	4	18.56	211
	3	18.55	266
	2	18.54	438
	1	18.53	67
买盘	1	18.52	511
	2	18.51	249
	3	18.50	716
	4	18.49	1023
	5	18.48	1110

图2－34

600269 赣粤高速			
卖盘	5	3.47	35
	4	3.46	980
	3	3.45	88
	2	3.44	70
	1	3.43	54
买盘	1	3.42	1645
	2	3.41	2810
	3	3.40	3109
	4	3.39	2975
	5	3.38	1640

图2－35

如图2－34所示，重庆啤酒某时间下档买盘从买一到买五的挂单分别为：511手、249手、716手、1023手和1110手，相加的总量为3609手。上档的五档卖盘总量为1117手。下档的买盘总量是上档的卖盘总量的3倍。这就是明显的具有拦截效果的拦截形态挂单。同理，图2－35所示的赣粤高速某时间下档的买盘总量也是远大于卖盘总量，这也是拦截形态挂单。

拦截形态挂单根据挂单形态又分为以下四种：①递增拦截形态；②递减拦截形态；③“一”字拦截形态；④下蜂窝拦截形态。

首先强调，拦截式挂单在实战中有很重要的实用性，尤其是主力在逢低建仓、骗取散户筹码的时候。

（1）递增拦截形态

递增拦截形态就是在下档的买盘里，从买一、买二、买三、买四到买五的挂单量依次在增加。盘面显示越往下买单量越大，就像金字塔一样。如图2－34所示。

实战中递增拦截形态挂单的运用如图2－36所示。

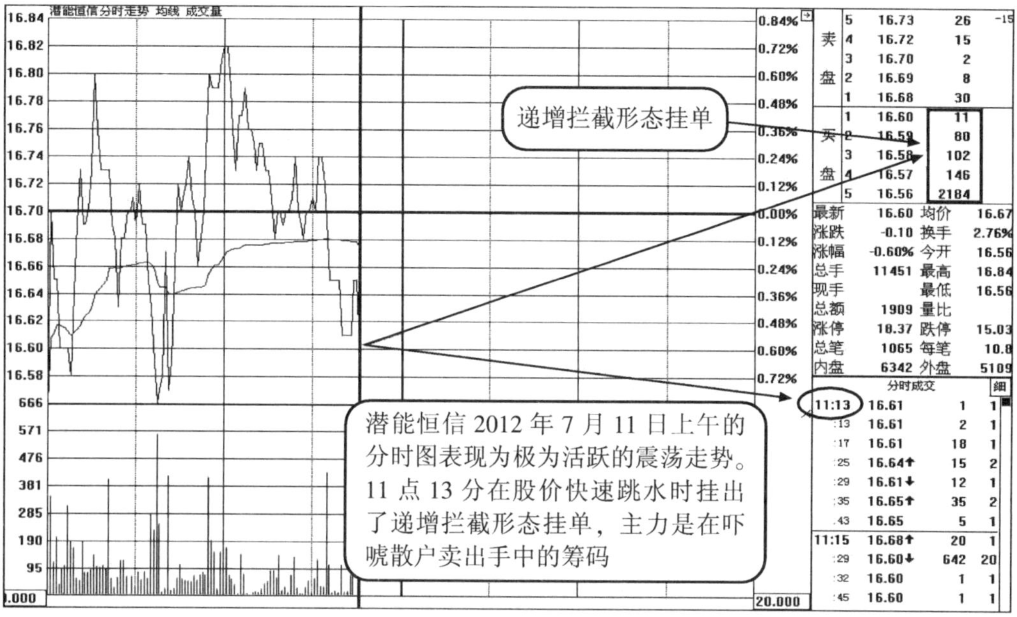
潜能恒信分时走势 均线 成交量
递增拦截形态挂单
潜能恒信 2012 年 7 月 11 日上午的分时图表现为极为活跃的震荡走势。11 点 13 分在股价快速跳水时挂出了递增拦截形态挂单，主力是在吓唬散户卖出手中的筹码

图 2-36

图 2-36 告诉我们：潜能恒信 2012 年 7 月 11 日早盘低开，大幅震荡，分时图的波形上下很活跃。11 点 13 分股价快速跳水时的挂单就是递增拦截形态，主力意在吓出散户手中的筹码。而主力在 16.56 元的价格挂了 2184 手的大单拦截在这里，如果市场中散户有恐慌性的抛单，则主力在这个价位全接走了。

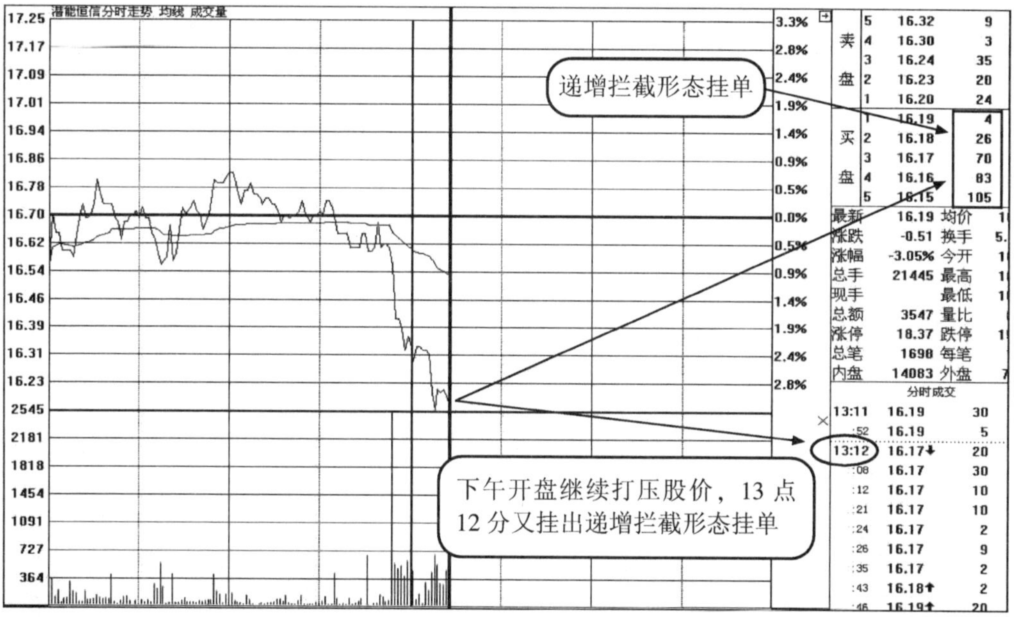
潜能恒信分时走势 均线 成交量
递增拦截形态挂单
下午开盘继续打压股价，13 点 12 分又挂出递增拦截形态挂单

图 2-37

图2－37显示，下午继续打压股价，又挂出递增拦截形态挂单，继续恐吓散户。在13点12分挂单依然是递增拦截形态，显示了主力低吸筹码的真实意图。

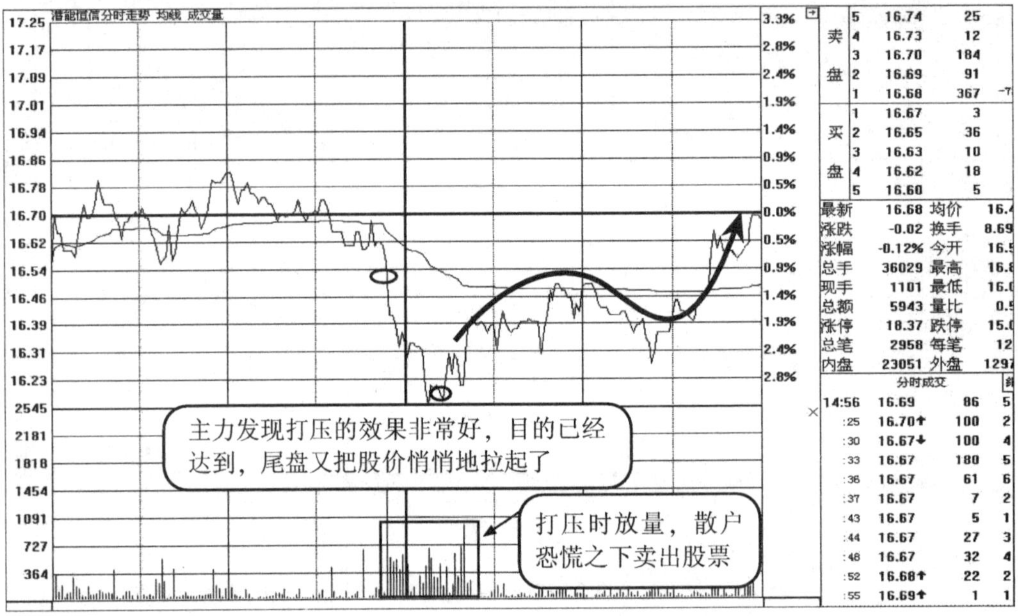
主力发现打压的效果非常好，目的已经达到，尾盘又把股价悄悄地拉起了
打压时放量，散户恐慌之下卖出股票

图2－38

图2－38告诉我们：下午开盘后不久形成了低点，主力运用挂单配合打压股价，做到了洗盘和逢低吸纳，到收盘时主力又悄悄地采取不放量的形式继续收集筹码把股价拉起来。该股日后的走势又是怎样呢？请看图2－39。

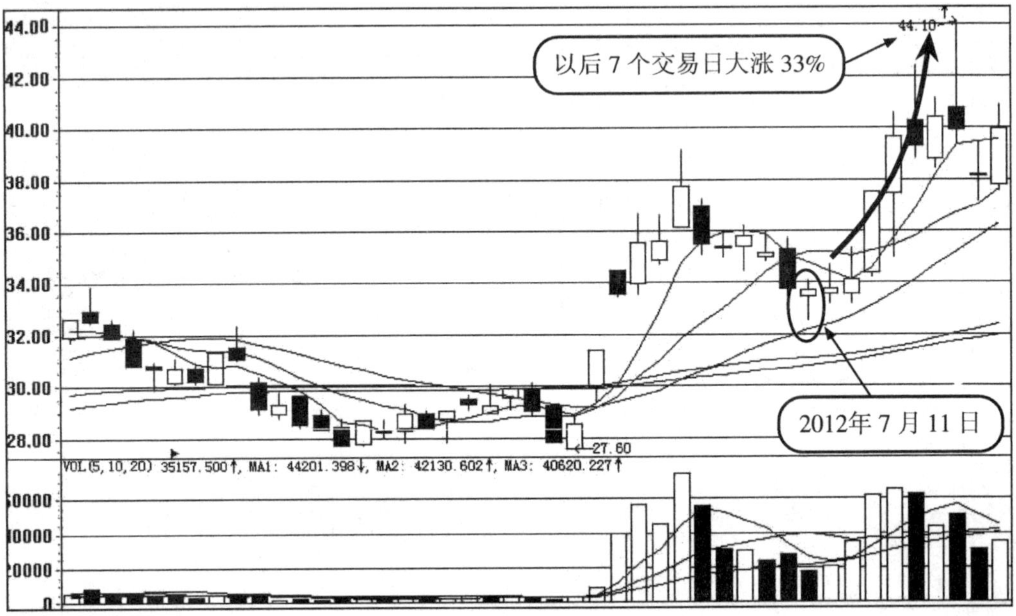
以后7个交易日大涨33%
2012年7月11日

图2－39

图 2－39 的走势说明：主力 7 月 11 日经过充分地打压、巧妙地收集筹码之后，在紧接着的 7 个交易日把股价拉升了 33% 的涨幅，再次成功地操作了一个大波段，达到顺利赢利的目的。

再来看 2012 年 7 月 17 日仁智油服的盘口挂单，如图 2－40 所示。

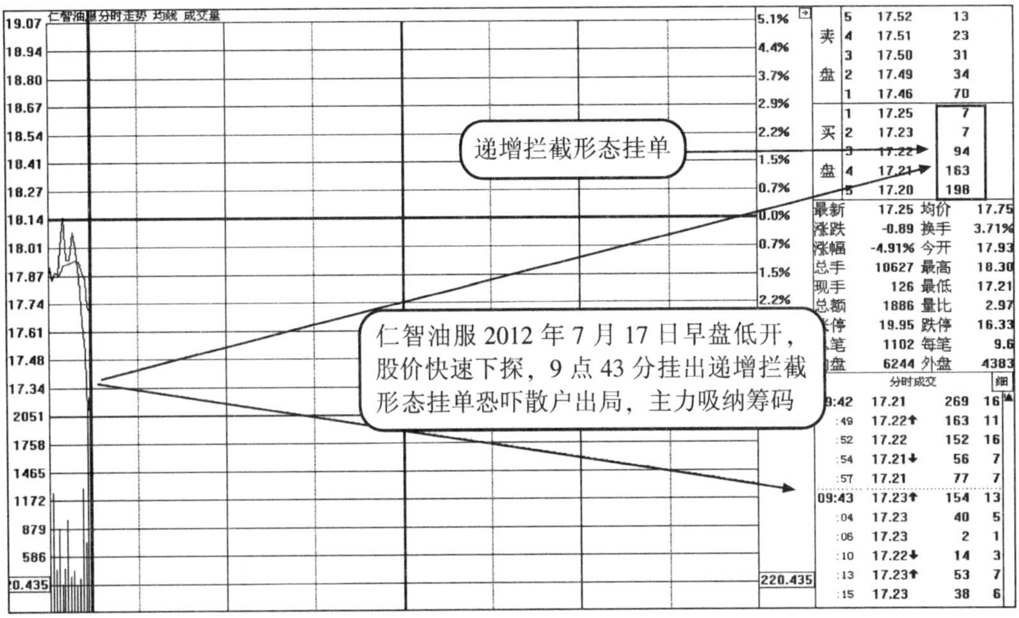

图 2－40

该股 7 月 17 日早盘开盘后，在 9 点 43 分挂出递增拦截形态挂单，从买一、买二、买三到买四的挂单看是明显的递增拦截形态。当时由于股价下跌的速度很快，很多投资者不明情况，为了控制风险，大多数散户会卖出手中的股票。主力却在低位抢夺筹码。到收盘时的走势如图 2－41 所示。

在图 2－41 中，仁智油服在 9 点 43 分和 10 点 30 分两次利用递增拦截形态挂单方式打压后成功地吓出散户的筹码，在下午收盘后再度拉起，这恰恰说明挂单是主力用来欺骗散户的最好办法。2012 年 7 月 17 日之后仁智油服的走势请看图 2－42。

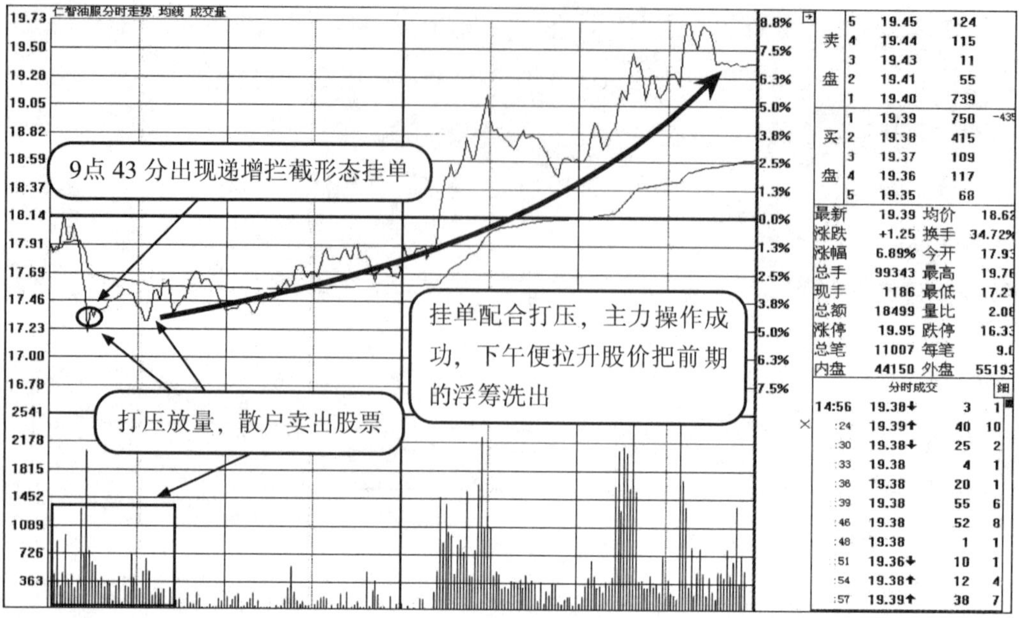
仁智油服分时走势 均线 成交量
9点43分出现递增拦截形态挂单
打压放量，散户卖出股票
挂单配合打压，主力操作成功，下午便拉升股价把前期的浮筹洗出

图 2 -41

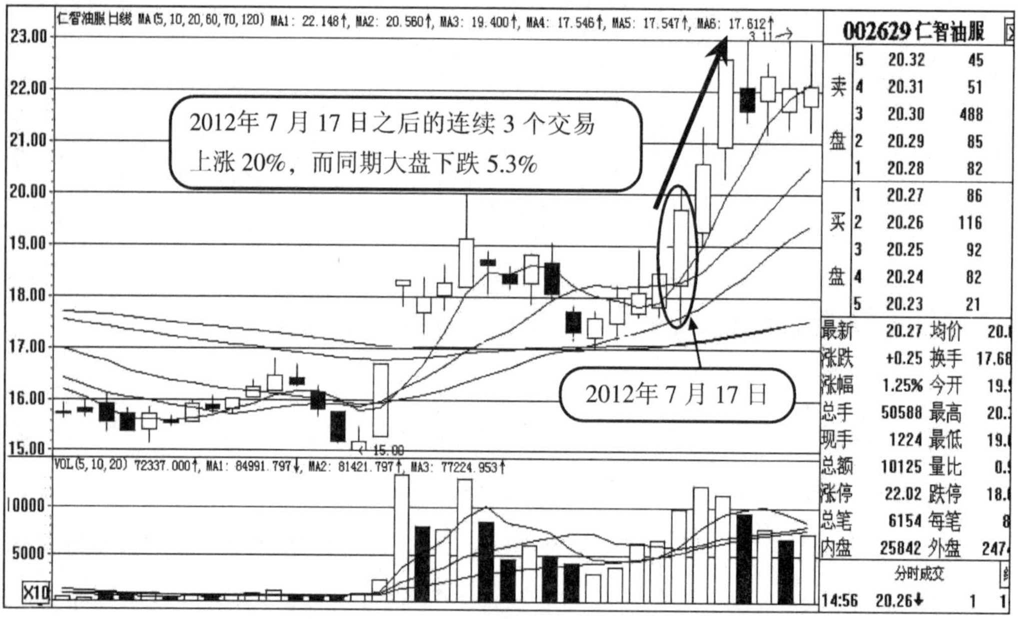
002629 仁智油服
2012年7月17日之后的连续3个交易上涨20%，而同期大盘下跌5.3%
2012年7月17日

图 2 -42

主力成功打压和洗盘后，收集到低价筹码，3 个交易日该股就上涨了近 20%，而同期大盘却下跌 5.3%。

我们再来看沙河股份的走势，如图 2 -43 所示。

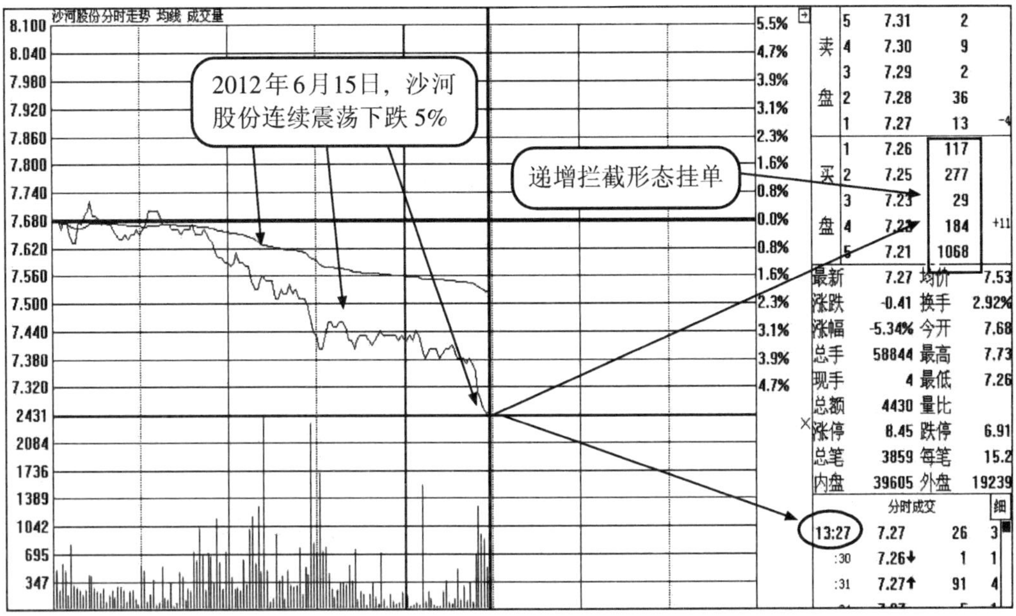
沙河股份分时走势 均线 成交量
2012年6月15日，沙河股份连续震荡下跌5%
递增拦截形态挂单
13:27

图 2 -43

图 2 -43 是沙河股份 2012 年 6 月 15 日上午的走势，股价震荡下跌，到下午股价快速下跌。13 点 27 分递增拦截形态挂单出现，此时股价已经下跌5%，主力在低吸筹码。到收盘时的情形请看图 2 -44。

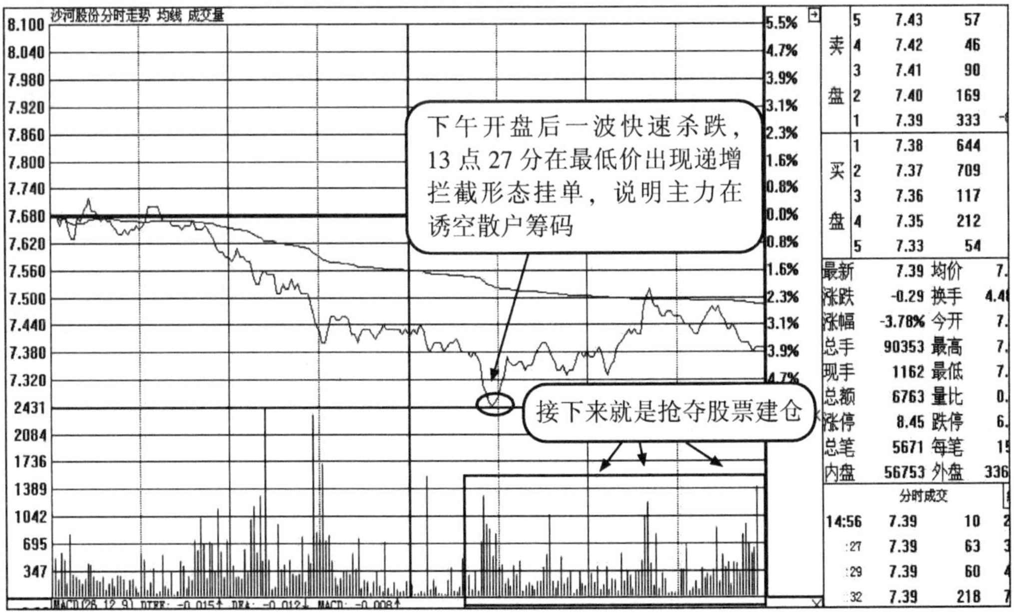
沙河股份分时走势 均线 成交量
下午开盘后一波快速杀跌，13 点 27 分在最低价出现递增拦截形态挂单，说明主力在诱空散户筹码
接下来就是抢夺股票建仓

图 2 -44

图2-44告诉我们：从13点28分沙河股份主力的诱空挂单出现到收盘，主力不温不火地连续收集筹码。

沙河股份后续的走势如图2-45所示，主力运用大幅下跌，散户抛出筹码，再利用递增拦截形态挂单低位抢筹，随后用11个交易日拉升股价大涨了40%。

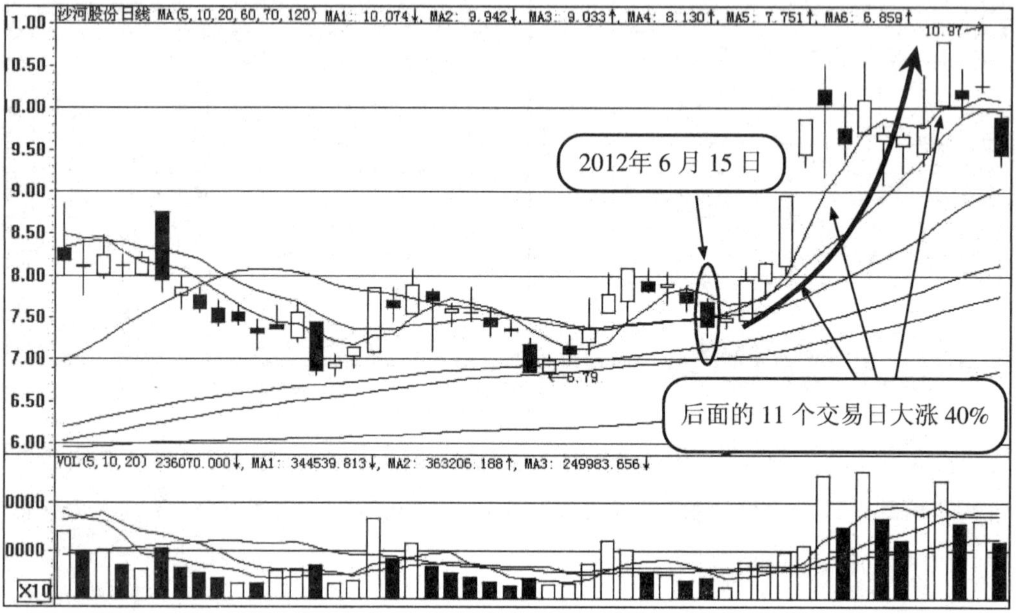

图2-45

警示 股票连续多日回调后出现递增拦截形态挂单时，多是主力用来低吸筹码、欺骗散户的。

需要注意的是：朋友们在看盘的时候不能忽略递增拦截形态挂单的现象，这种挂单形式多出现在股价急速下跌或者连续回调多日后的过程中。看盘时还要结合盘口的其他分析点（量峰、波形、分时成交）来使用，不能生搬硬套，否则会有很大的风险。量峰、波形、分时成交，笔者将在后面的章节讲述。

（2）递减拦截形态

递减拦截形态，就是指股票某一瞬间在下档买盘的位置从买一到买五的每一档的挂单数量依次在减小。视觉效果就像是一个倒三角形。盘面看从买一开始往下的接盘越来越少了，股价的支撑明显减弱，如图2-46所示。

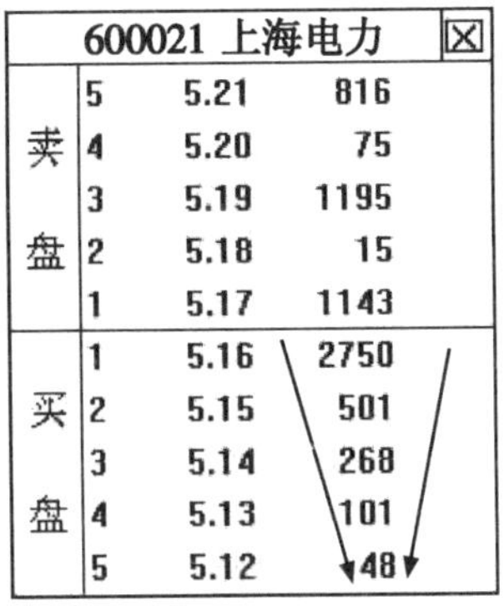

600021 上海电力			
卖盘	5	5.21	816
	4	5.20	75
	3	5.19	1195
	2	5.18	15
	1	5.17	1143
买盘	1	5.16	2750
	2	5.15	501
	3	5.14	268
	4	5.13	101
	5	5.12	48

图 2 －46

图 2 －46 是上海电力某时间的挂单，从买一 2750 手、买二 501 手、买三 268 手、买四 101 手到买五 48 手，挂单数量依次明显减少，这就是典型的递减拦截形态挂单。

实战中递减拦截形态挂单的运用如图 2 －47 所示。

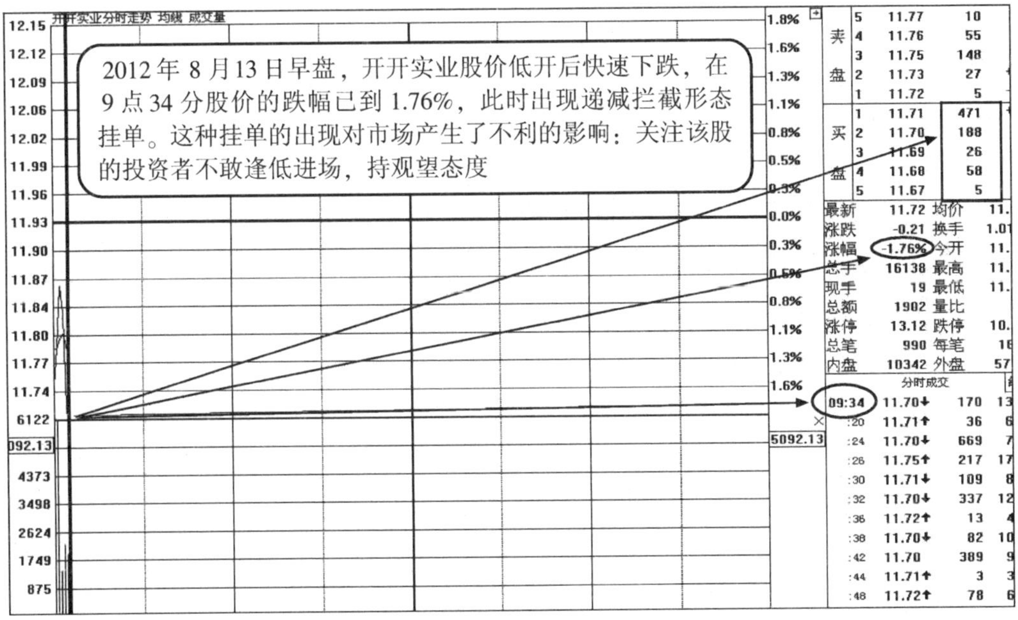

图 2 －47

图 2 －47 显示，开开实业 2012 年 8 月 13 日开盘不久快速下跌，9 点 34 分挂单出现递减拦截形态，买一是 471 手、买二是 188 手、买四是 58 手，挂单依次向下在减少，使得市场中很多人认为下跌的接盘明显减少，关注该股的投资者不敢进场，持观望态度。而持有该股的投资者看到此时股价的快速下跌，为了回避风险，多数

人会采取离场观望的操作来应对，毕竟买一 11.71 元的位置还是有很多接单的，而一旦挂单在 11.71 元进行交易，那很快就会成交。可以想象这些股票是卖给谁了，当时的股价恰恰是当天的最低价。到收盘时全天的走势见图 2－48。

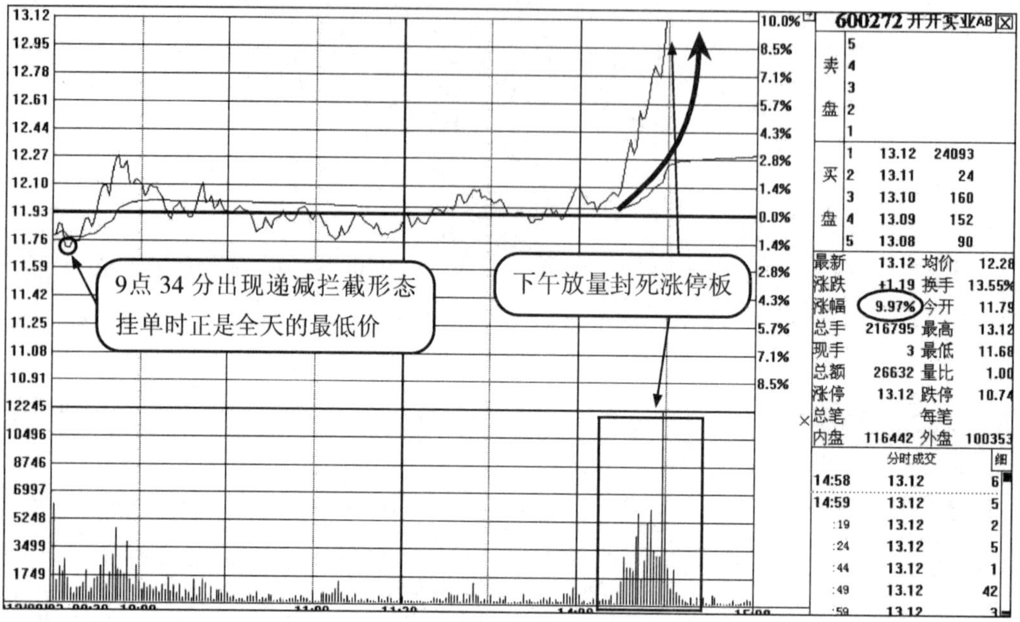

图 2－48

图 2－48 告诉我们：主力操盘时在拉升前是不希望散户跟风的。主力实际上非常了解广大散户是什么样的操盘心态，甚至知道散户的止损价格的极限位置。要做到这一点，用挂单实现他们的目的，是既省钱省时又快捷的办法，这也是为什么很多朋友在盘中一旦卖出股票就卖在地板价的原因。开开实业这一天收盘以封死涨停板的走势结束交易。

图 2－49 是海默科技 2012 年 6 月 15 日的走势。上午主力先是放量拉升股价，而后打压震荡，到下午连续两次快速下探，这个过程明显是主力在震仓。14 点 05 分股价已经下跌了 2.24%，这个时候出现递减拦截形态挂单。主力意在告诉市场：此时下档接盘越来越少了，风险很大，散户朋友请不要参与。到收盘又是如何表现的呢？请看图 2－50。

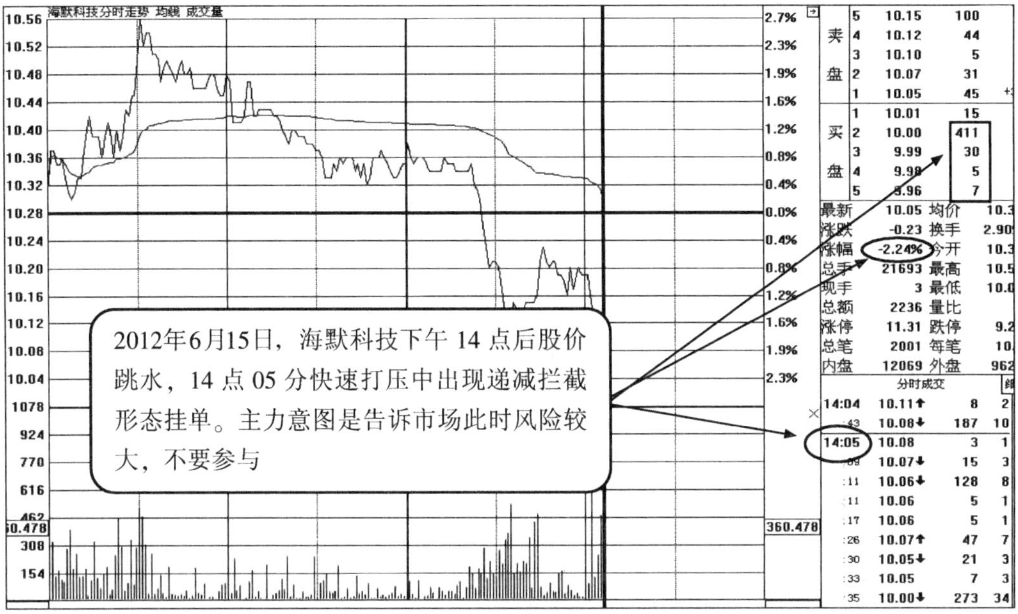
海默科技分时走势 均线 成交量
2012年6月15日，海默科技下午 14 点后股价跳水，14 点 05 分快速打压中出现递减拦截形态挂单。主力意图是告诉市场此时风险较大，不要参与

图 2 -49

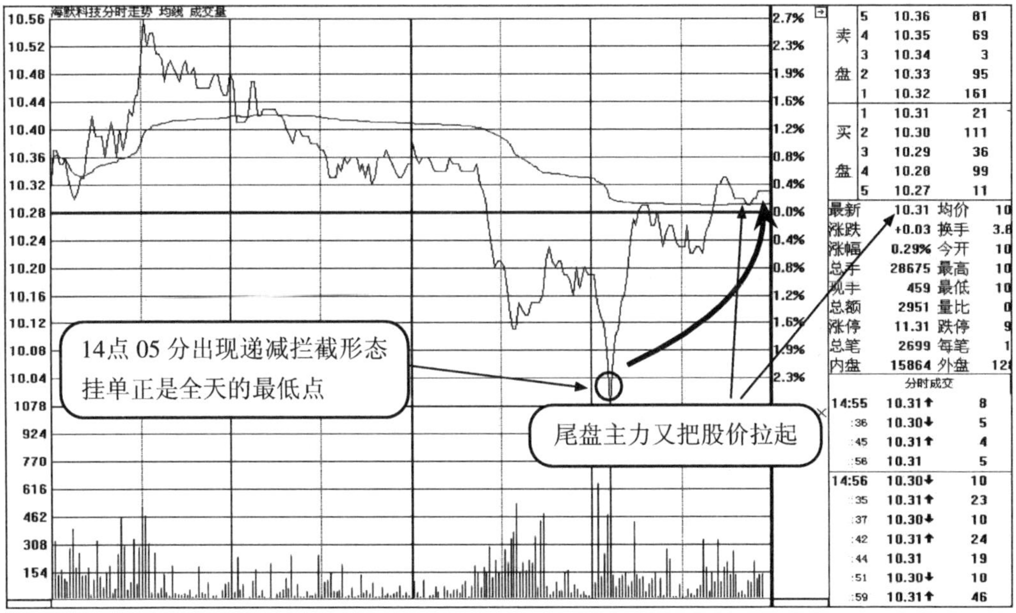
海默科技分时走势 均线 成交量
14点 05 分出现递减拦截形态挂单正是全天的最低点
尾盘主力又把股价拉起

图 2 -50

如图 2 -50 所示，14 点 05 分的这种递减拦截形态挂单正是全天的最低点，收盘时股价又拉起。几天之后行情是怎么表现的呢？接着看图 2 -51。

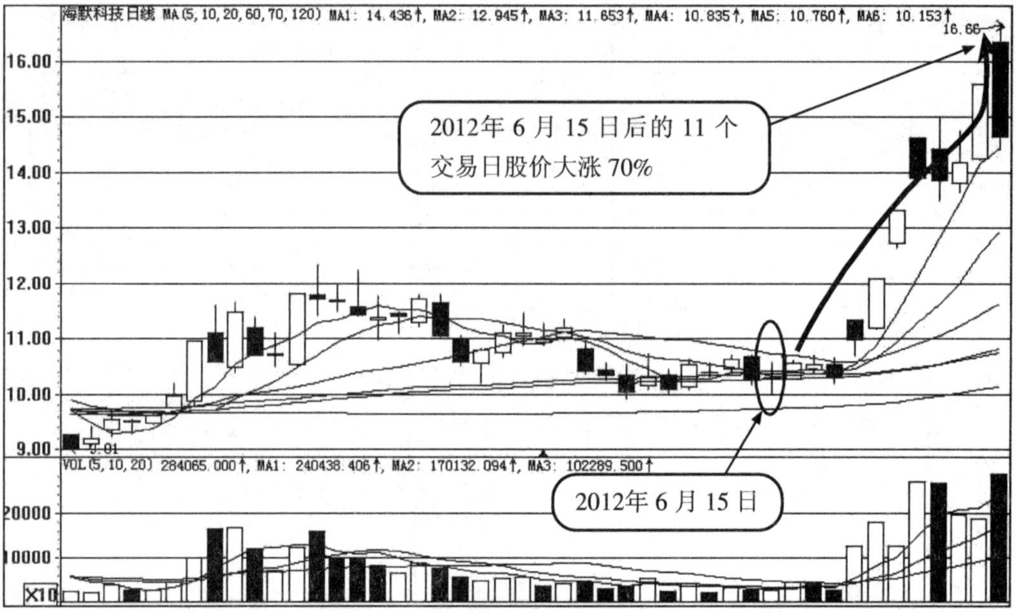

图2-51

后面的11个交易日股价大涨70%，成为当时市场极为罕见的牛股。

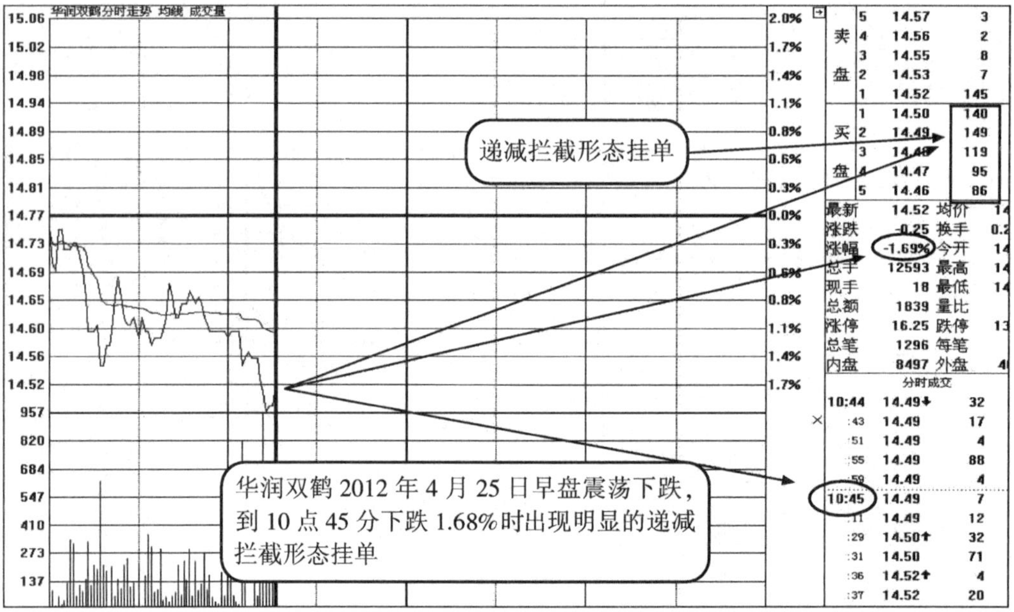

图2-52

图2-52显示，华润双鹤2012年4月25日早盘震荡下跌，到10点45分股价下跌1.68%，此时挂单为递减拦截形态挂单。市场中主力同样是在打压吸筹，散户是不敢买进的。因为大多数散户朋友喜欢关注和买进已经上涨的股票（追强势股）。

这个时候华润双鹤是被市场遗忘和丢弃的，但是到尾市收盘时它完全收复了失地。请看图2－53。

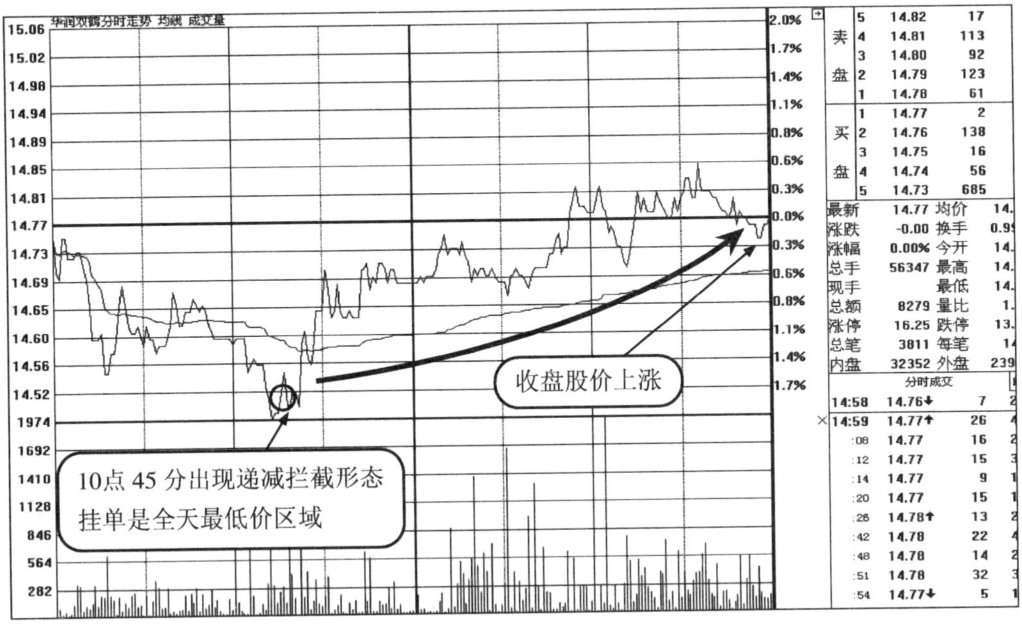
华润双鹤分时走势 均线 成交量
收盘股价上涨
10点45分出现递减拦截形态
挂单是全天最低价区域

图2－53

如图2－53所示，华润双鹤主力采取打压进场、拉高吸货的形式在盘中达到了洗盘、建仓、探底的三重目的。我们不得不思考：为什么该股上午打压股价后尾盘又拉起来呢？当然结果会告诉我们，这一天就是为行情的展开写下漂亮的开篇，见图2－54。

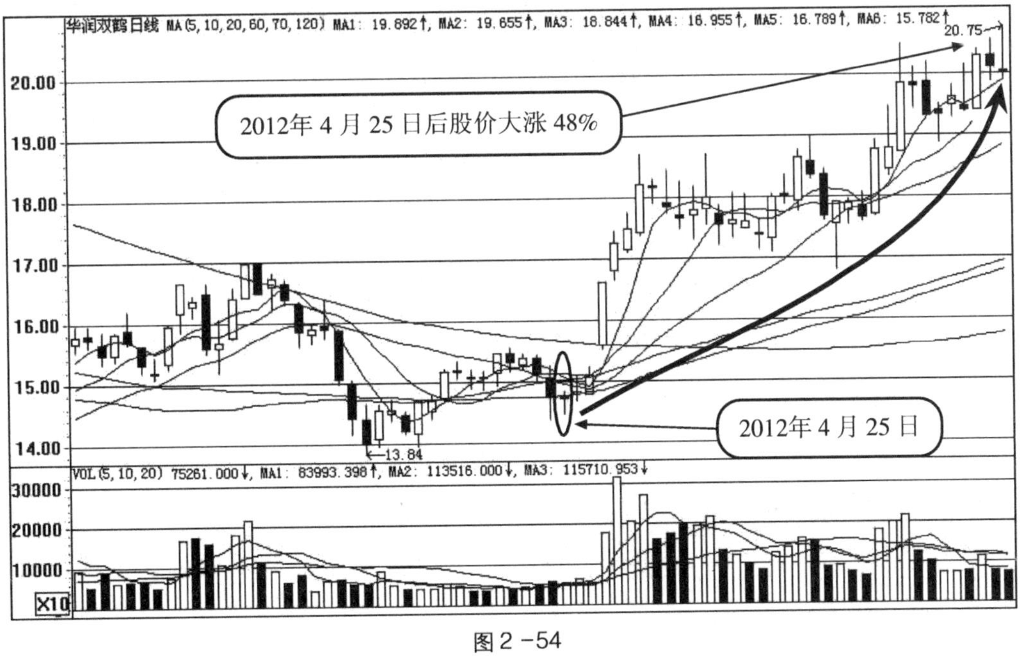
华润双鹤日线
2012年4月25日后股价大涨48%
2012年4月25日

图2－54

2012年4月25日，华润双鹤的主力操作完成了洗盘、吸筹的步骤后，便开始了长牛之路。

警示 要注意的是，递减拦截形态挂单多出现在主力洗盘的结束点，也就是最后一次回调的最低点的区域。看盘时还要结合盘口的其他分析点（量峰、波形、分时成交）来使用，不能生搬硬套，否则会有很大的风险。量峰、波形、分时成交，笔者将在后面的章节讲述。

（3）"一"字拦截形态

"一"字拦截形态就是在股票盘口走势图中，"买盘"栏买一到买五的任何一档都可能出现明显超过其他一档数量的大的拦截单。视觉效果如同汉字"一"一样。盘面上给人的感觉是拦截效果明显，护盘的实力雄厚。如图2－55和图2－56所示。

卖盘	5	525	2988
	4	524	3435
	3	523	1350
	2	522	732
	1	521	997
买盘	1	520	25863
	2	519	355
	3	518	633
	4	517	181
	5	516	847

图2－55

卖盘	5	2135	19
	4	2134	6
	3	2133	136
	2	2132	140
	1	2131	11
买盘	1	2130	8
	2	2128	1583
	3	2121	5
	4	2120	112
	5	2113	15

图2－56

图2－55的股票是大盘股在某一时刻的挂单，此时买一的位置挂出25863手的大单，其余的四档挂单都是明显小于它的小单，在盘中起到拦截的效果，意思是有超大的资金在此等待，不怕抛盘的涌出，或者是在告诉市场主力在护盘，"你卖多少我收多少"。这就是"一"字拦截形态挂单。图2－56是一个小盘股，在买二的档位挂出1583手，虽然挂出的位置不同，但是盘面效果是一样的，也是"一"字拦截形态挂单。

“一”字拦截形态挂单经常出现，但随盘中出现的情况和股价所处的位置不同有三种完全不同的意义。

①如果股票经过了一波大幅上涨的行情，某一天出现“一”字拦截挂单，这很可能是主力采取这种挂单来吸引散户进场，自己好出货。

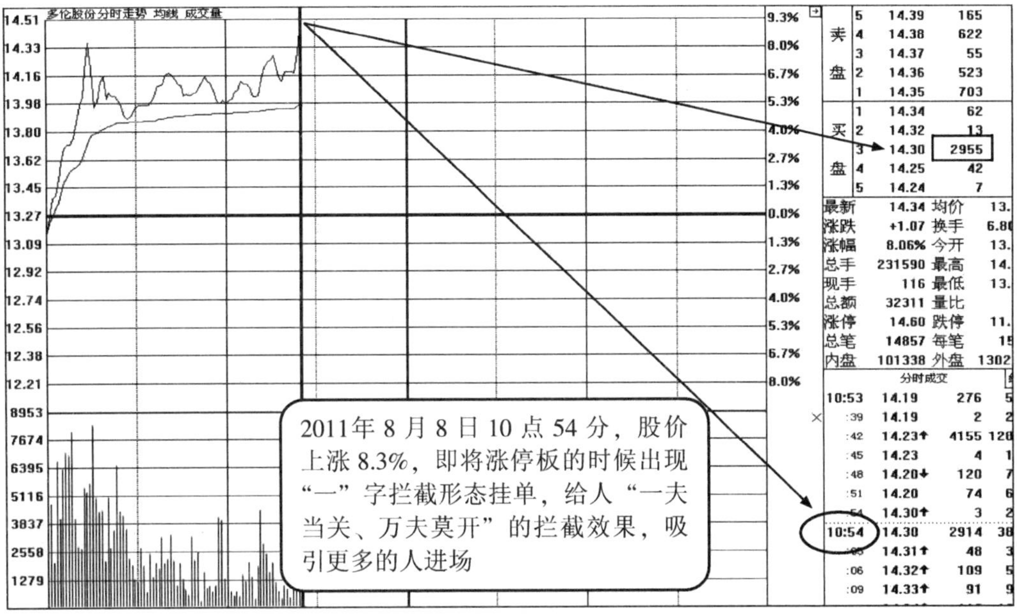
多伦股份分时走势 均线 成交量
2011年8月8日10点54分，股价上涨8.3%，即将涨停板的时候出现“一”字拦截形态挂单，给人“一夫当关、万夫莫开”的拦截效果，吸引更多的人进场
卖盘
买盘
10:54

图2－57

图2－57显示，多伦股份在2011年8月8日这天开盘后快速放量拉升，10点54分买盘中的买三档有2955手的大拦截单出现，给人以“一夫当关、万夫莫开”的拦截效果，吸引市场继续跟风买进，而主力则进行派发。从当天的交易效果看，确实有很多资金在疯狂进场，甚至到收盘该股还居然涨停，但是封死涨停板的挂单量不是很大，请看图2－58。

该股10点54分出现“一”字拦截形态挂单后涨停板快速打开，股价快速放量下跌，到尾盘又封死涨停板，而封单仅仅12574手，封单量明显不大，这是主力在告诉市场：“我很强，我今天涨停板了，你们不买就后悔吧。”

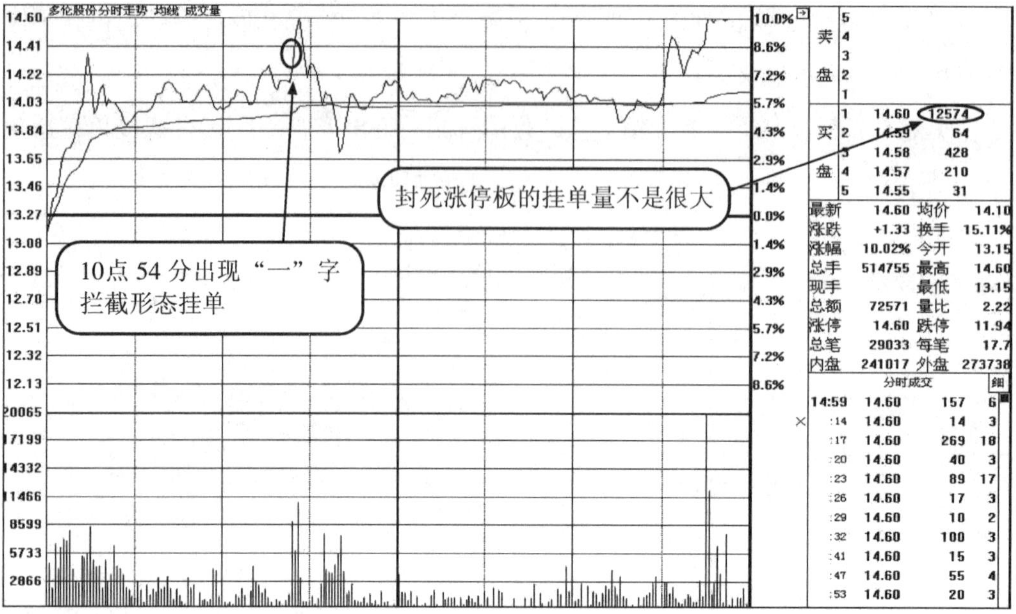

图2-58

由于该股前面已经有了大幅的上涨，涨幅已经140%，主力获利极丰。请看图2-59。

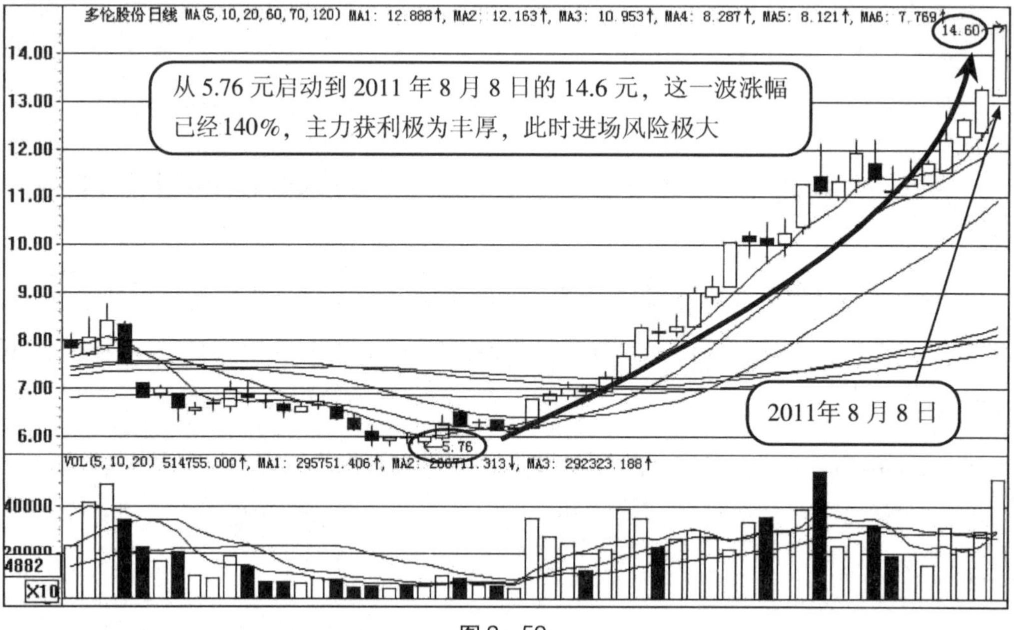

图2-59

图 2－59 告诉我们：在股价经过一波大幅上涨后如果股价还在继续走强，那我们要通过细节研判主力的操盘意图。涨幅越大往往风险也就越大。

那么 8 月 8 日之后的走势如何呢？请看图 2－60。

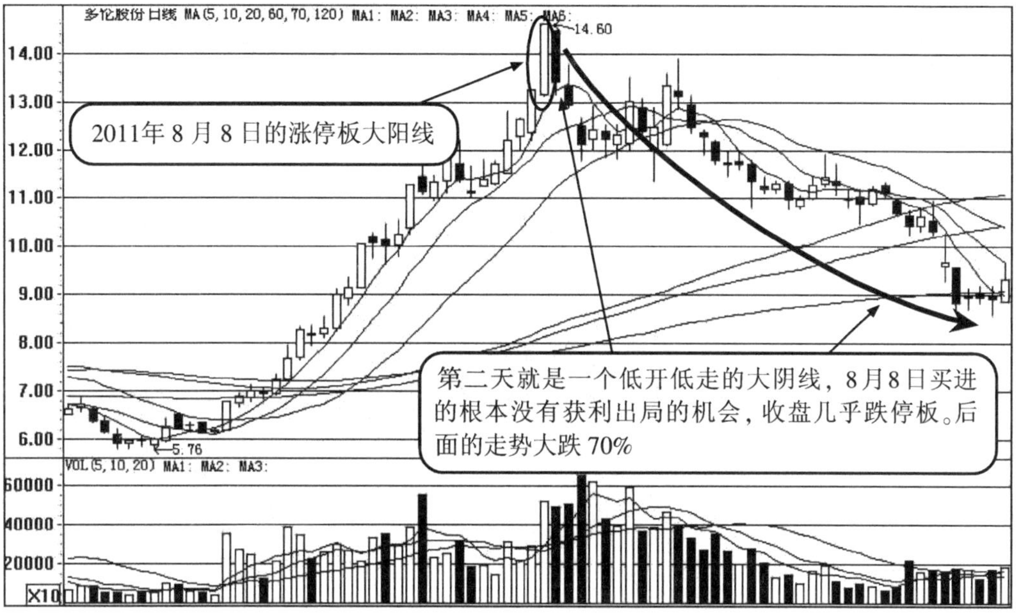
多伦股份日线 MA(5, 10, 20, 60, 70, 120) MA1: MA2: MA3: MA4: MA5: MA6:
14.60
5.76
2011年 8 月 8 日的涨停板大阳线
第二天就是一个低开低走的大阴线，8 月 8 日买进的根本没有获利出局的机会，收盘几乎跌停板。后面的走势大跌 70%
VOL(5, 10, 20) MA1: MA2: MA3:
×10

图 2－60

第二天也就是 2011 年 8 月 9 日，多伦股份就开始低开低走，当天在跌停板附近收盘。8 月 8 日追涨买入的投资者根本不可能获利出局。后面最大跌幅达到 70%。

警示　了解大单挂出的真实意图，可以帮助我们了解风险之所在，也可以帮助我们在高位出局。

②如果股票在一个长期下跌过程中的某一天出现“一”字拦截挂单，说明主力在吸筹。

下面还是多伦股份“一”字拦截形态挂单出现的战例。图 2－61 是多伦股份 2012 年 7 月 30 日以前的 K 线走势，图中显示该股已经连续 28 天下跌。到 7 月 31 日走势有了转机，如图 2－62 所示。

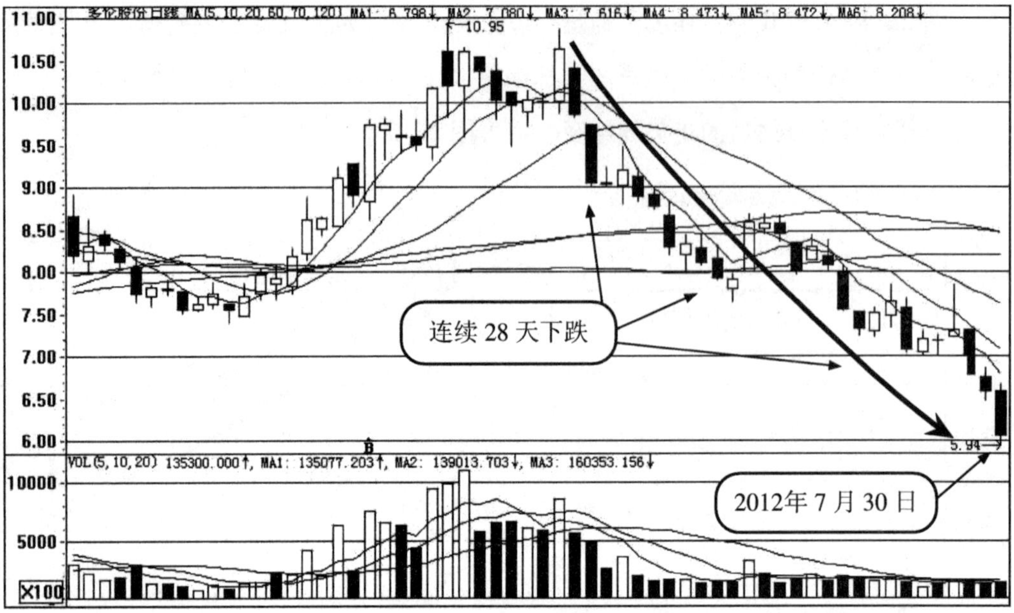
连续 28 天下跌
2012年 7 月 30 日

图 2－61

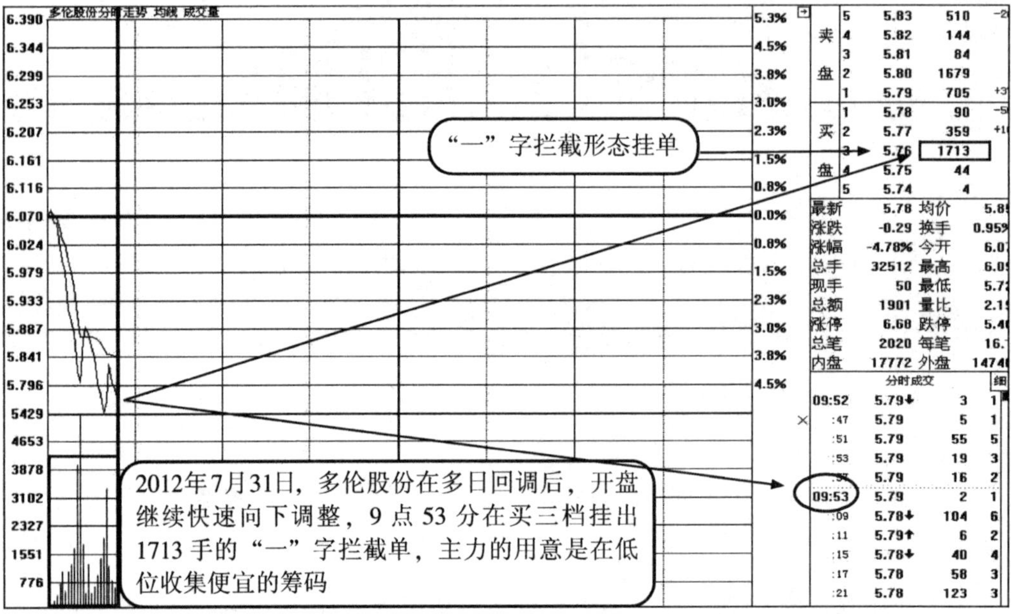
“一”字拦截形态挂单
2012年7月31日，多伦股份在多日回调后，开盘继续快速向下调整，9 点 53 分在买三档挂出 1713 手的“一”字拦截单，主力的用意是在低位收集便宜的筹码

图 2－62

图 2－62 告诉我们：多伦股份开盘后继续延续下跌趋势，9 点 53 分在下档买盘的买三档出现 1713 手的拦截单，主力的用意显然是在弱势市场中于低位收集便宜的筹码。

主力在完成低位的收集后，下午快速拉升股价，见图 2 -63。

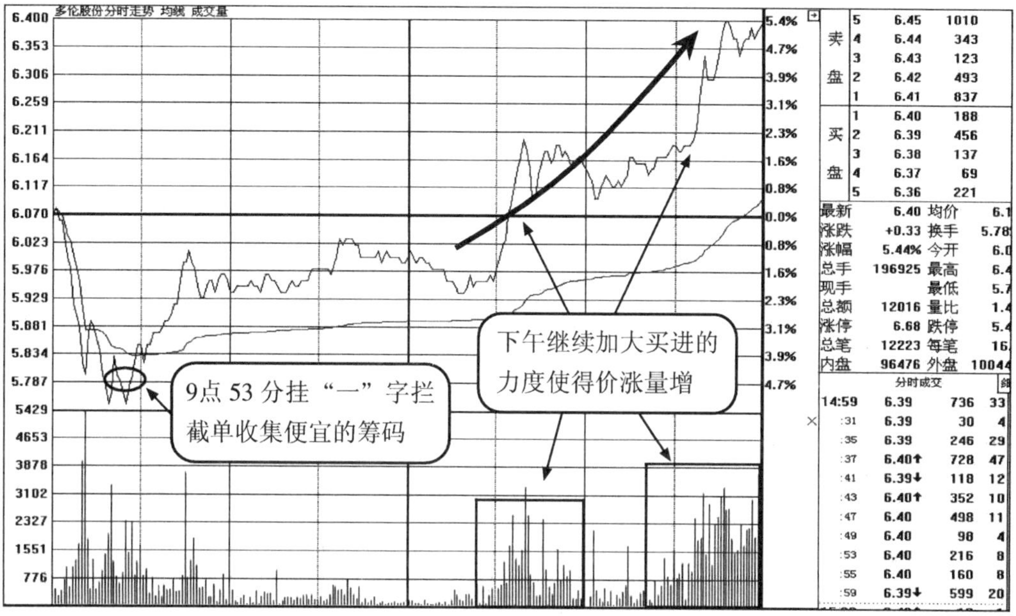
多伦股份分时走势 均线 成交量
9点 53 分挂“一”字拦截单收集便宜的筹码
下午继续加大买进的力度使得价涨量增

图 2 -63

图 2 -63 显示：在连续多日下跌后的 2012 年 7 月 31 日，多伦股份 9 点 53 分突然出现的“一”字拦截形态挂单告诉我们，该股主力已经抄底进场了，而且下午继续加大买入的力度，使得走势出现量增价涨的态势，当天从低点 5.7 元到高点 6.4 元，上涨 11%。

③股价长期在箱体内震荡，盘中某时刻或者某一天多次在盘中出现“一”字拦截挂单，这很可能是主力在进行拉升前的试盘。

股票在箱体震荡的时候，一般投资者很难把握哪一次的向上突破是真实有效的，因而操作上有很大的困难。“一”字拦截形态的挂单可以帮助我们识别出真实的突破。

图 2 -64 告诉我们：主力在做完箱体震荡后，如果要向上突破，一般都要先做试盘。2012 年 6 月 28 日，海润光伏开盘后快速拉升股价，10 点 10 分买盘的买四档出现了 1598 手的“一”字拦截挂单，这个挂单的用意是试探跟风盘和抛压盘的多少。如果跟风盘和抛压盘多，则说明前期的洗盘效果还是不理想，后市可能继续在箱体内震荡洗盘；如果少，主力就会让股价突破箱体继续展开上涨行情。

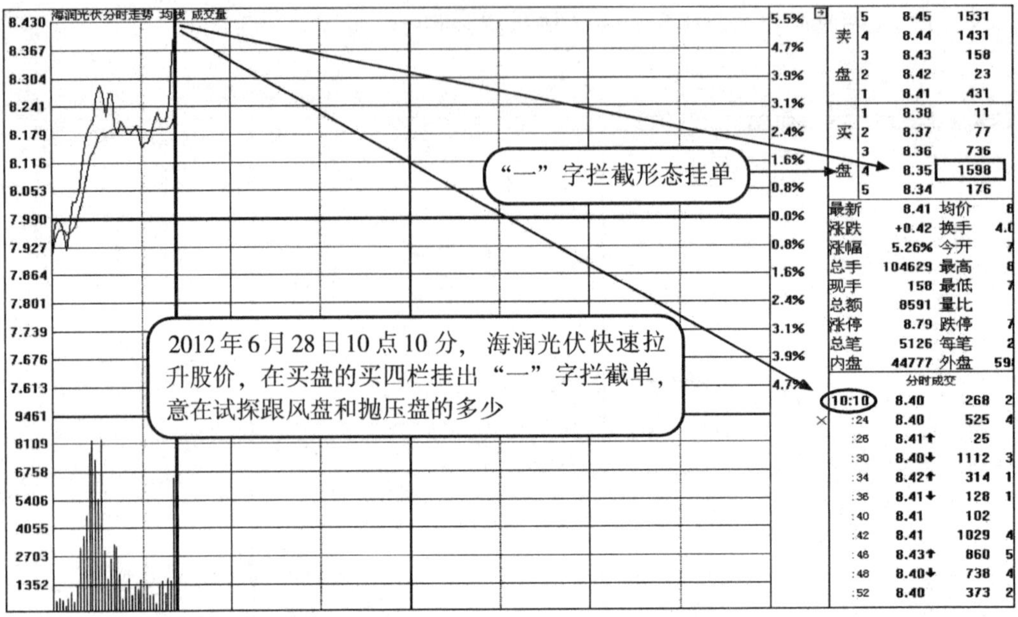
海润光伏分时走势 均线 成交量
"一"字拦截形态挂单
2012年6月28日10点10分，海润光伏快速拉升股价，在买盘的买四栏挂出"一"字拦截单，意在试探跟风盘和抛压盘的多少

图2－64

图2－65显示：海润光伏10点10分的"一"字拦截单试盘后股价虽然创新高，但是量峰明显在减少，说明跟风盘和抛压盘不多，前期的洗盘很充分。下午股价震荡下行，量峰缩小到极点，便于主力继续后市做多。图2－66是该股成功突破后1周上涨19%的K线走势。

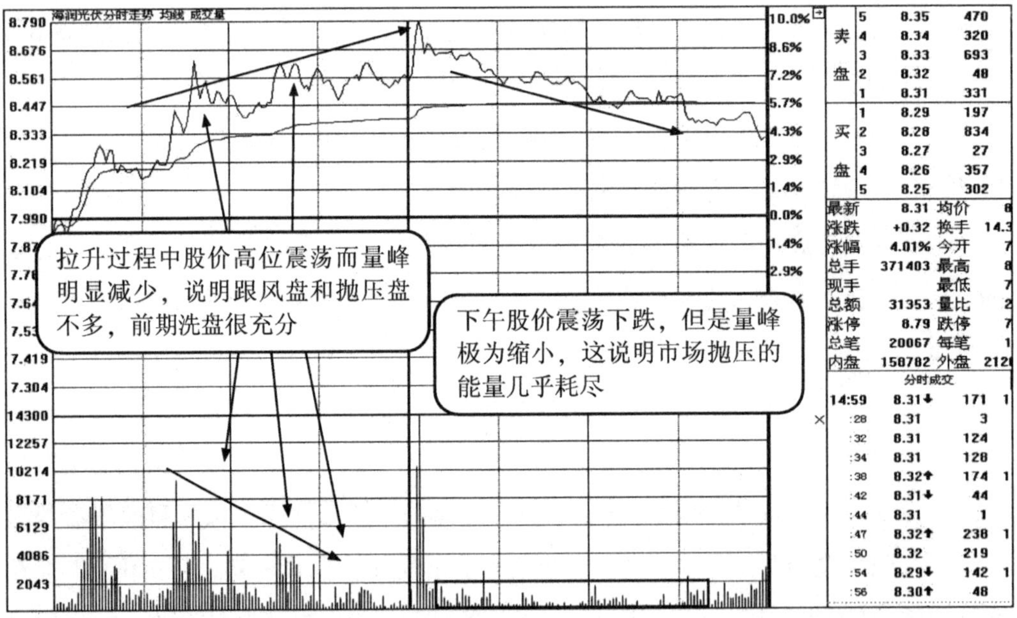
海润光伏分时走势 均线 成交量
拉升过程中股价高位震荡而量峰明显减少，说明跟风盘和抛压盘不多，前期洗盘很充分
下午股价震荡下跌，但是量峰极为缩小，这说明市场抛压的能量几乎耗尽

图2－65

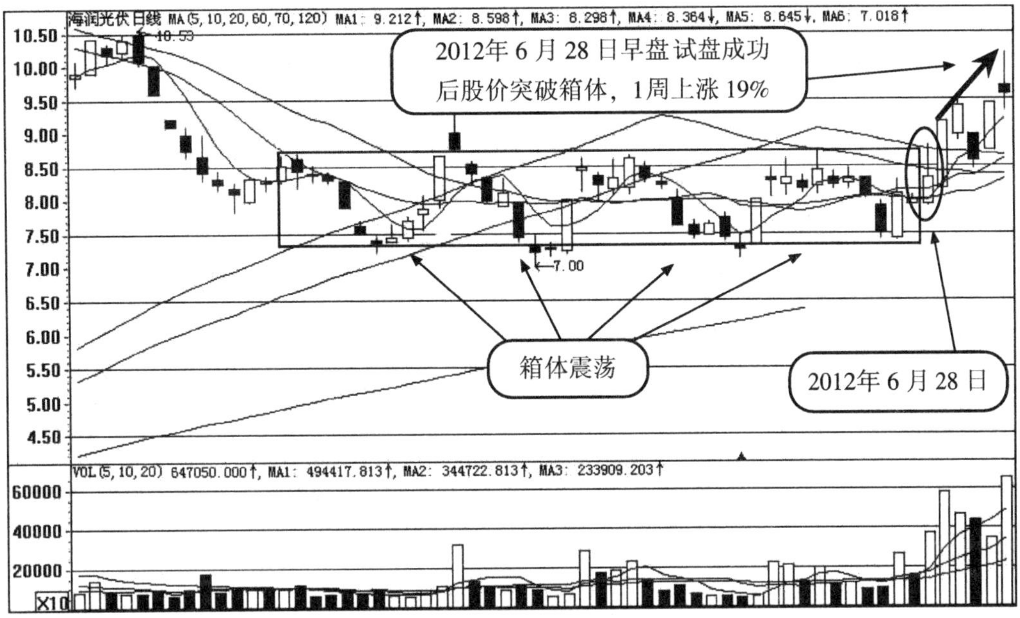

图 2-66

警示 “一”字拦截形态的挂单在盘中经常出现，朋友们要看清它出现时股价所处的位置，看盘时还要结合盘口的其他分析点（量峰、波形、分时成交）来使用，不能生搬硬套，否则会有很大的风险。量峰、波形、分时成交，笔者将在后面的章节讲述。

（4）下蜂窝拦截形态

下蜂窝拦截形态，就是股票在盘中某时刻下档的买盘的挂单从买一到买五的总量远大于上档卖盘从卖一到卖五的挂单总量。形态如图 2-67 所示的蜜蜂窝一样，数字排列非常紧密。

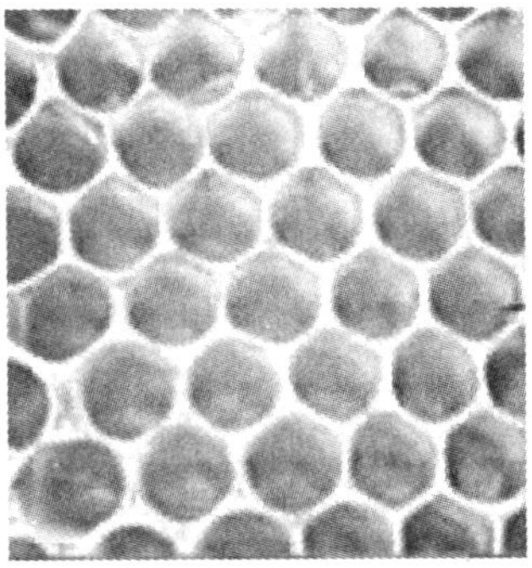

图 2-67

从数字的格式上看，一般小盘股是呈现 3 位数均匀排列，大盘股是 4 位数或者 5 位数均匀排列。视觉上就像国庆天安门阅兵方阵，如图 2-68 和图 2-69 所示。

600022 山东钢铁			
卖盘	5	2.31	88
	4	2.30	388
	3	2.29	457
	2	2.28	47
	1	2.27	871
买盘	1	2.26	1383
	2	2.25	2587
	3	2.24	5607
	4	2.23	5256
	5	2.22	7931

图 2 -68

002272 川润股份			
卖盘	5	7.47	88
	4	7.46	283
	3	7.45	99
	2	7.44	26
	1	7.43	29
买盘	1	7.42	513
	2	7.41	534
	3	7.40	524
	4	7.39	129
	5	7.38	232

图 2 -69

下蜂窝拦截形态出现时的盘面特征：买一到买五各个档在这个时刻挂出的要买进的股票数量巨大，给人的感觉是在这一刻有一股巨大的资金在此排队等待买进股票，或者感觉护盘力量很强大。

下蜂窝拦截形态多出现在以下三种情况：

①主力打压、洗盘结束后开始收集筹码、缩量上涨的过程中；

②股票熊市下跌过程的中期；

③主力拉高出货的过程中。

首先，我们看第一种情况：下蜂窝拦截形态多出现在主力打压、洗盘结束后开始收集筹码、缩量上涨的过程中。

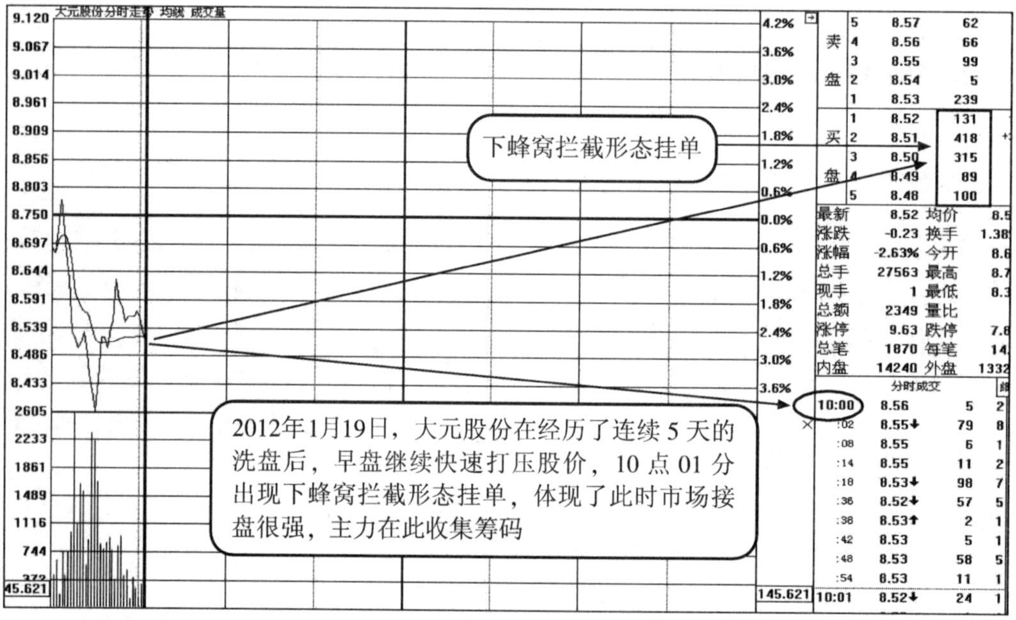
下蜂窝拦截形态挂单
2012年1月19日，大元股份在经历了连续 5 天的洗盘后，早盘继续快速打压股价，10 点 01 分出现下蜂窝拦截形态挂单，体现了此时市场接盘很强，主力在此收集筹码

图 2 -70

如图 2－70 所示，大元股份在 2012 年 1 月 19 日利用下蜂窝拦截挂单低位收集筹码。此后的时间依然在持续建仓，请看图 2－71。

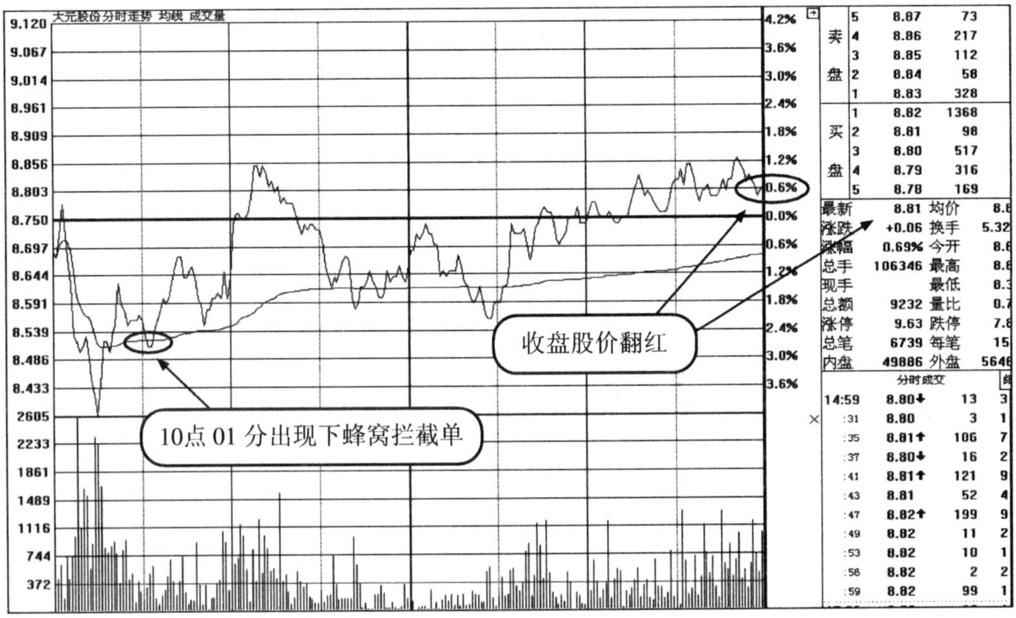

图 2－71

图 2－71 告诉我们：大元股份经过早盘的打压，把市场中的浮筹吓出，配合下蜂窝拦截挂单，主力成功地收集了足够的筹码，到收盘股价翻红，为后面的操作打下了良好的基础。请看图 2－72，股价在 1 月 19 日之后，连续上涨，不到 1 个月的时间涨幅接近 100%。

如图 2－72 所示，该股在以后的 21 个交易日股价大涨 100%。

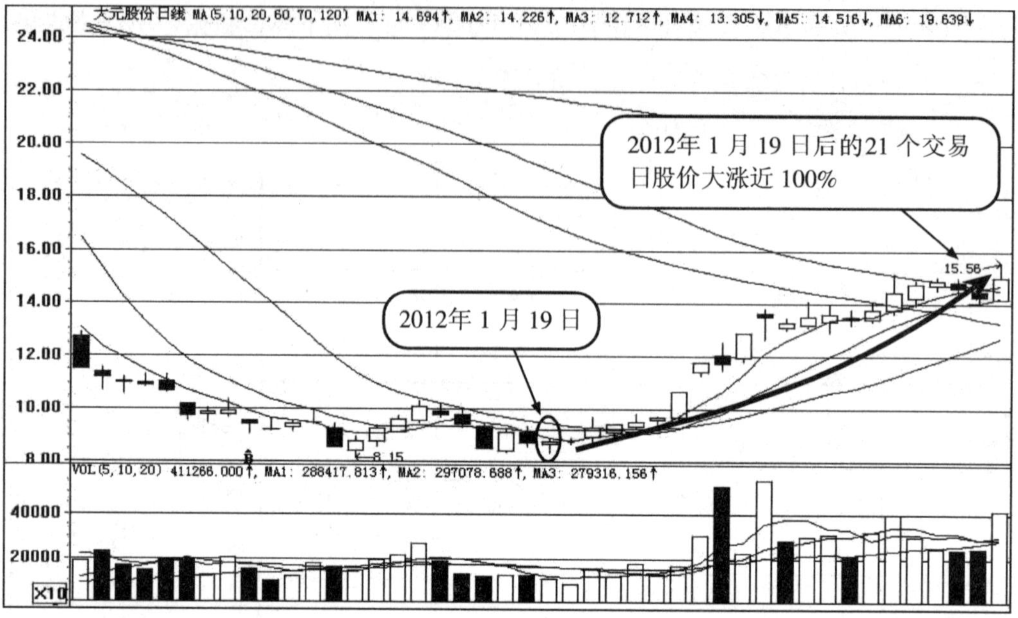

图2-72

第二种情况：股票熊市下跌过程的中期。股票在下跌行情中，下蜂窝拦截形态挂单是经常出现的。

图2-73是中兴通讯2012年5月16日以前的K线走势，从图中可以看出该股明显处于弱势状态，尽管前一交易日收出大阳线，但是我们看看当天的盘口，如图2-74所示。

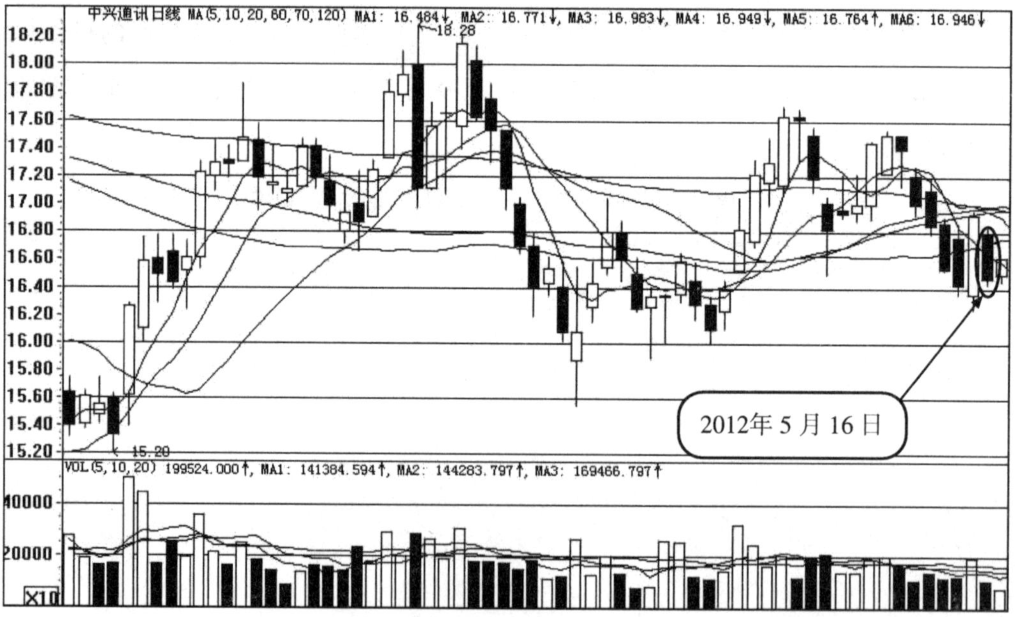

图2-73

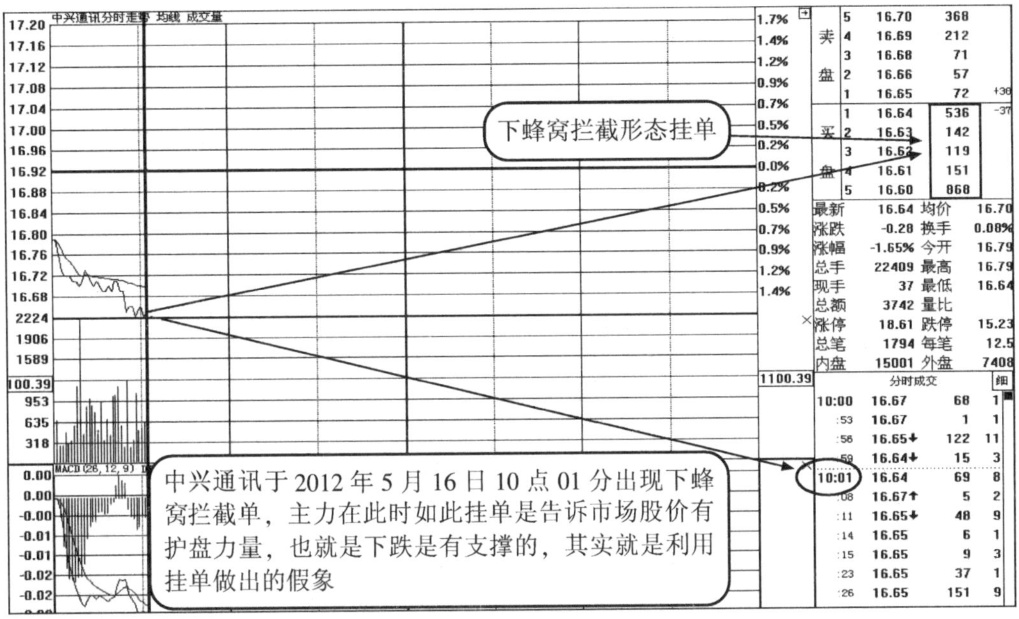

图2－74

中兴通讯在10点01分出现明显的下蜂窝拦截挂单。从挂单的视觉效果看，下档的接盘很多，护盘的资金坚决，后市不应该继续下跌。实际上这只是主力做出的假象，后市自然也应该不会有好的表现。请看图2－75。

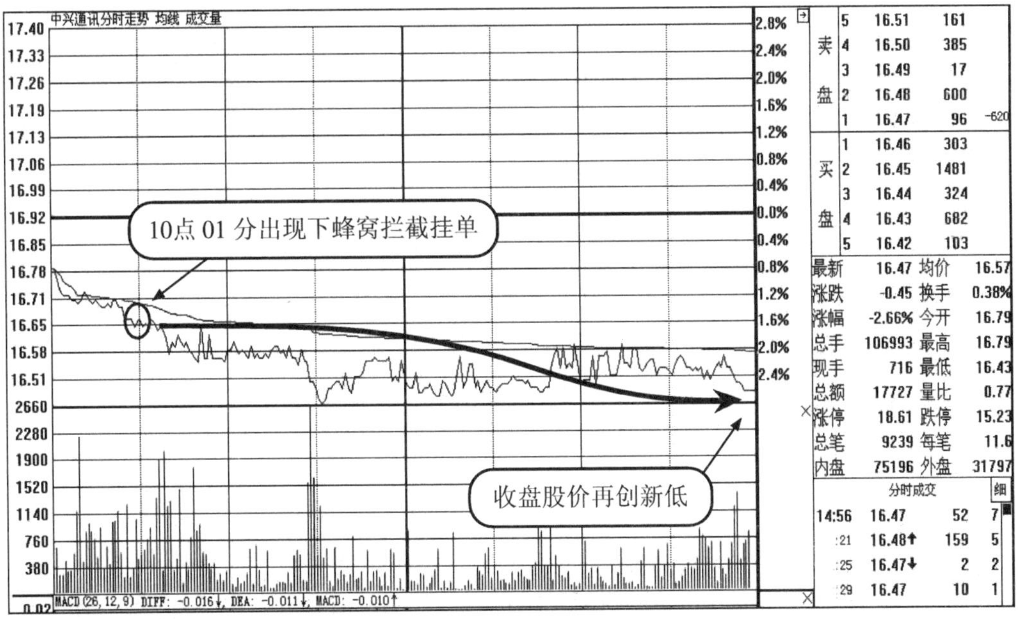

图2－75

图2－75告诉我们：从上午10点01分开始到收盘持续出现下蜂窝拦截形态挂单，而股价是持续下跌的。

2012年5月16日后的走势如图2－76所示，42个交易日该股盘口持续出现下蜂窝拦截挂单，股价大幅下跌近60%。

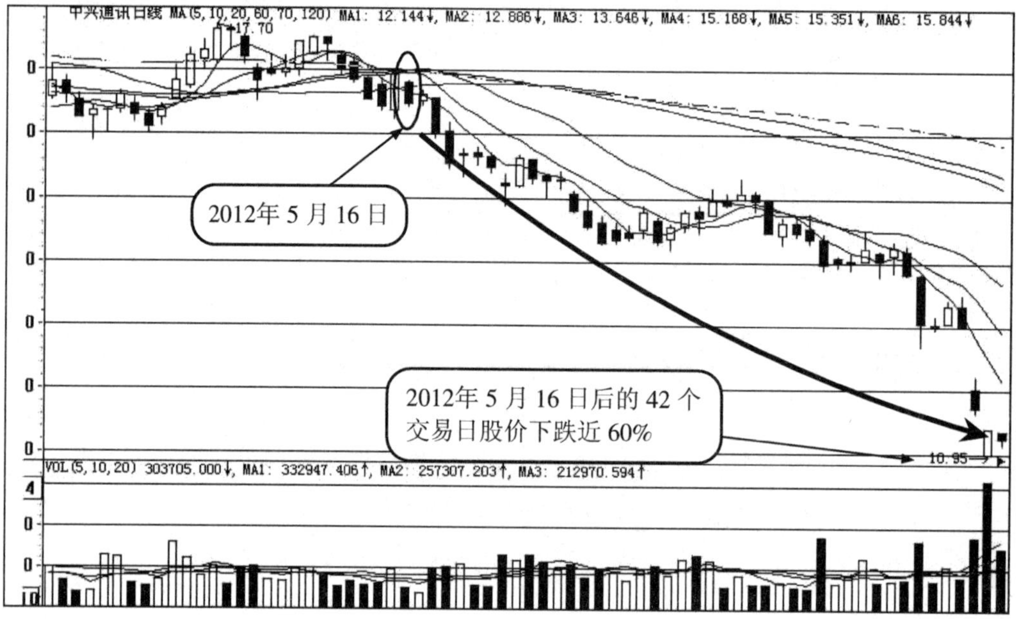

图2－76

第三种情况：主力拉高出货的过程中。如果某股票前期已经有了大幅的上涨，盘中频繁出现下蜂窝拦截形态挂单，则要小心主力是在派发出货了。

这种挂单的真相在于：主力在下档的买盘发现从买一到买五有很多等待买入的散户挂单，而自己要明目张胆地出货，势必造成盘面上明显的放量下跌，为了掩人耳目，主力都会在下档的这些散户单的后面再加上自己的大单，造成下档有大量的资金在积极买入的假象，主力自己则不温不火地慢慢出货。

以莫高股份为例，如图2－77所示。

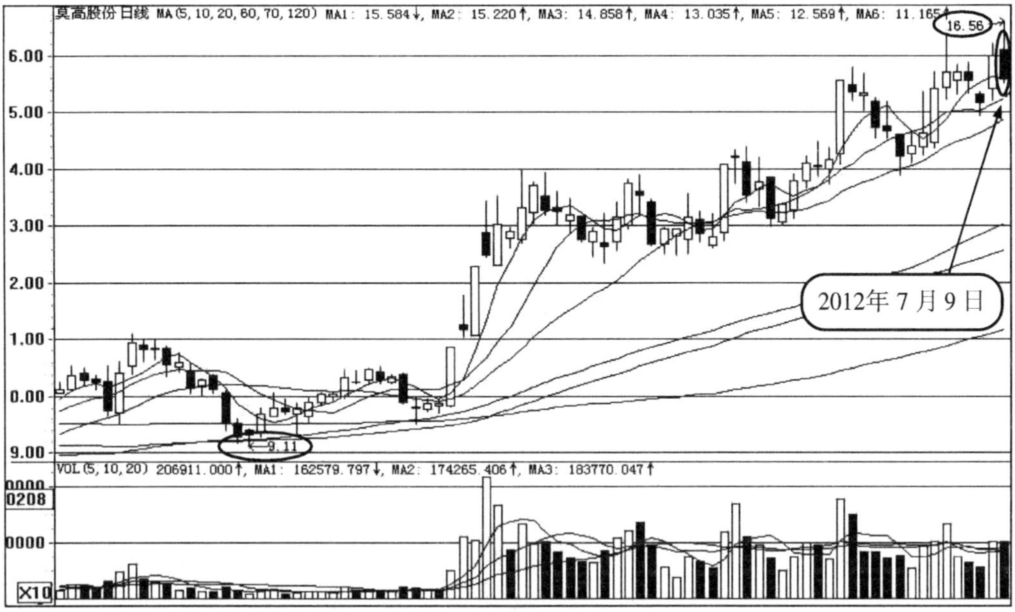

图 2－77

2012 年 7 月 9 日以前，莫高股份的 K 线走势总体是震荡向上。该股从 9. 11 元开始启动，7 月 9 日创出 16. 56 元的新高，大涨 85%，而当时大盘却在持续走熊。盘中该股引起大量投资者和资金的关注，这一天该股的盘中发生了什么情况呢？请看图 2－78。

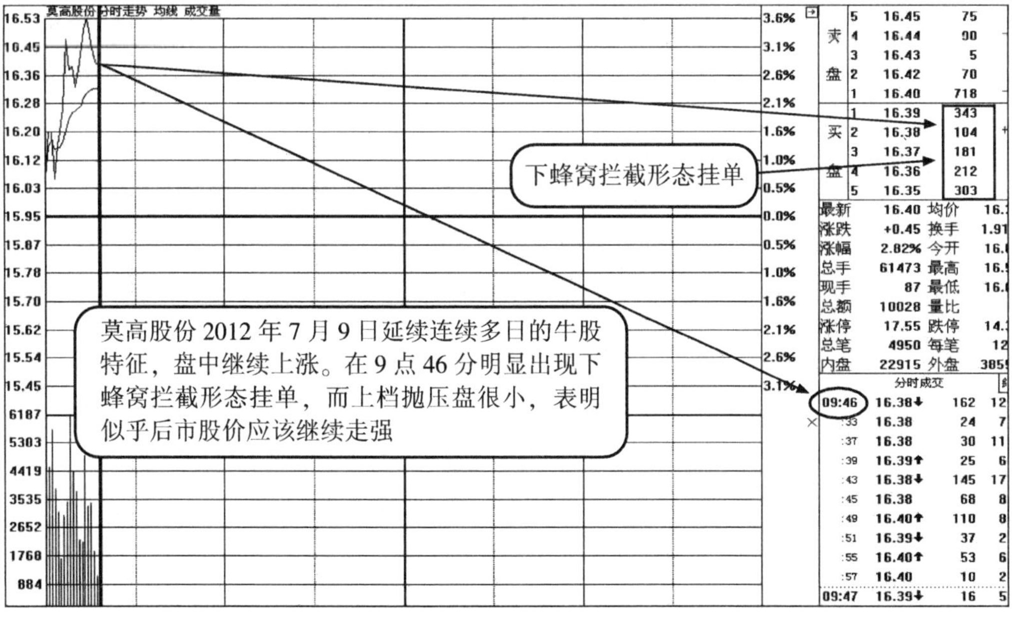

图 2－78

莫高股份在大盘熊市的情况下走势明显呈牛股特征，但盘口现象能帮助我们辨别主力的操盘细节。9 点 46 分出现明显的下蜂窝拦截挂单，此时上档的抛压很小，似乎告诉投资者后市股价还要上涨。但是这种挂单正是主力用来吸引散户进场的。请看当天收盘情况，如图 2－79 所示。

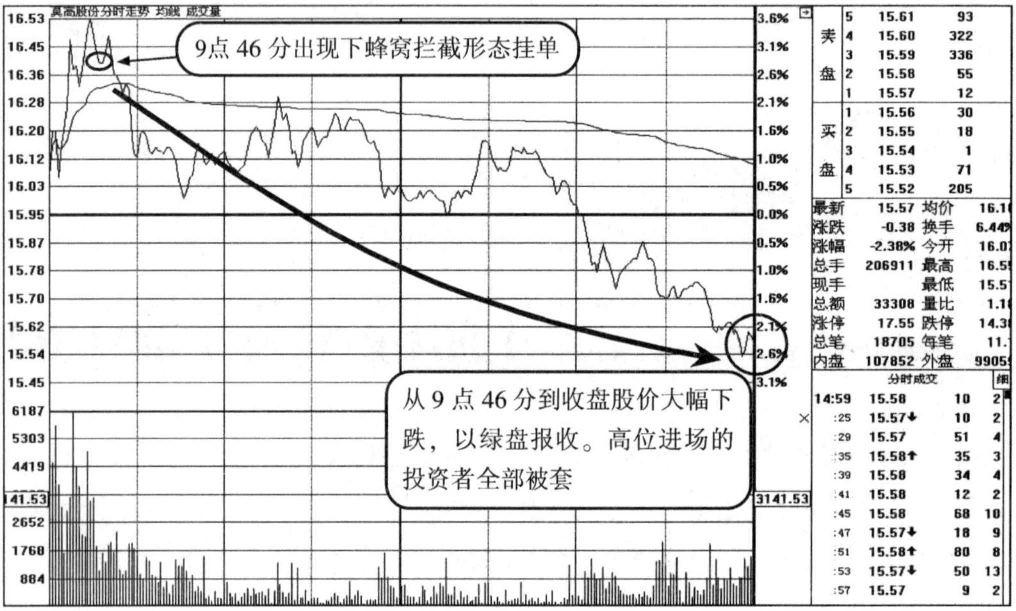
9点 46 分出现下蜂窝拦截形态挂单
从 9 点 46 分到收盘股价大幅下跌，以绿盘报收。高位进场的投资者全部被套

图 2－79

图 2－79 告诉我们：早盘主力拉升股价的过程是短暂的，这个过程中的挂单也是下蜂窝拦截形态的挂单，到收盘股价果然下跌，早盘高位追进的投资者出现亏损。

2012 年 7 月 9 日之后的行情是怎样的呢？看看图 2－80，在紧接着的 16 个交易日，股价大幅下跌 33%。

如图 2－80 所示，不明真相的投资者于 2012 年 7 月 9 日高位进场，在后面的 16 个交易日累计亏损 33%。

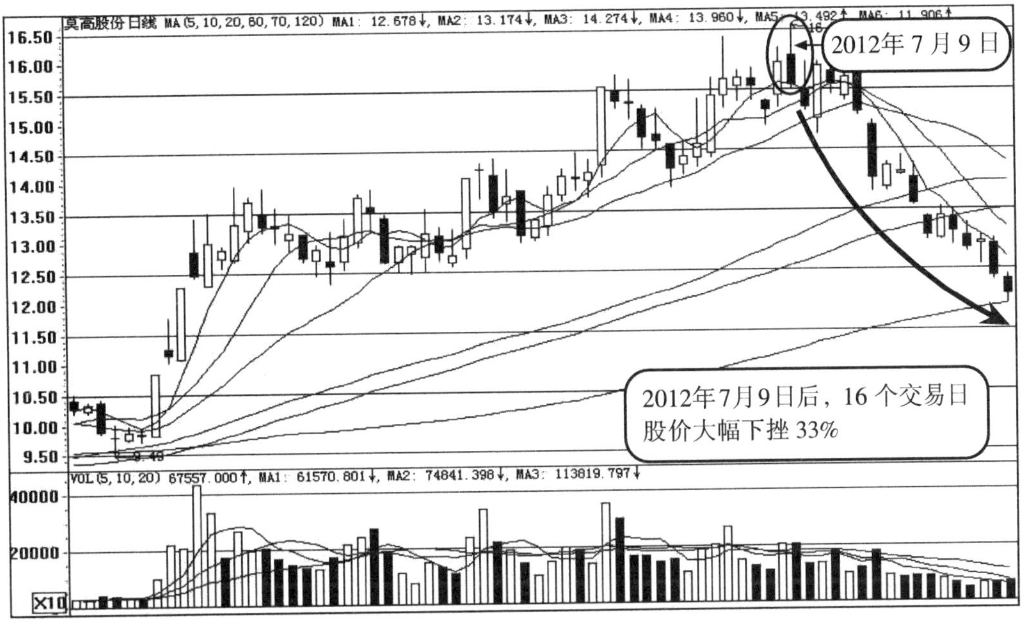

图2-80

警示 下蜂窝拦截形态挂单在盘中经常出现，我们要结合股票价格的位置进行分析。看盘时还要结合盘口的其他分析点（量峰、波形、分时成交）来使用，不能生搬硬套，否则会有很大的风险。量峰、波形、分时成交，笔者将在后面的章节讲述。

3. 夹板式挂单反映主力的控盘能力

夹板式挂单就是指，股票盘中的某时间段在上档的卖盘（卖二到卖五）和下档的买盘（买二到买五）同时出现一笔或者多笔大单。构成如同“汉堡包”式的夹板挂单格局。视觉效果是中间小、两头大，如图2-81和图2-82所示。

卖盘	5	12.25	843	
	4	12.24	1733	+
	3	12.23	9624	+
	2	12.22	622	-1
	1	12.21	277	
买盘	1	12.20	693	-
	2	12.19	587	-
	3	12.18	2683	
	4	12.17	767	
	5	12.16	1814	

图2-81

卖盘	5	5.21	746
	4	5.20	1616
	3	5.19	381
	2	5.18	202
	1	5.17	162
买盘	1	5.16	80
	2	5.15	447
	3	5.14	2141
	4	5.13	39
	5	5.12	525

图2-82

图 2－81 是股票在某时刻上档卖盘的卖三有 9624 手的大单、卖四有 1733 手的大单，下档的买三有 2683 手的大单、买五有 1814 手的大单，而中间的买二到卖二都是几百手的小单。这就构成了上面两层、下面两层的夹板挂单格局。

图 2－82 是股票在某时刻上档的卖四挂有 1616 手的大单、下档的买三挂有 2141 手的大单，而买二到卖三都是几百手的小单。这就构成了上面一层、下面一层的夹板挂单格局。一般层数越多表明主力持有该股的数量越大，控盘能力就越强；反之主力持有该股的数量少，控盘能力就弱。

这种夹板式挂单形态在盘中经常出现，对我们了解盘面的细节和市场主力的操作意图是很重要的。从操作的意义上讲，夹板式挂单就是主力让股价在一定的区间内成交。夹板式挂单在主力建仓、洗盘、出货的过程中都会出现。下面对这几种情况用案例做一下剖析：

（1）主力建仓的需要

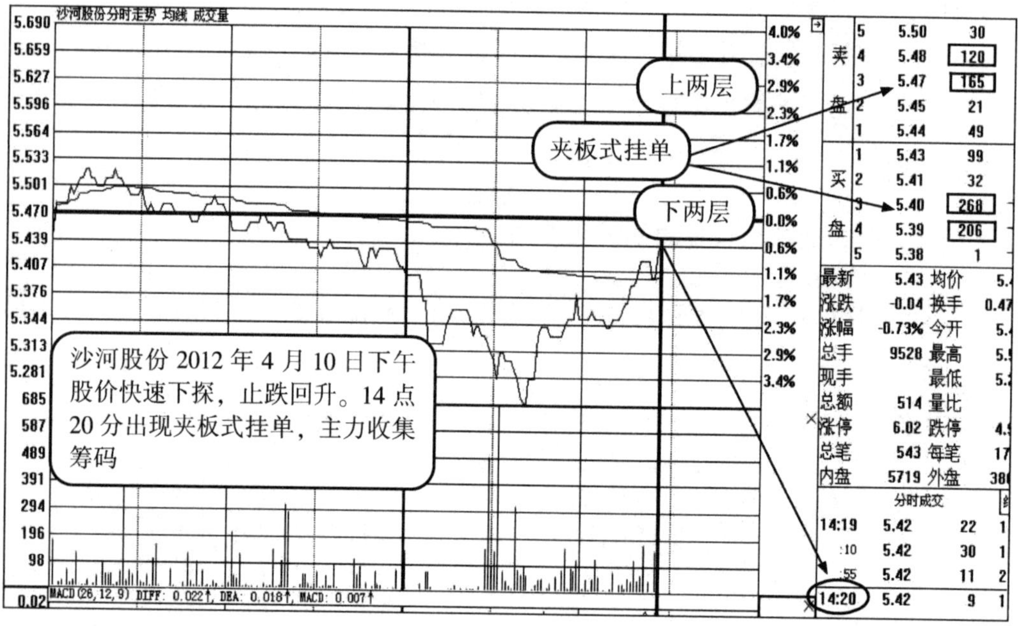
沙河股份分时走势 均线 成交量
上两层
夹板式挂单
下两层
沙河股份 2012 年 4 月 10 日下午股价快速下探，止跌回升。14 点 20 分出现夹板式挂单，主力收集筹码
卖盘
买盘
分时成交
14:20

图 2－83

图 2－83 告诉我们：2012 年 4 月 10 日下午，沙河股份的股价打压之后止跌回升，14 点 20 分上两层、下两层夹板式挂单出现，主力在控盘情况下收集筹码。第二天及以后的行情走势如图 2－84 所示。

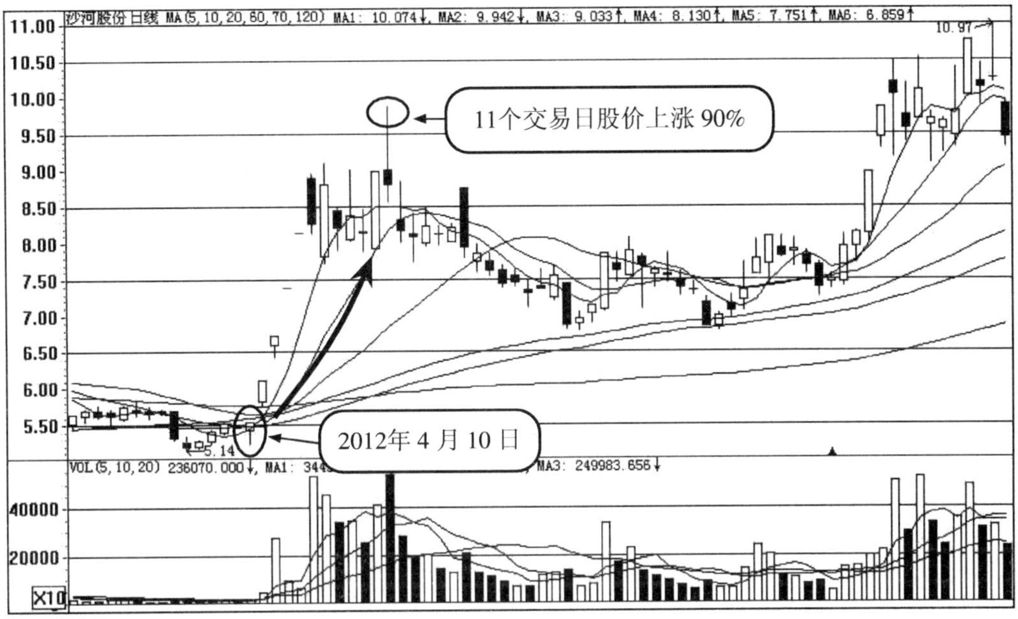

图 2 -84

沙河股份 4 月 10 日收集筹码后连续 5 天涨停板，再经过 6 天的震荡走高，股价最高摸至 9.85 元，大涨 90%。

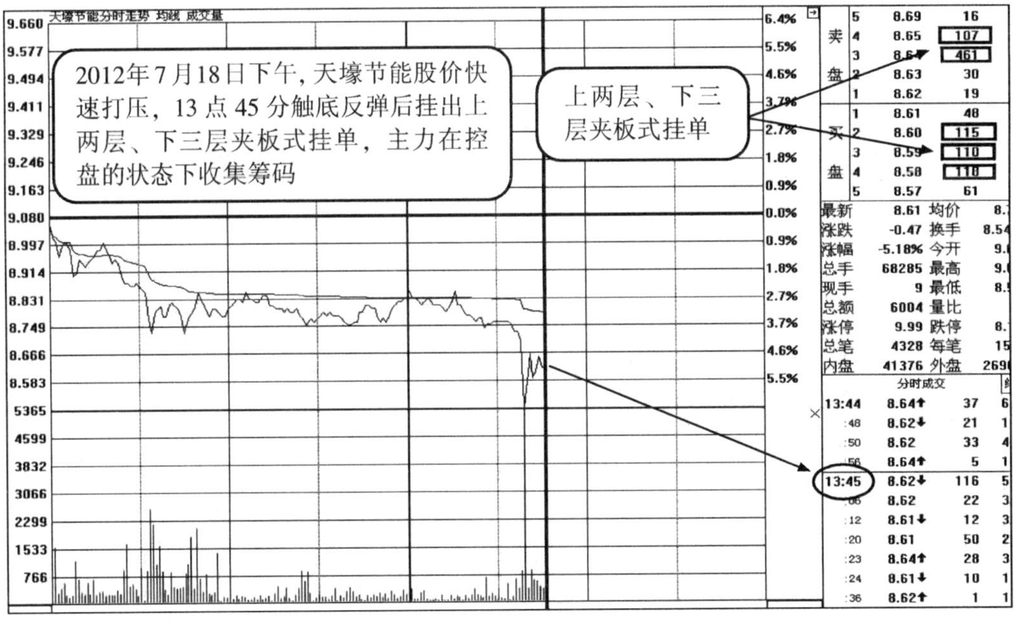

图 2 -85

再看图 2 -85，天壕节能 2012 年 7 月 18 日股价震荡下跌，下午 1 点 40 分下跌加速，13 点 45 分挂出上两层、下三层夹板式挂单，主力先打压股价然后挂出夹板式挂单，在控盘状态下收集筹码。

窄幅整理几天后该股大幅反弹，走势见图2－86，从低点到高点最大涨幅达15%。

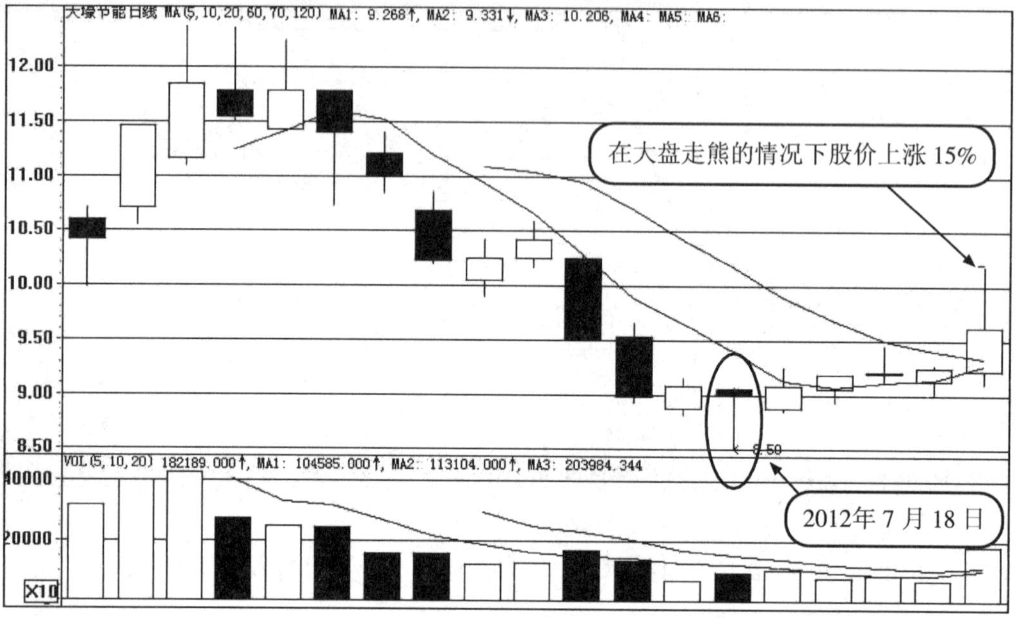

图2－86

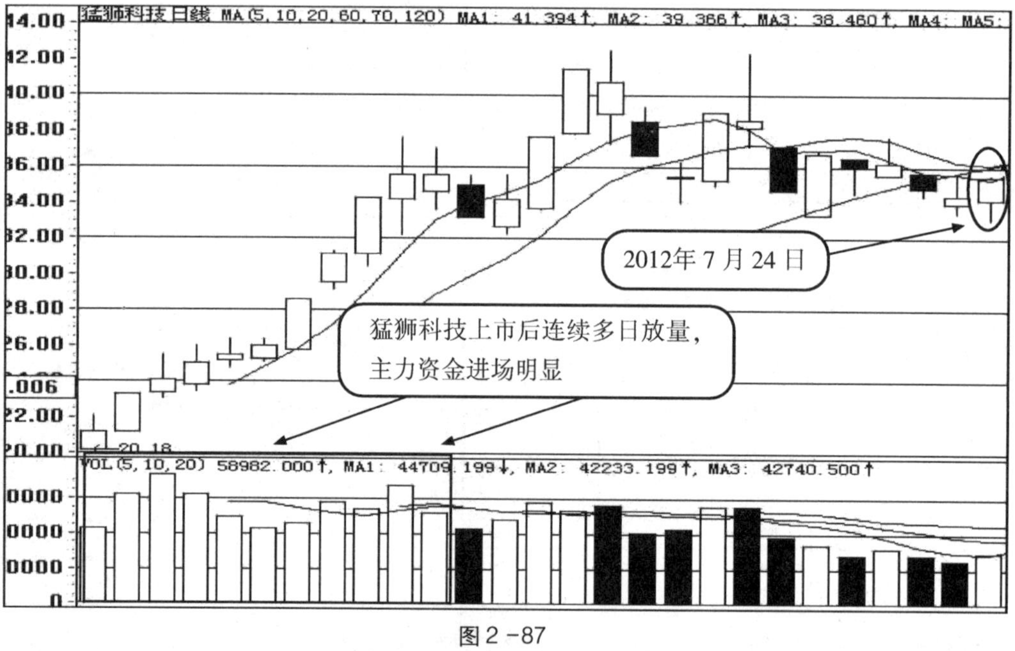

图2－87

再看图2－87猛狮科技主力挂单收集筹码的案例，该股日K线显示自上市后连续多日放量，换手率很大，主力资金进场明显。完成一波拉升后开始洗盘，到了2012年

7 月 24 日上午，股价在快速下跌后盘面的挂单出现夹板式挂单，如图 2－88 所示。

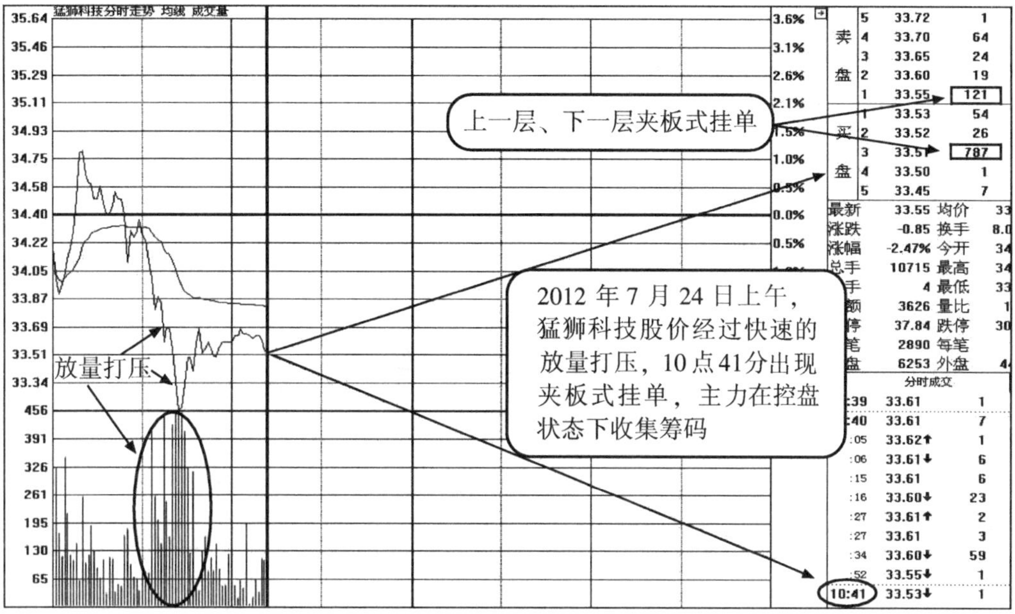

图 2－88

7 月 24 日上午，开盘后先有继续放量打压的过程，10 点 41 分盘面上出现上一层、下一层夹板式挂单，主力是在控盘状态下收集筹码。到收盘又是怎样表现的呢？请看图 2－89。

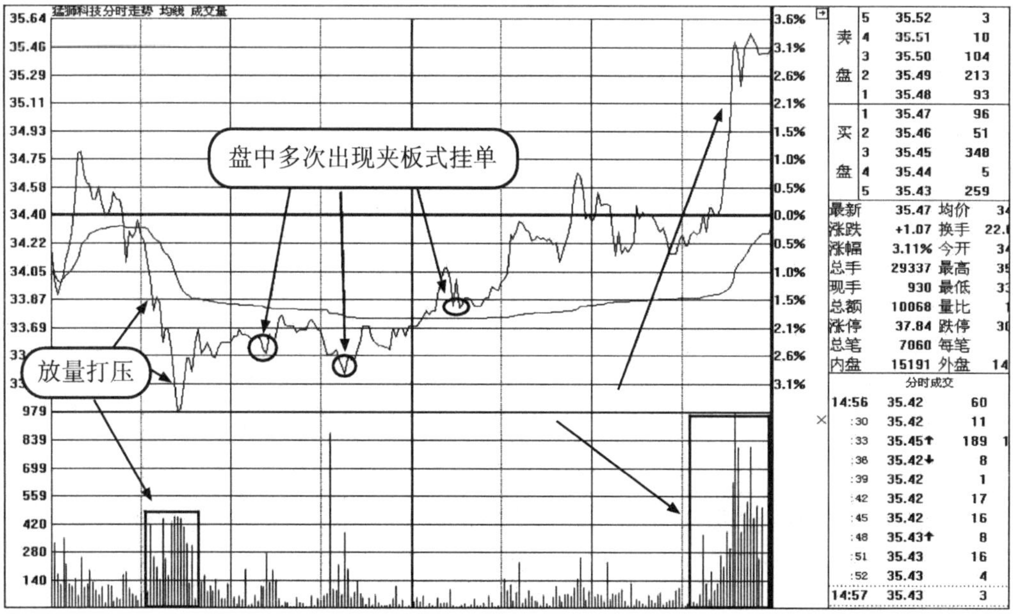

图 2－89

猛狮科技上午的放量打压实际上是主力洗盘的过程，目的就是洗出市场的浮筹，在低位买进便宜的股票。盘中，除了10点41分外，在股价低位震荡的时候主力多次利用控盘的优势，挂出夹板式挂单来收集筹码，到尾盘主力继续放量收集筹码，当天以红盘报收，多数散户被清洗出局。后面的行情就可以想象了，请看图2-90。

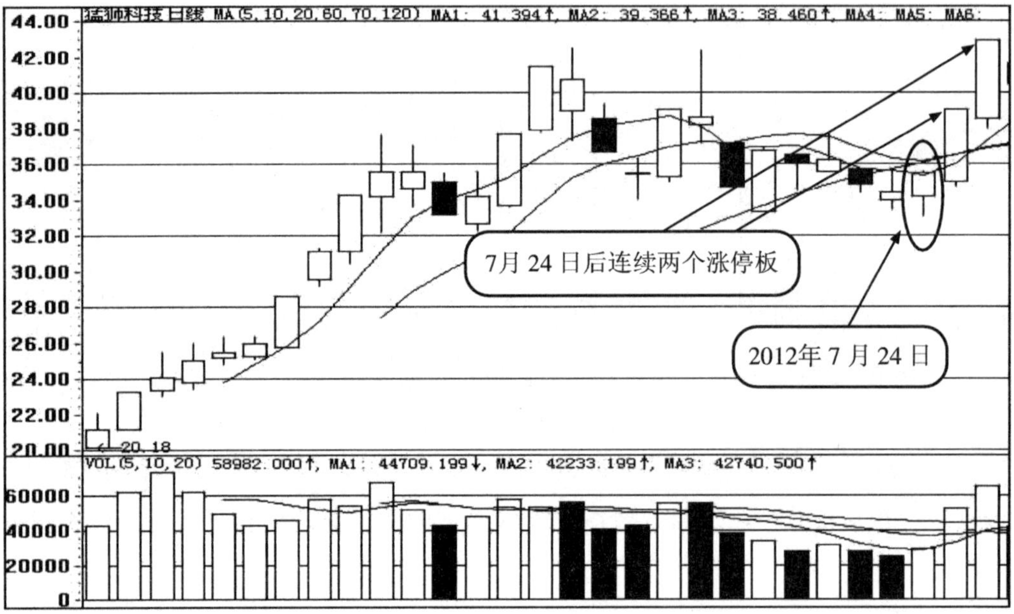

图2-90

猛狮科技2012年7月24日之后连续两个涨停板，而在当时大盘走熊、大多数股票都下跌的情况下，其表现不能不说是个奇迹。

警示 夹板式挂单运用在辨别主力吸货的环节时必须要注意股价所处的位置。

（2）主力洗盘的需要

一般而言，主力在对一只股票完成建仓后都会进行洗盘的动作。因为在前期的建仓过程中必然有很多散户和主力一起建仓，而这些散户的建仓成本几乎是和主力的成本相同。这是主力不能容忍的，原因是在主力以后的拉升过程中的任何价位这些散户都会给盘面带来抛压（散户对股价的盈利预期是不一样的）。所以主力要进行洗盘，洗盘的目的就是清洗浮筹，提高市场的持仓成本，降低主力自己的持仓成本。

下面我们以包钢稀土来说明。

如图 2－91 所示，包钢稀土主力自 2011 年 12 月 16 日到 2012 年 1 月 17 日的 1 个月的时间完成了建仓的过程，自 2012 年 1 月 18 日到 2 月 19 日的 1 个月时间成功地完成了洗盘的过程。在 2012 年 2 月 14 日的这一天，盘口显示如图 2－92 所示。

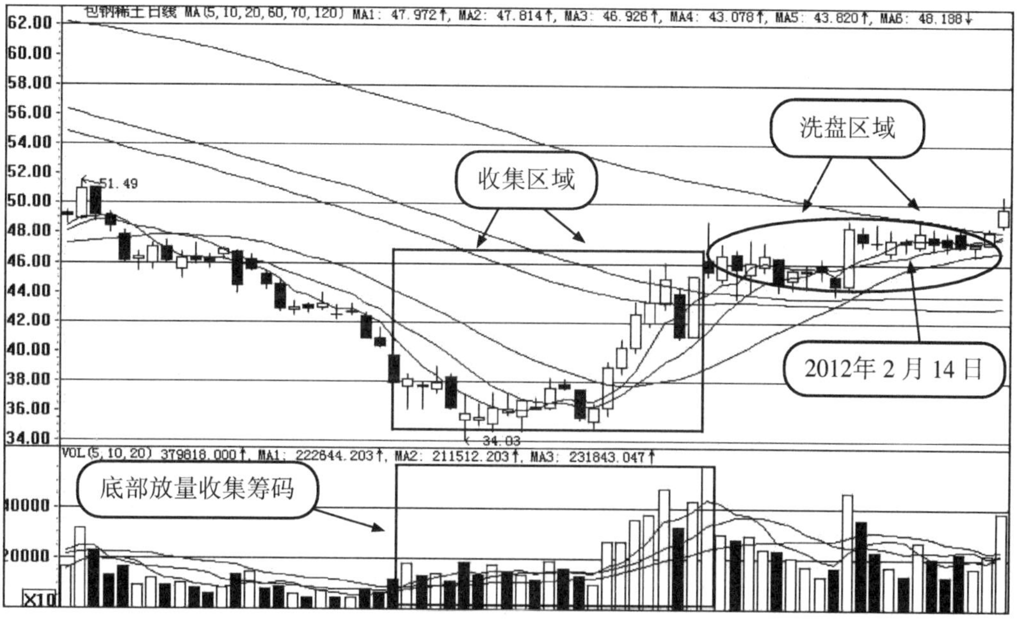

图 2－91

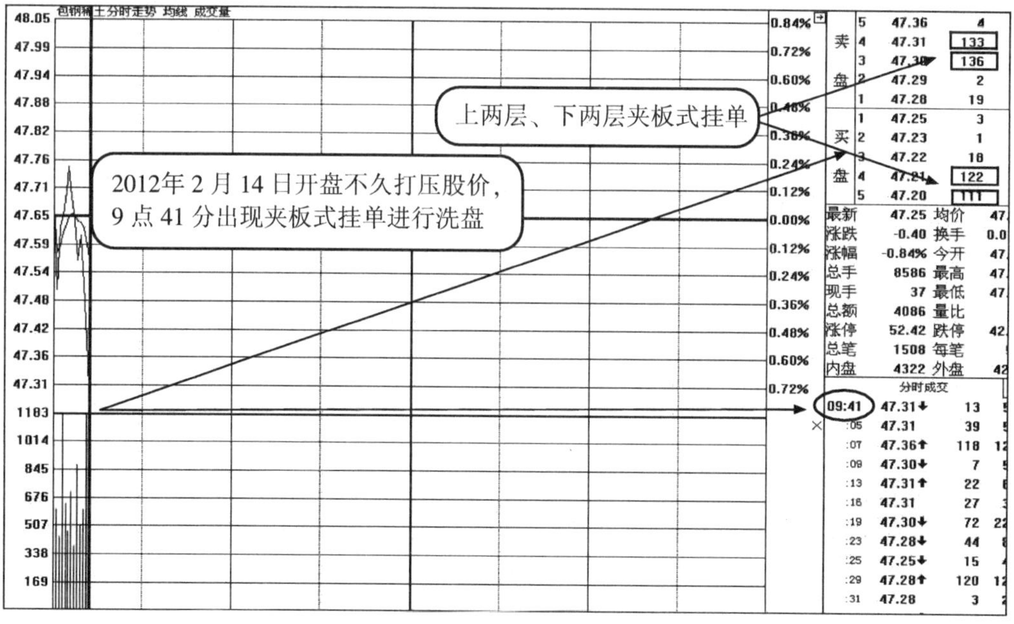

图 2－92

如图 2 - 92 所示，2012 年 2 月 14 日 9 点 41 分，包钢稀土主力快速打压股价时采用上两层、下两层夹板式挂单进行洗盘。

到 10 点 02 分继续挂出夹板式挂单洗盘，如图 2 - 93 和图 2 - 94 所示。

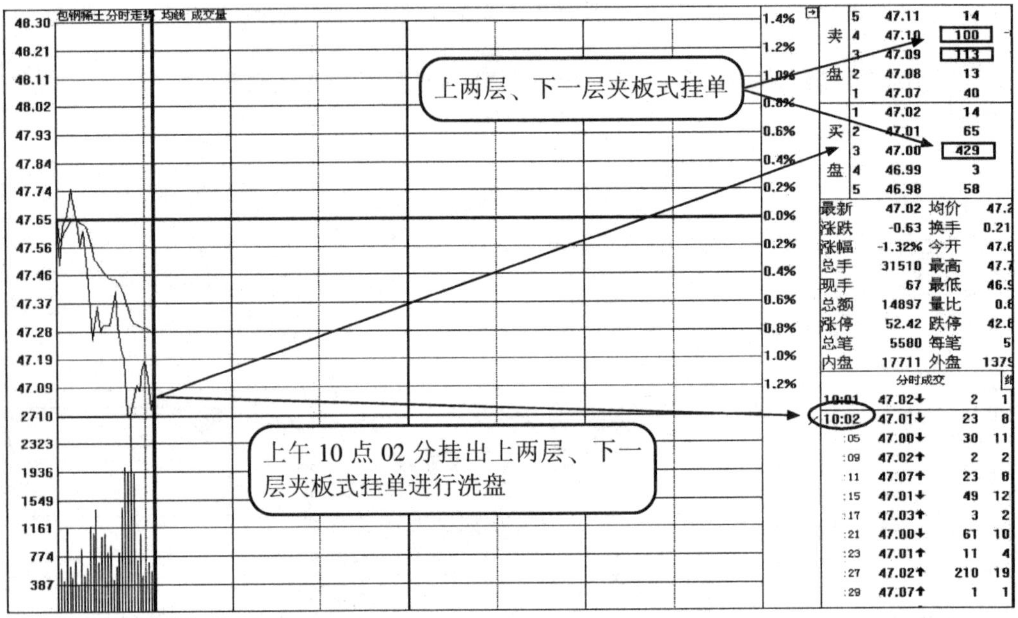
包钢稀土分时走势 均线 成交量
上两层、下一层夹板式挂单
上午 10 点 02 分挂出上两层、下一层夹板式挂单进行洗盘

图 2 - 93

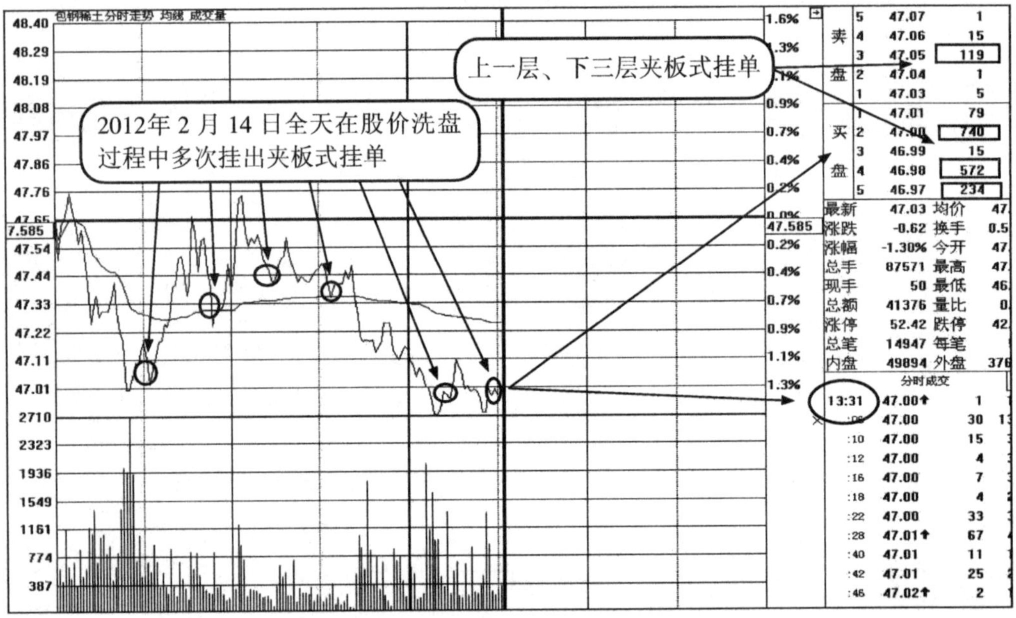
包钢稀土分时走势 均线 成交量
上一层、下三层夹板式挂单
2012年 2 月 14 日全天在股价洗盘过程中多次挂出夹板式挂单

图 2 - 94

如图 2 - 93 所示，10 点 02 分主力采用上两层、下一层的夹板式挂单进行洗盘。

包钢稀土主力在盘中多次利用夹板式挂单，在控盘的状态下进行洗盘。如图2－94所示，2012年2月14日13点31分的上一层、下三层夹板式挂单最为明显。当洗盘结束后股价是如何表现的呢？请看图2－95。

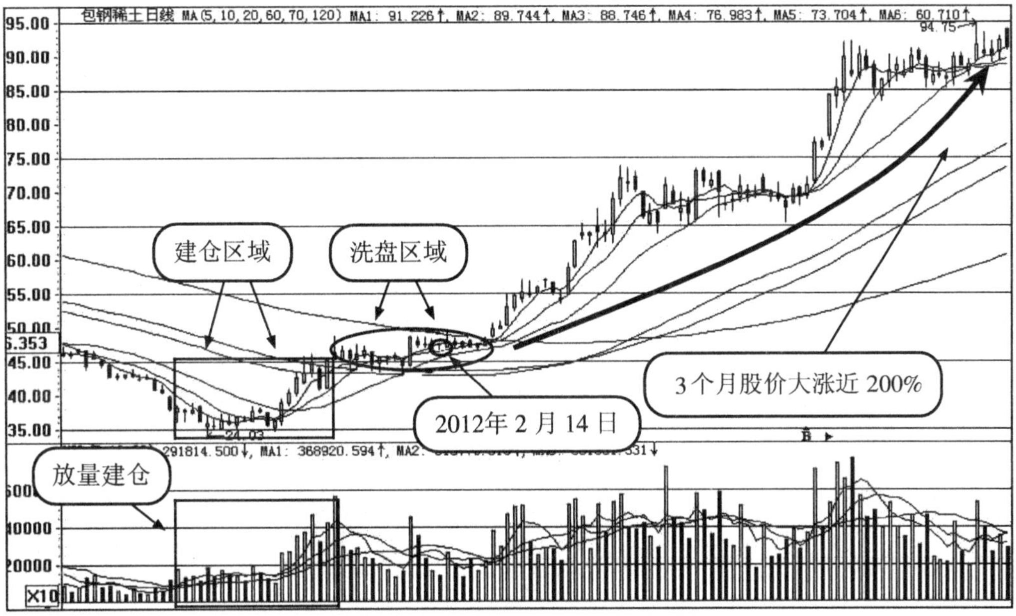

图2－95

包钢稀土主力在经过洗盘之后的3个月时间，股价产生了一波大牛走势，大涨接近200%。

再以东吴证券为例。次新股东吴证券自上市之日起股价就非常活跃，日K线显示是按波段运行的股票。2012年4月股票经历了持续下跌后，K线组合明显出现连续阳线的走势，盘口多日显现收集筹码的迹象。请看图2－96。

图2－96显示：东吴证券在连续8天的回调后终于迎来了9天的反弹，盘口显示主力进入非常明显。到4月17日，股票价格突然一反常态震荡向下，主力开始了大手笔的洗盘。请看图2－97。

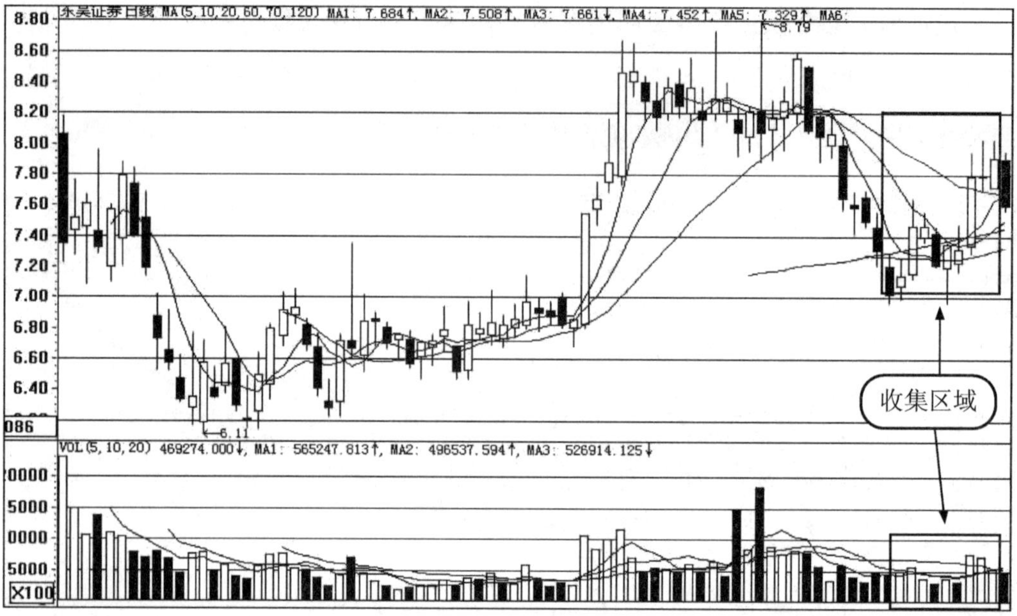

图 2 -96

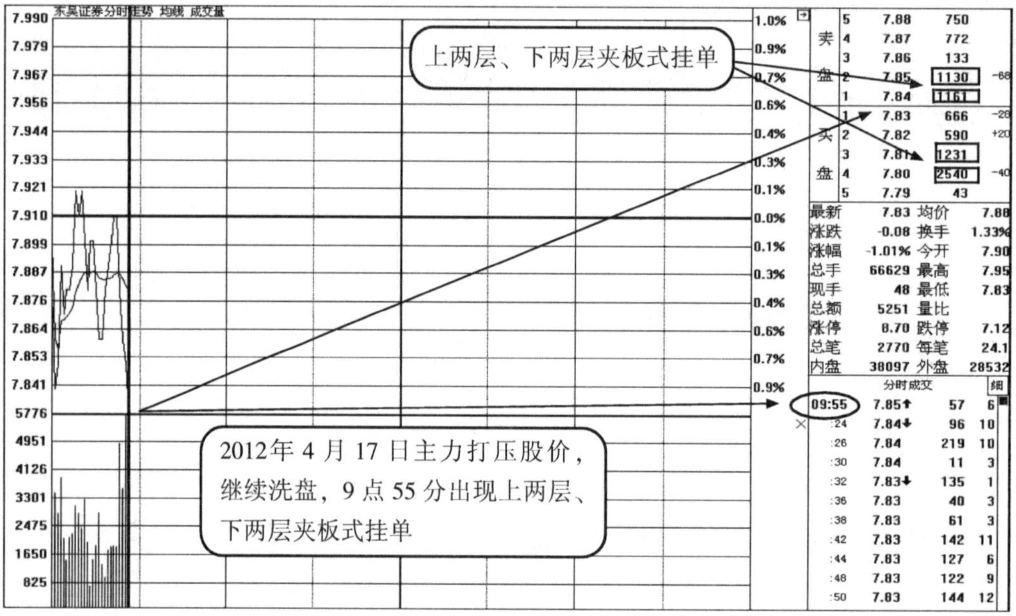

图 2 -97

如图 2 -97 所示，上午 9 点 55 分东吴证券主力采用上两层、下两层的夹板式挂单进行洗盘，之后全天在打压洗盘的过程中频繁出现夹板式挂单，如图 2 -98 所示。

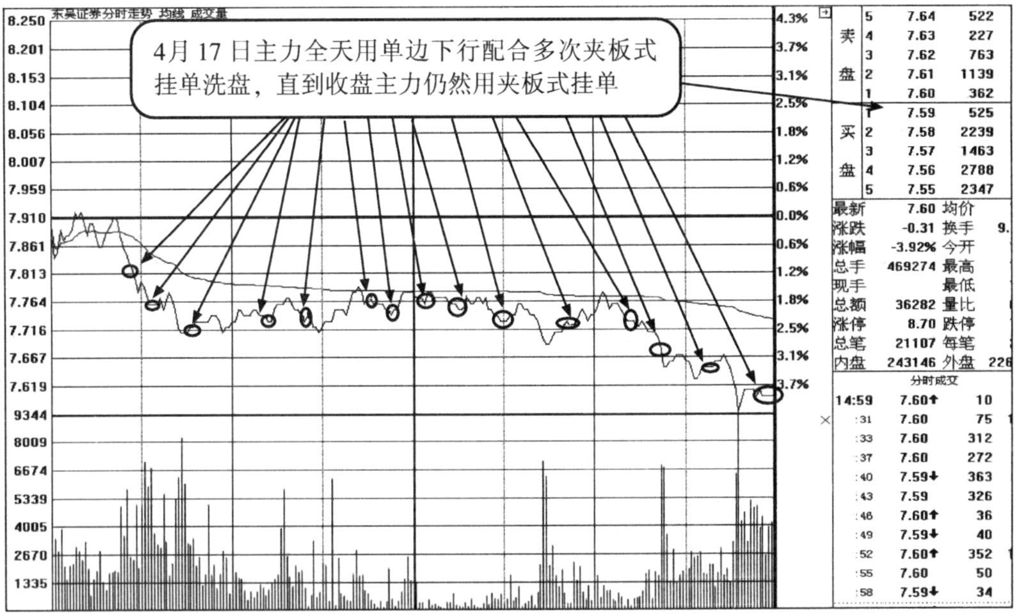
4月17日主力全天用单边下行配合多次夹板式挂单洗盘，直到收盘主力仍然用夹板式挂单

图2－98

盘中主力大多数时间用夹板式挂单来洗盘，使得散户的浮筹被清洗出局，洗盘效果非常好。之后才会有该股的大幅上涨，如图2－99所示。

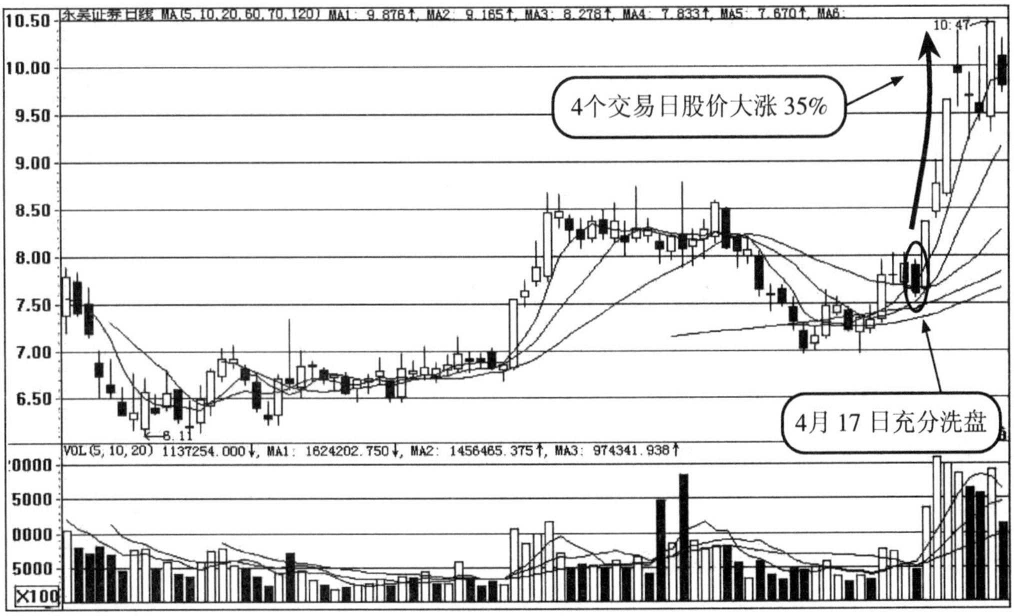
4个交易日股价大涨35%
4月17日充分洗盘

图2－99

东吴证券主力建仓后运用挂单洗盘的手法，成功地把浮筹清洗出局，为以后股价的上涨扫清了道路。4 月 17 日经过全天的洗盘后，后面连续 4 个交易日股价大涨 35%。

（3）主力出货的需要

主力操盘的过程中有建仓、拉升、洗盘、出货等几个环节，对于散户投资者而言，主力出货这个环节是最难把握的。因为主力的出货手法多种多样，诡计多端，加上大多数散户对股价的盈利预期很高，结果造成不能在相对高的价位获利出局。

主力运用夹板式挂单将股价控制在一定的成交区间，似乎是告诉市场股价是不会下跌的，自己则隐秘地出货了。我们再以沙河股份为例，如图 2－100 所示。

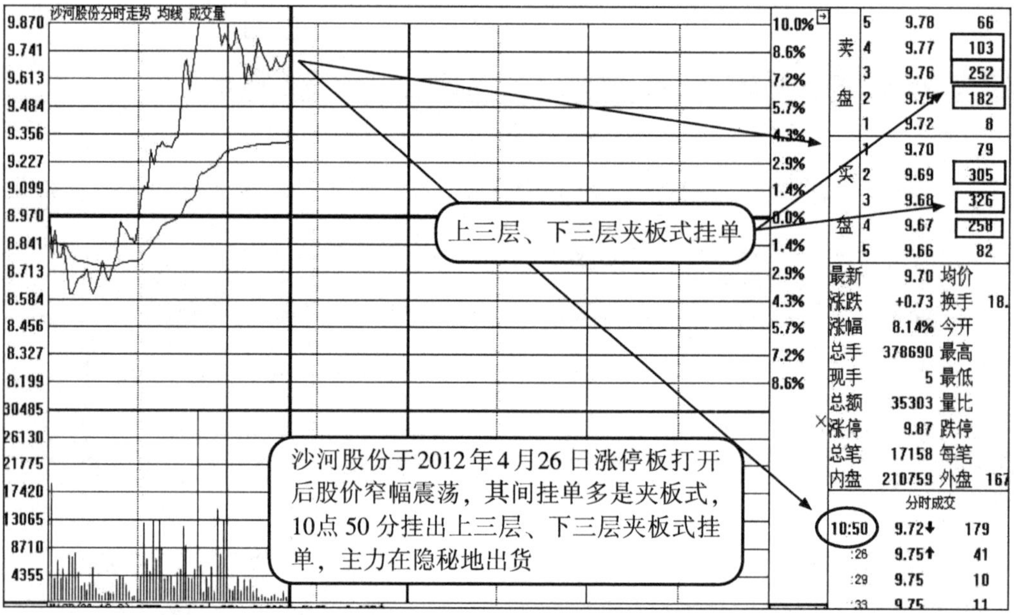

图 2－100

沙河股份在前期连续拉涨停板的情况下，2012 年 4 月 26 日股价继续拉升至涨停板，10 点 30 分涨停板打开，股价出现窄幅震荡，其间多出现夹板式挂单，10 点 50 分挂出上三层、下三层夹板式挂单，似乎告诉市场股价不会下跌，而主力则在不温不火地出货，到收盘时的走势请看图 2－101。

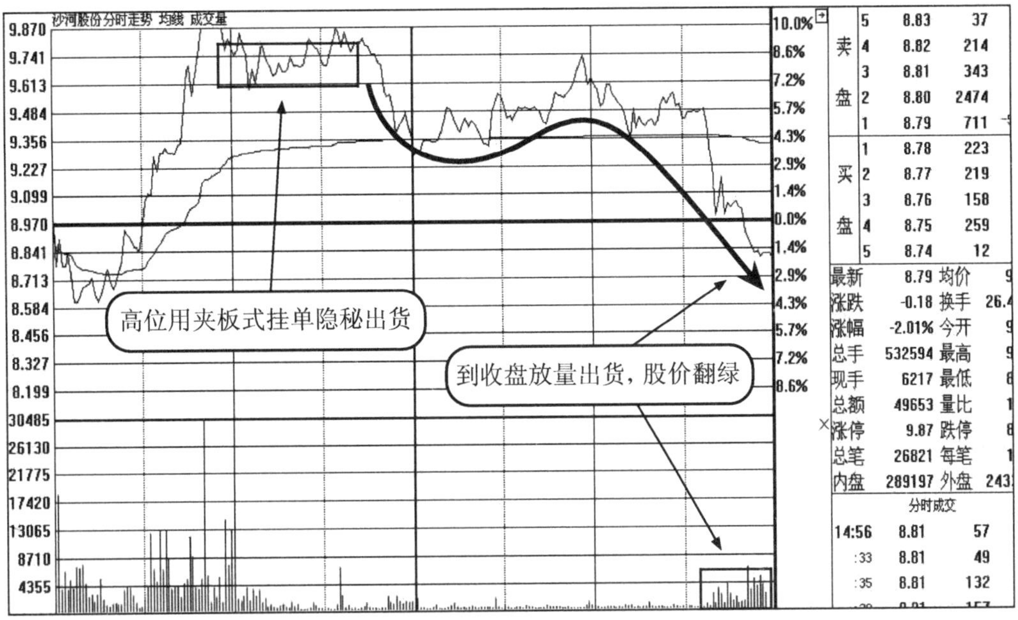
沙河股份分时走势 均线 成交量
高位用夹板式挂单隐秘出货
到收盘放量出货，股价翻绿

图 2－101

4 月 26 日之后的走势见图 2－102。

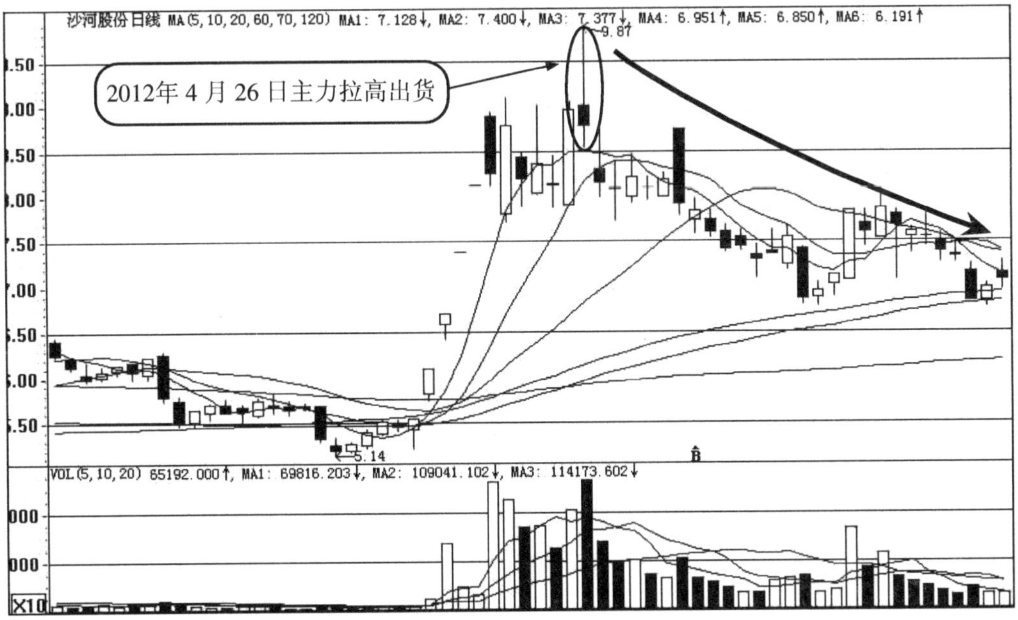
2012年 4 月 26 日主力拉高出货

图 2－102

主力有时也会利用技术上的压力位向上突破，急速放量拉升股价吸引散户进场来达到出货的目的。以宁波银行为例，如图 2－103 所示。

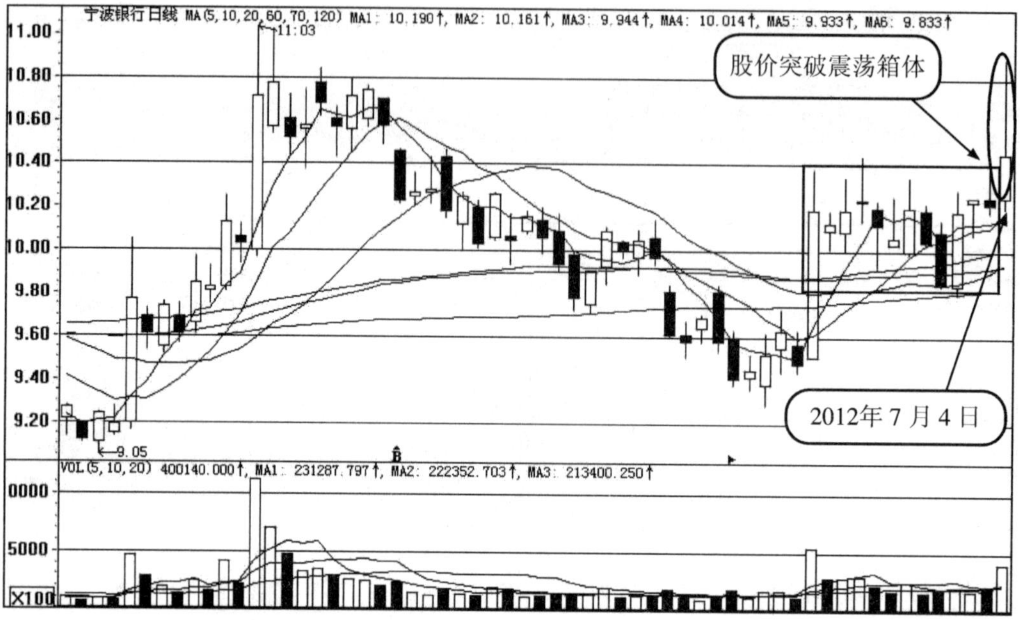

图 2 -103

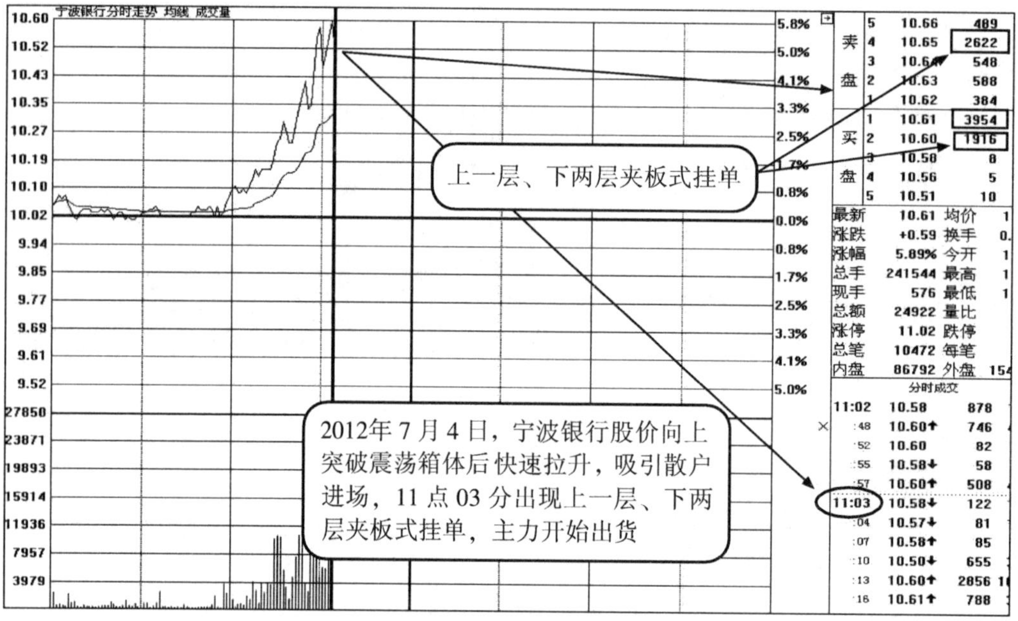

图 2 -104

2012 年 7 月 4 日上午的盘口如图 2 - 104 所示。10 点 30 分主力放量拉升股价，上涨的速度很快，看态势要冲击涨停板。在 11 点 03 分盘口挂单明显出现夹板式挂单，是上一层、下两层夹板，主力开始了出货的动作。这一天收盘时的走势请看图 2 - 105。

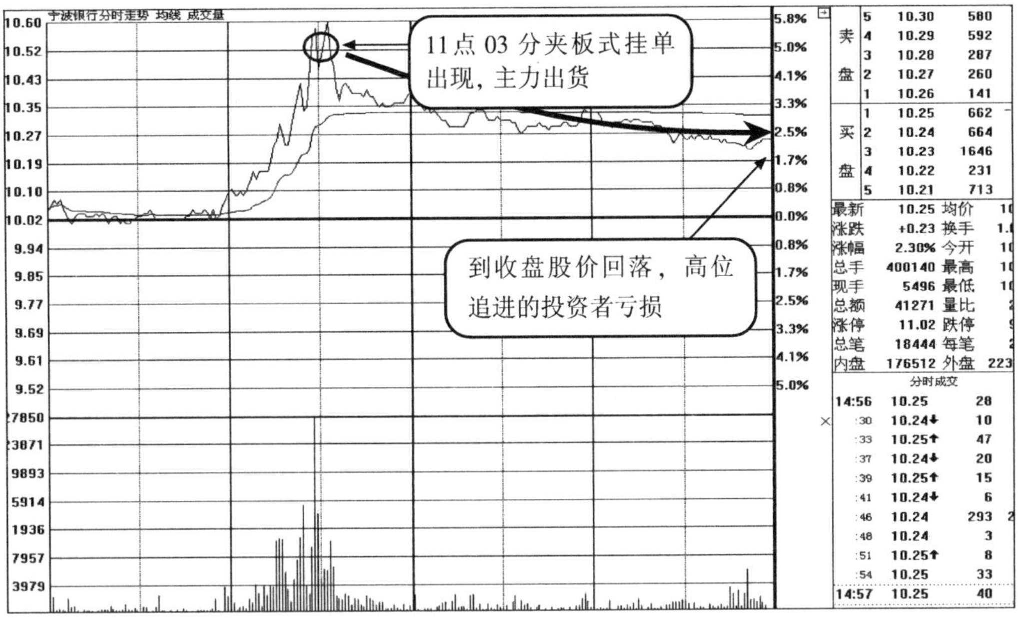
11点03分夹板式挂单出现，主力出货
到收盘股价回落，高位追进的投资者亏损

图 2 －105

7 月 4 日后该股的走势见图 2 －106。主力利用技术上的假突破骗取投资者进场，随后的 6 个交易日股价下跌 15%。

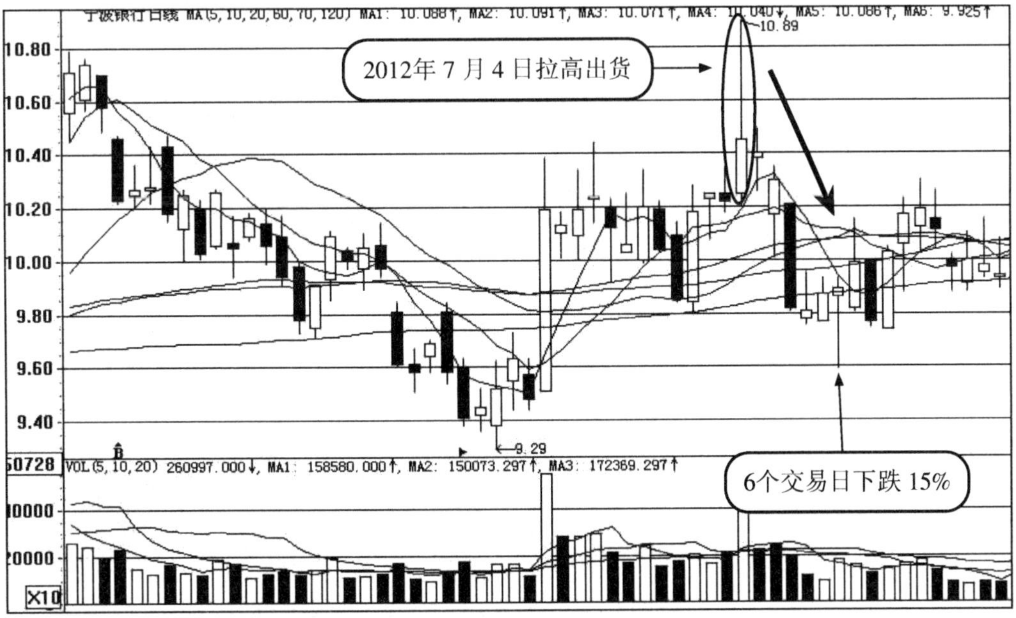
2012年 7 月 4 日拉高出货
6个交易日下跌 15%

图 2 －106

4. 散户的自然式挂单

自然式挂单就是我们俗称的小单、散户单，盘中经常出现，盘面上给人的感觉是股票被关注的程度极低，股价要么“跌跌不休”，要么缩量在原地“趴窝”。

如果一只股票经常出现这种挂单，我们一般理解为无主力或者是没有大资金关注。

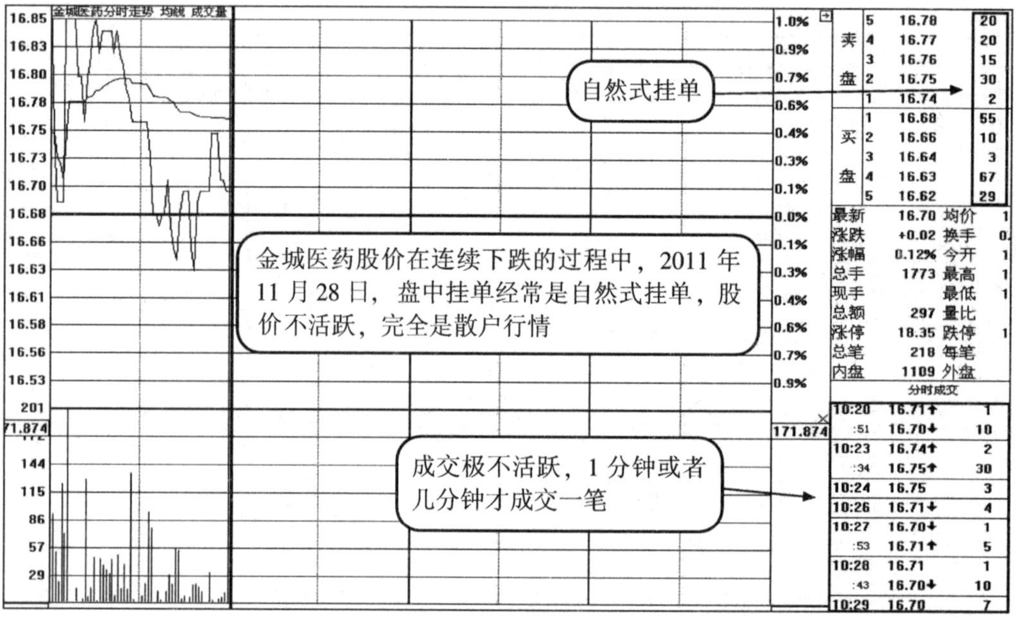
金城医药分时走势 均线 成交量
自然式挂单
金城医药股价在连续下跌的过程中，2011 年 11 月 28 日，盘中挂单经常是自然式挂单，股价不活跃，完全是散户行情
成交极不活跃，1 分钟或者几分钟才成交一笔
卖盘
买盘
分时成交

图 2 －107

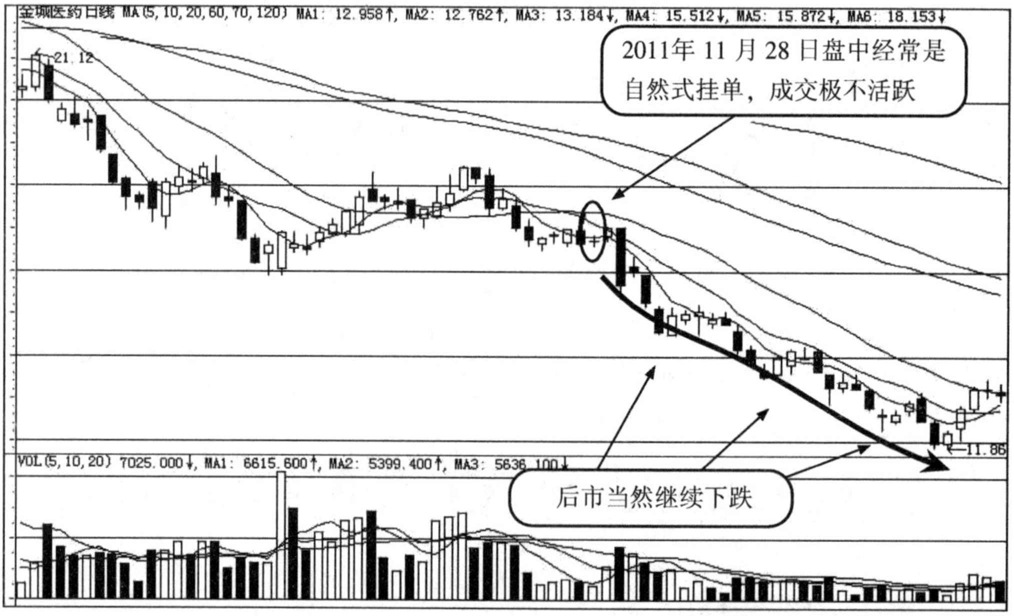
金城医药日线 MA(5,10,20,60,70,120) MA1: 12.958↑, MA2: 12.762↑, MA3: 13.184↓, MA4: 15.512↓, MA5: 15.872↓, MA6: 18.153↓
2011年 11 月 28 日盘中经常是自然式挂单，成交极不活跃
后市当然继续下跌
VOL(5,10,20) 7025.000↓, MA1: 6615.600↑, MA2: 5399.400↑, MA3: 5636.100↓

图 2 －108

以金城医药为例，如图2－107所示。2011年11月28日，该股在盘中出现反弹，但是盘中经常是自然式挂单，成交极不活跃，完全是散户行情，后市不会有好的表现（见图2－108），而是跟随大盘大幅下跌。

三、量峰的运用

量峰，就是指股票在成交过程中呈现很密集的、不断有大成交量的现象。在分时图中，一天有240分钟的交易时间，而240分钟中的每分钟成交量量线的组合构成了柱状的量图。看形态如同山峰一样，就称为量峰。

量峰的特点是：横向放大和纵向放大，如图2－109至图2－111所示。箭头所指就是盘口中的成交量量峰。量峰有四种类型：①冲击型量峰；②攻击型量峰；③诱空型量峰；④诱多型量峰。

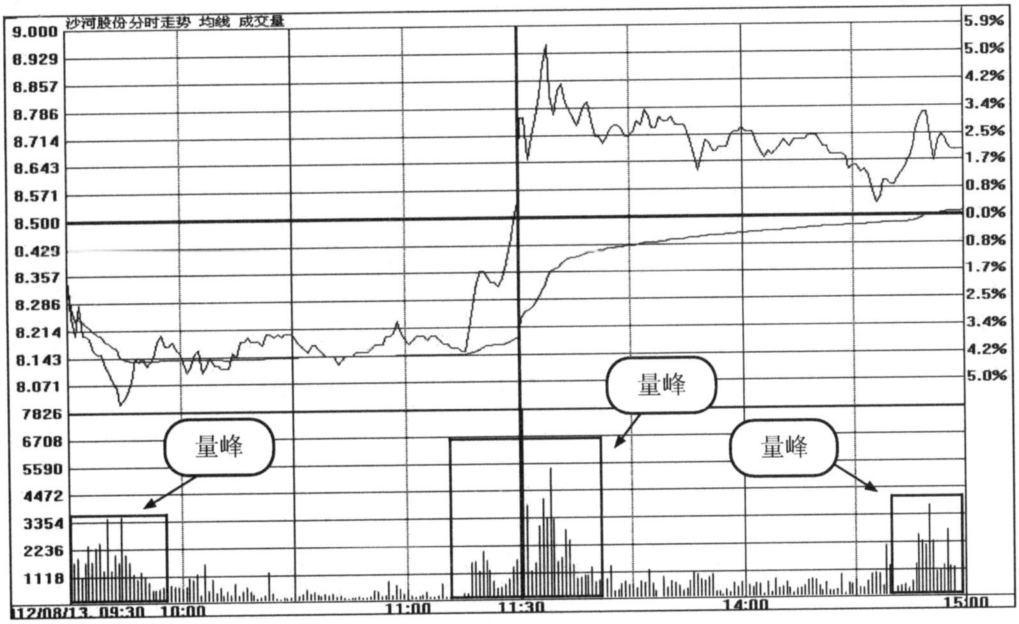

图2－109

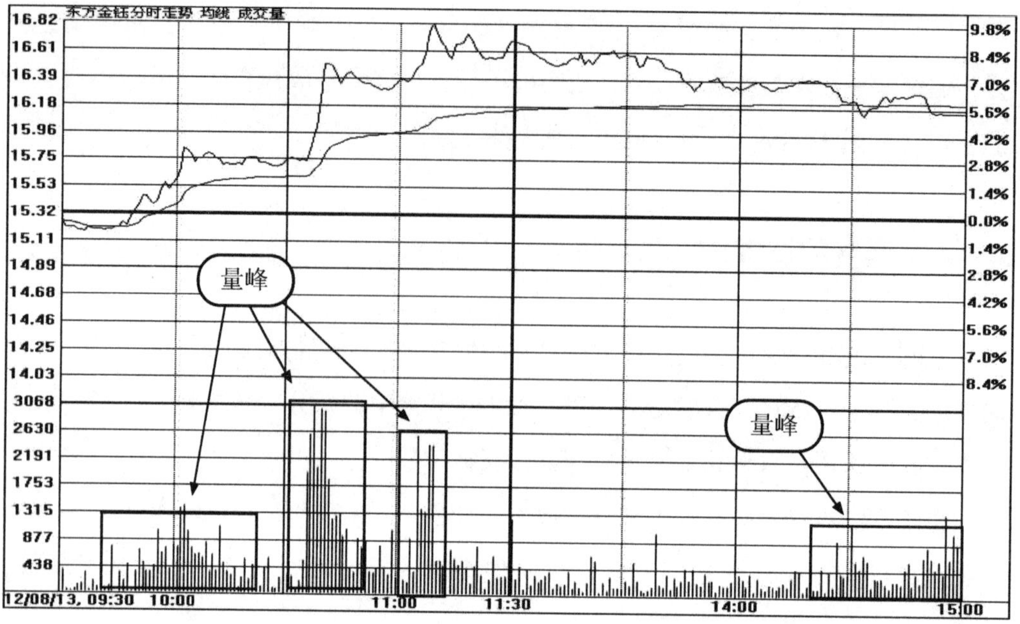

图 2－110

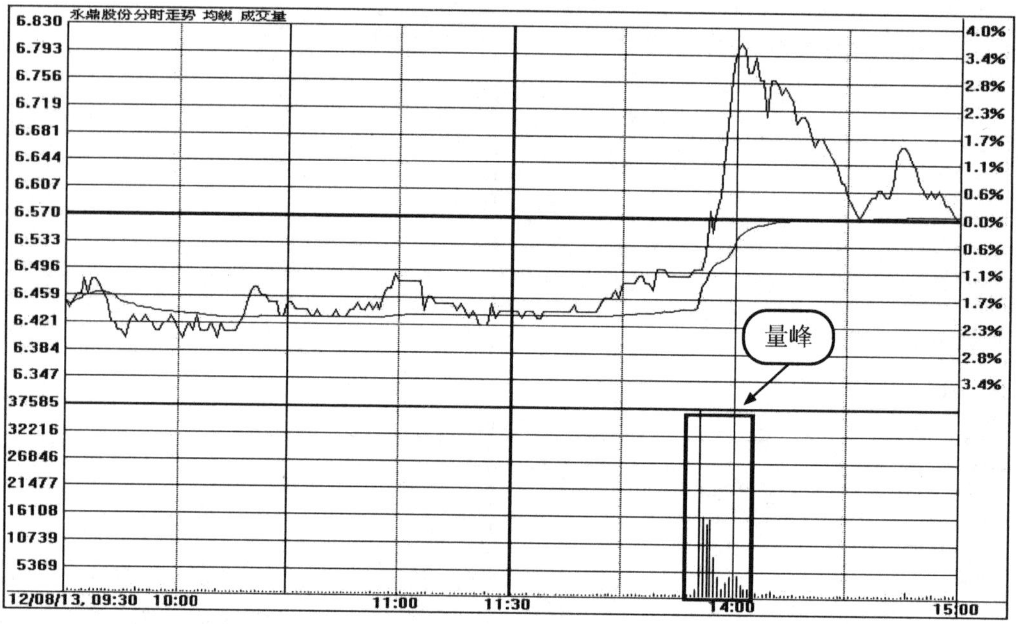

图 2－111

1. 冲击型量峰是主力试盘和出货

冲击型量峰就是指主力在盘中间歇性投入大笔资金，积极买进或者大单对敲造成瞬间产生剧烈波动的现象。这种现象归类为主力在盘中试盘或对倒形成的结果。

冲击型量峰在盘中的形式为：时间短暂、急速放量。量峰形态为纵向放大，横向不放大。如图 2 - 112 和图 2 - 113 所示。

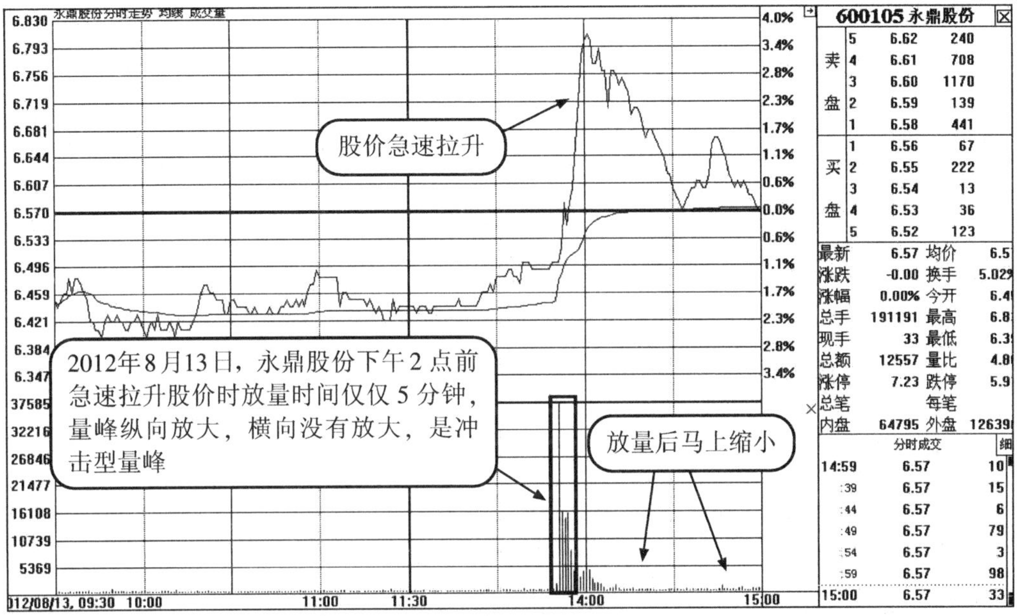
永鼎股份分时走势 均线 成交量
600105 永鼎股份
股价急速拉升
2012年8月13日，永鼎股份下午2点前急速拉升股价时放量时间仅仅5分钟，量峰纵向放大，横向没有放大，是冲击型量峰
放量后马上缩小

图 2 - 112

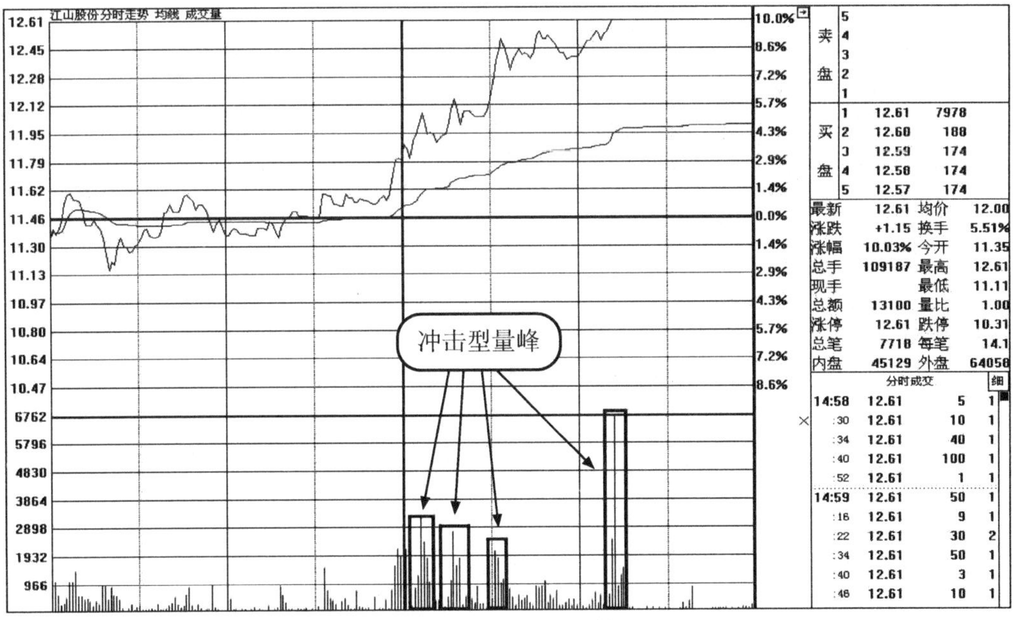
江山股份分时走势 均线 成交量
冲击型量峰

图 2 - 113

如图2－112所示，永鼎股份的主力在下午2点左右放量拉升股价，持续的时间很短，仅仅放量5分钟，盘口中的成交量量柱只是纵向放大，没有出现横向放大，那么这种量峰就是冲击型量峰。

图2－113是江山股份2012年7月17日的走势，下午开盘后主力采取多次冲击型量峰拉升股价，当天以涨停板收盘。

冲击型量峰对应的股价阶段分为两种：①股价处在阶段性低位，主力建仓的需要，测试盘面筹码的稳定程度（试盘）；②股价阶段性上涨的波段高位，主力出货的需要。

第一种情况是主力建仓的需要，测试盘面筹码的稳定程度，下面用春晖股份的走势举例说明。

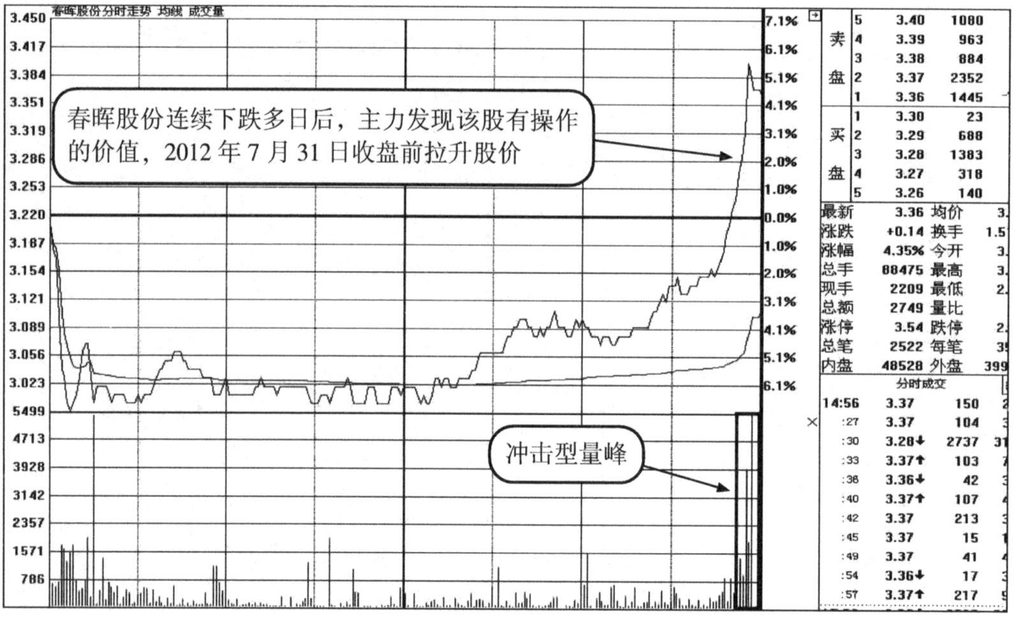
春晖股份连续下跌多日后，主力发现该股有操作的价值，2012年7月31日收盘前拉升股价
冲击型量峰

图2－114

如图2－114所示，春晖股份尾盘采取冲击型量峰急速拉升股价进行试盘，测试盘中筹码的稳定度。

春晖股份的日K线走势如图2－115所示。

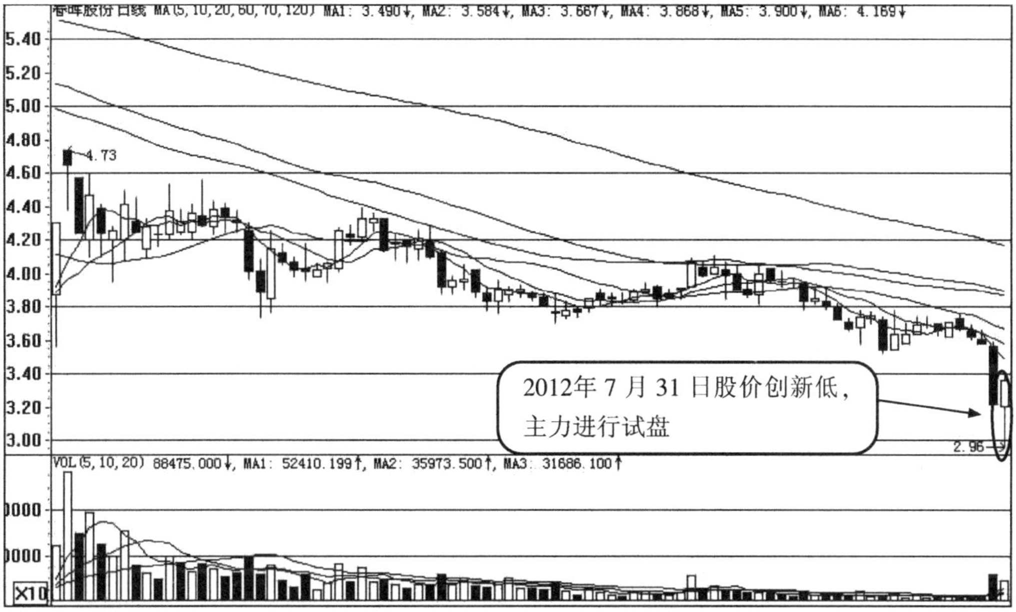
2012年7月31日股价创新低，
主力进行试盘

图2－115

主力经过试盘后发现盘面利于自己的操作，后市继续做多，放量拉升股价，请看图2－116，春晖股份成功试盘后连续以“一”字涨停板的形式拉升股价。

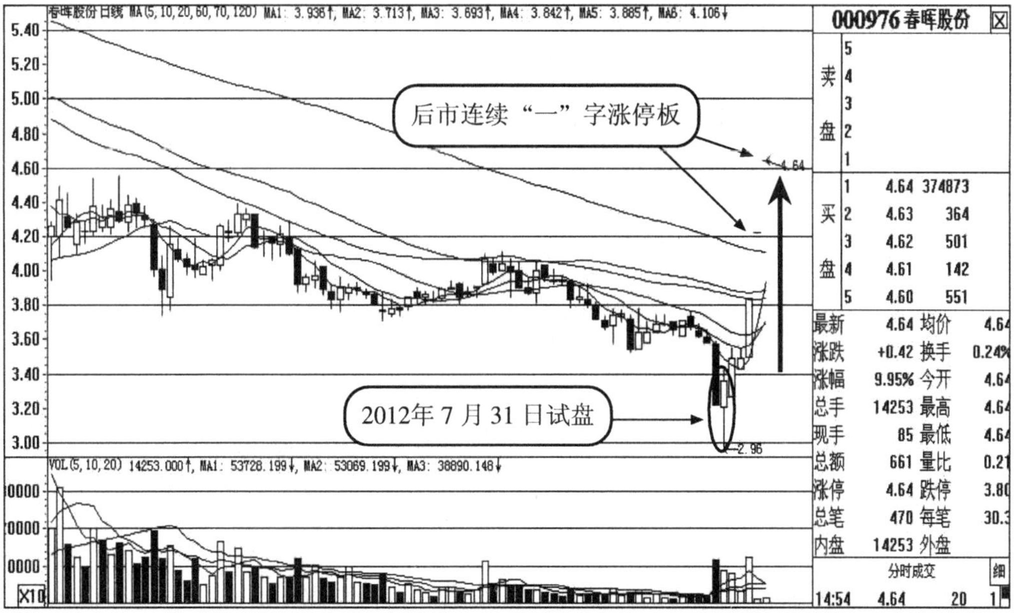
后市连续“一”字涨停板
2012年7月31日试盘
000976春晖股份

图2－116

第二种情况是股价阶段性上涨的波段高位，主力出货的需要。

当然，如果股票经过大幅的上涨或者是在波段高位，盘中的量峰经常出现冲击型量峰，此时我们就应该小心了，因为主力已经开始出货。

我们以广晟有色为例，先看看它大幅上涨的K线走势，如图2－117所示。

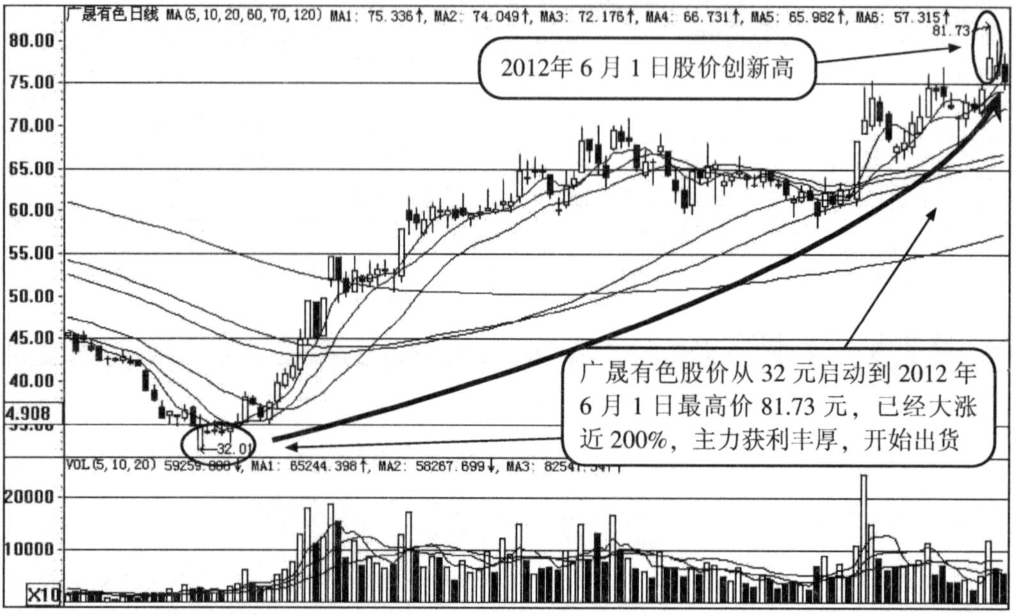
2012年6月1日股价创新高
广晟有色股价从32元启动到2012年6月1日最高价81.73元，已经大涨近200%，主力获利丰厚，开始出货
81.73
32.01

图2－117

广晟有色股价自2011年底32元开始启动，到2012年6月1日创新高81.73元，半年的时间已经有近200%的涨幅，主力获利丰厚，开始出货是主力的必然选择。

我们来看2012年6月1日创新高的这一天的盘口情况：主力上午急速拉升股价，仅仅2分钟的冲击型量峰使股价到达涨停板，但涨停板马上打开，主力则在出货，见图2－118。

如图2－118所示，广晟有色主力急拉股价时的成交量量峰为冲击型量峰，目的是吸引投资者进场，自己好出货。

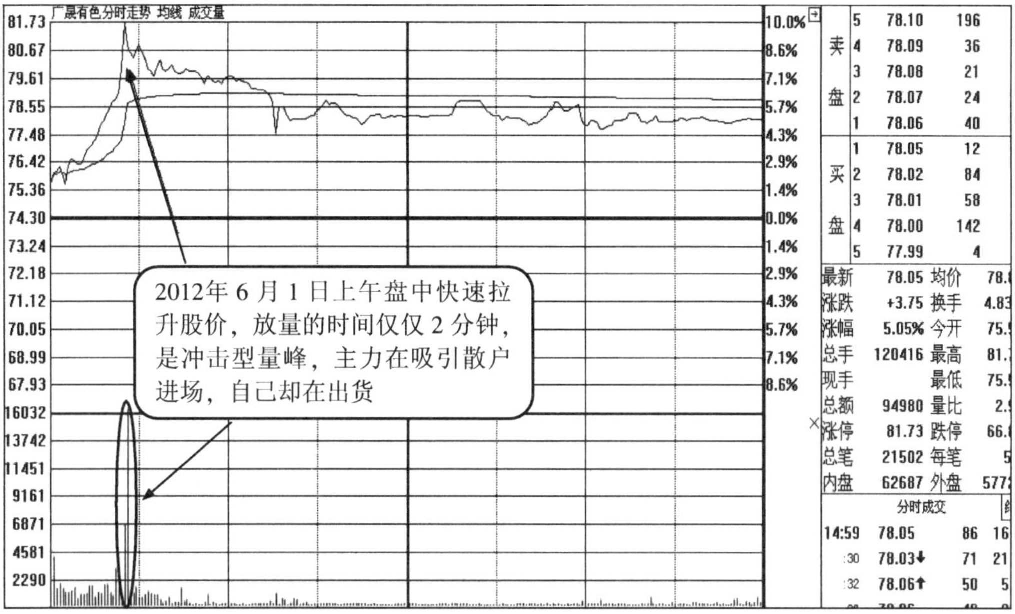

图 2－118

广晟有色 2012 年 6 月 1 日以后的走势见图 2－119，仅半个月的时间股价大幅下跌近 30%，使得高位追进的散户被深度套牢。

图 2－119

2. 攻击型量峰通常是主力拉升和出货

攻击型量峰就是指主力盘中持续不断地投入资金，积极大单操作而造成的成交现象，盘口图中的量峰形态呈现为量柱连接紧密。它的表现形式为：不间断持续爆发，纵向、横向放大，多笔大单成交。如图 2－120 和图 2－121 所示。攻击型量峰无论是在上涨过程还是下跌过程中，特点就是持续时间长，横向放大，纵向也放大。

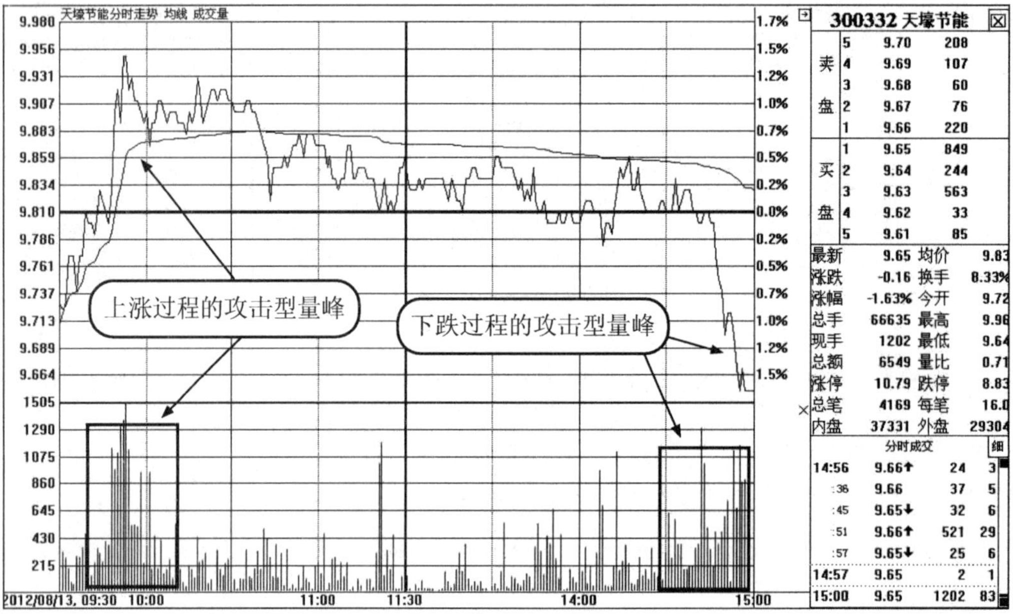

图 2－120

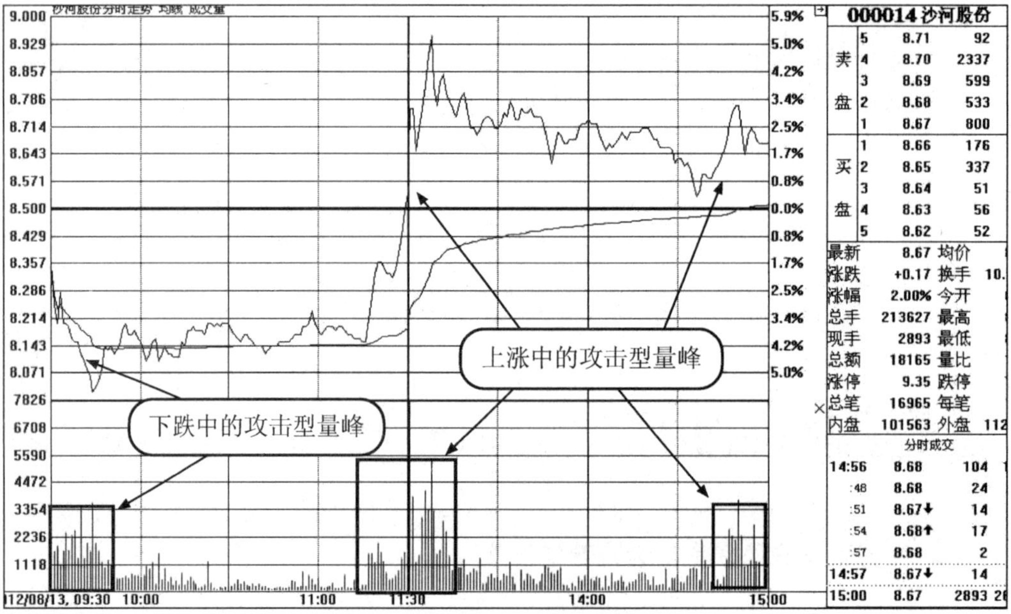

图 2－121

攻击型量峰对应的股价阶段：①股价处于向上突破的拉升阶段（起始阶段）；②股价处于上升通道阶段（中继阶段）；③股价处于阶段性上涨整理平台或者波段高位（出货阶段）。

第一种情况：股价处于向上突破的拉升阶段（起始阶段）。这个阶段是我们大多数投资者容易把握的阶段，因为朋友们都知道股价放量突破是可以跟进的。但是我们还是要把量峰的性质搞明白，有时候主力会做假突破来骗人。那么什么样的突破才是真突破呢？请看次新股东吴证券的走势，如图 2 - 122 所示。东吴证券自上市以来，8.8 元的阻力位很明显。到 2012 年 4 月 19 日这一天，股票开始放量上攻欲突破前期箱体整理区域，但是收盘还是留有上影线，说明 8.8 元的压力还是很大。可是 4 月 19 日的盘口表现是怎样的呢？请看图 2 - 123。

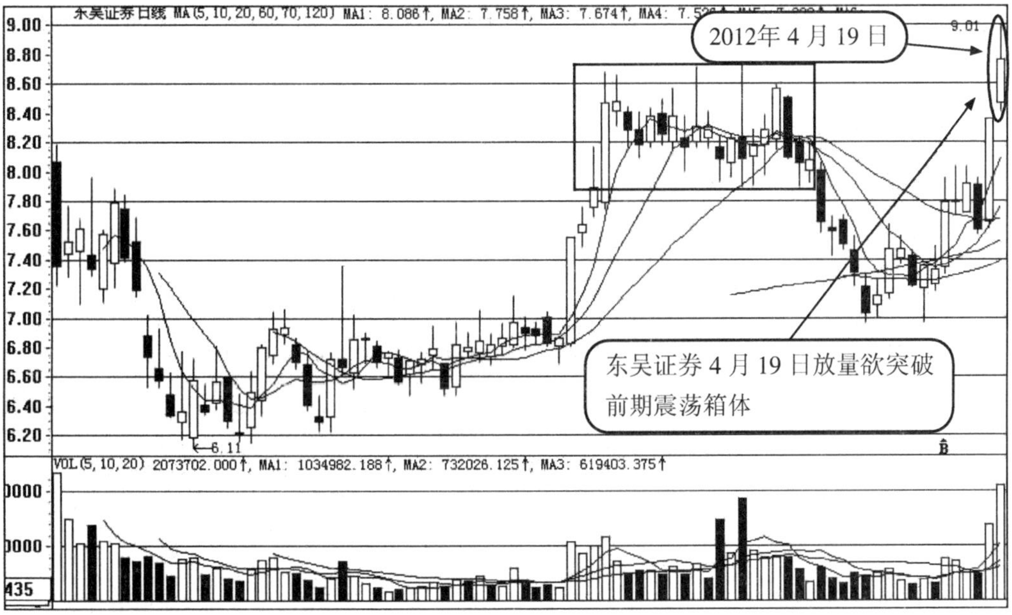

图 2 - 122

如图 2 - 123 所示，东吴证券 2012 年 4 月 19 日股价上涨。在早盘、盘中、尾盘出现三次攻击型量峰，很明显主力是在加仓收集筹码。

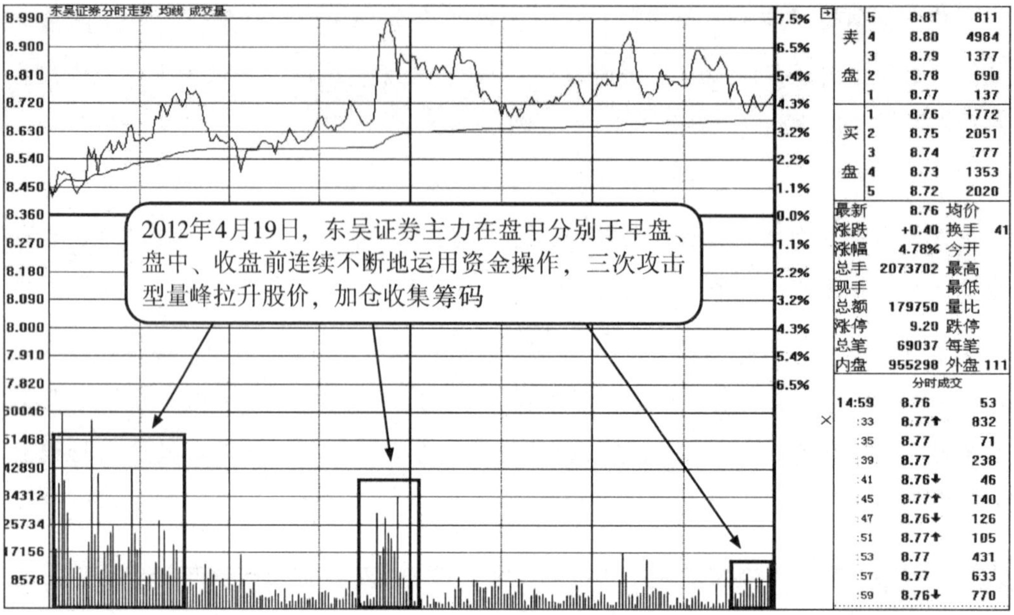
东吴证券分时走势 均线 成交量
2012年4月19日，东吴证券主力在盘中分别于早盘、盘中、收盘前连续不断地运用资金操作，三次攻击型量峰拉升股价，加仓收集筹码

图2－123

主力全天有三次量峰吸筹，股价走势几乎全天都在均价线上，强势特征明显，后市证明东吴证券4月19日这一天为股价成功突破创造了条件（见图2－124），随后一周股价大涨22%。

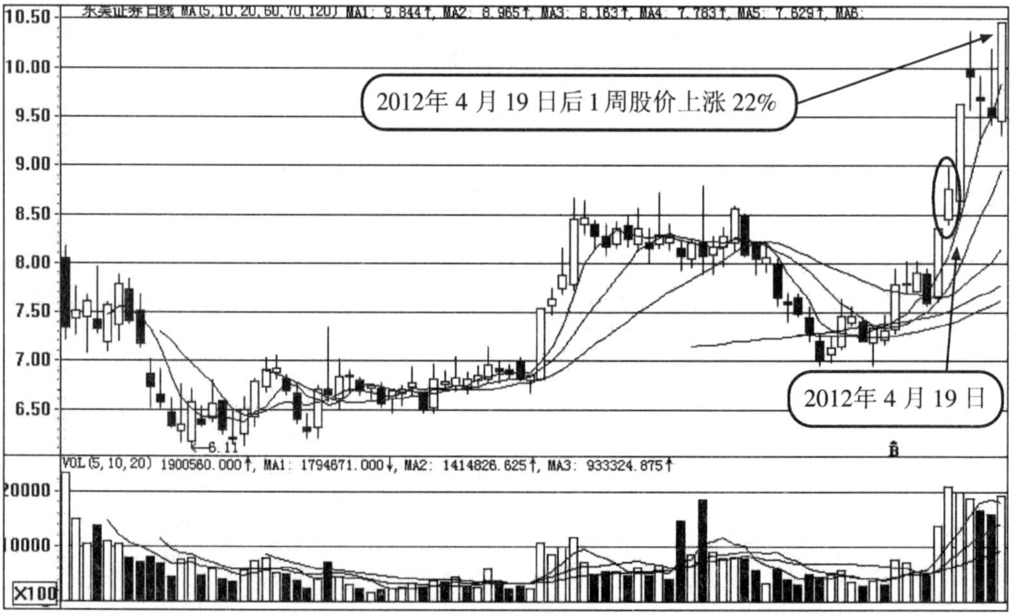
2012年4月19日后1周股价上涨22%
2012年4月19日

图2－124

第二种情况：股价处于上升通道阶段（中继阶段）。很多投资者在持有已经上

涨的股票时，往往担心股价会下跌，产生恐惧心理，这是很正常的。只要我们理解了主力的操盘目的和手法，我们就不会“中途下车”。

我们以猛狮科技为例，如图 2－125 所示。

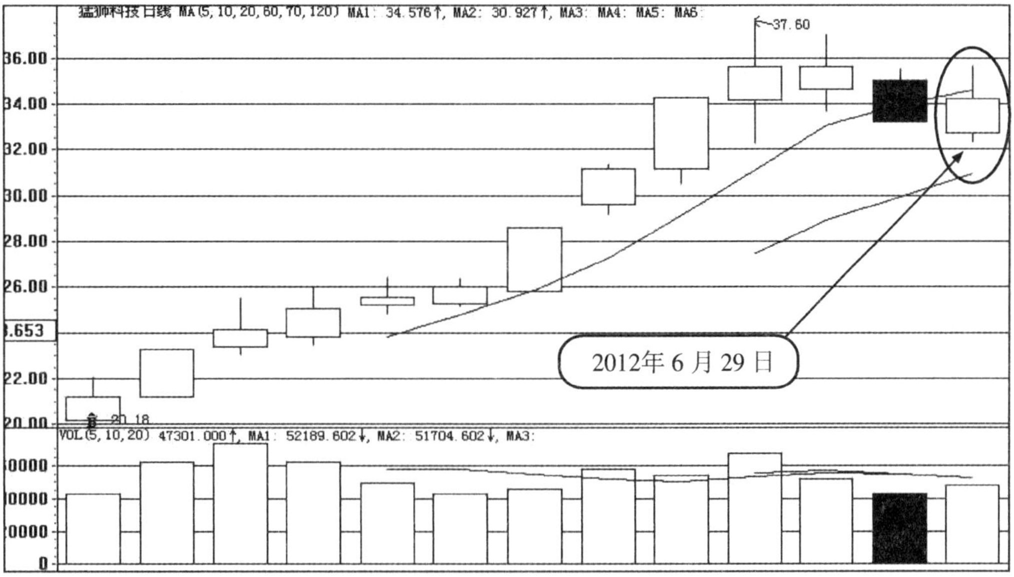

图 2－125

猛狮科技自上市后表现非常抢眼，走势完全强于大盘，连续上涨，在 2012 年 6 月 28 日、29 日出现两天的回调，6 月 29 日的盘口情况如图 2－126 所示。

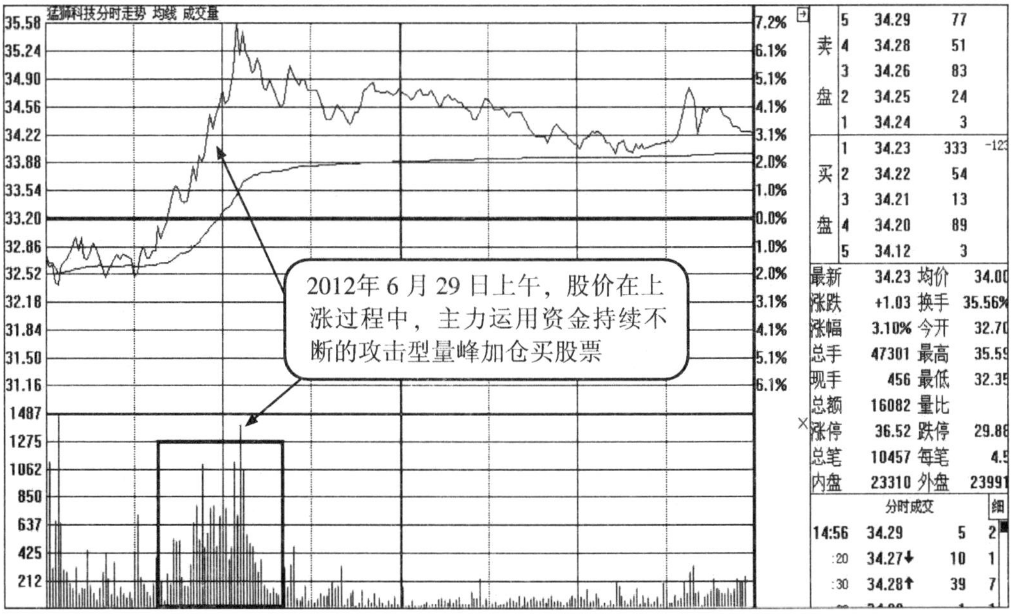

图 2－126

主力实际上在盘中依然在加大力度建仓，用攻击型量峰抢筹码，当然后市还会上涨，见图 2－127，紧跟着的 3 个交易日股价大涨 25%，根本不理会大盘的下跌。主力在操作过程中，回调洗盘后成功地逢低加大力度收集筹码，完成了上涨中继过程的筹码转换，为后市继续上涨打下了坚实的基础。

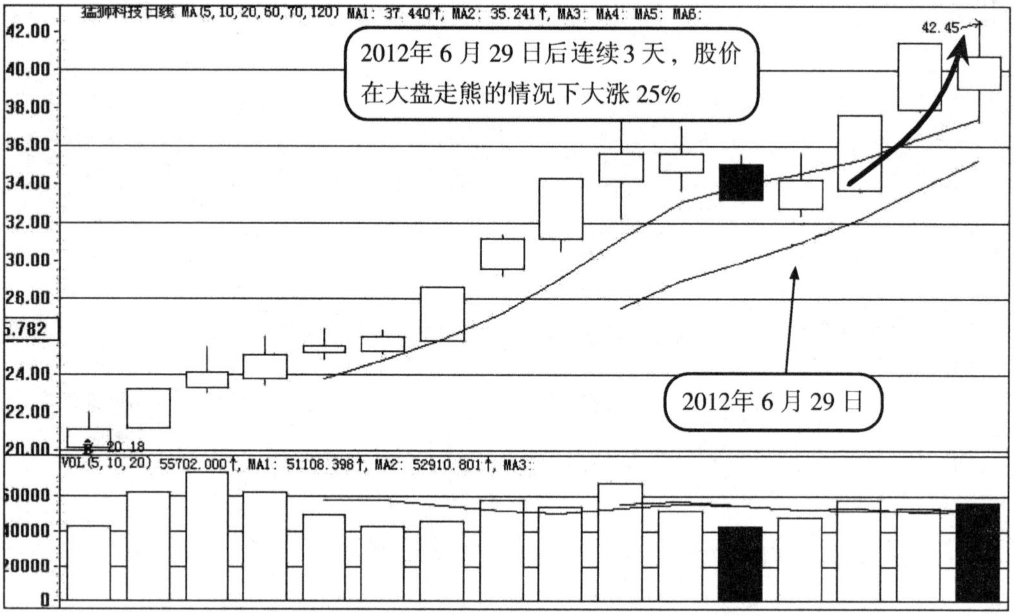

图 2－127

第三种情况：股价处于阶段性上涨整理平台或者波段性高位（出货阶段）。在实战中，主力出货阶段的操作不是绝对的像前面讲的那样以冲击型量峰来出货，有时也会采取攻击型量峰出货，这要看主力的操盘习惯了。以广晟有色为例，如图 2－128 所示。

广晟有色在经过大幅上涨后，2012 年 5 月 10 日，主力采用攻击型量峰放量拉升股价吸引散户跟进而自己却在出货。

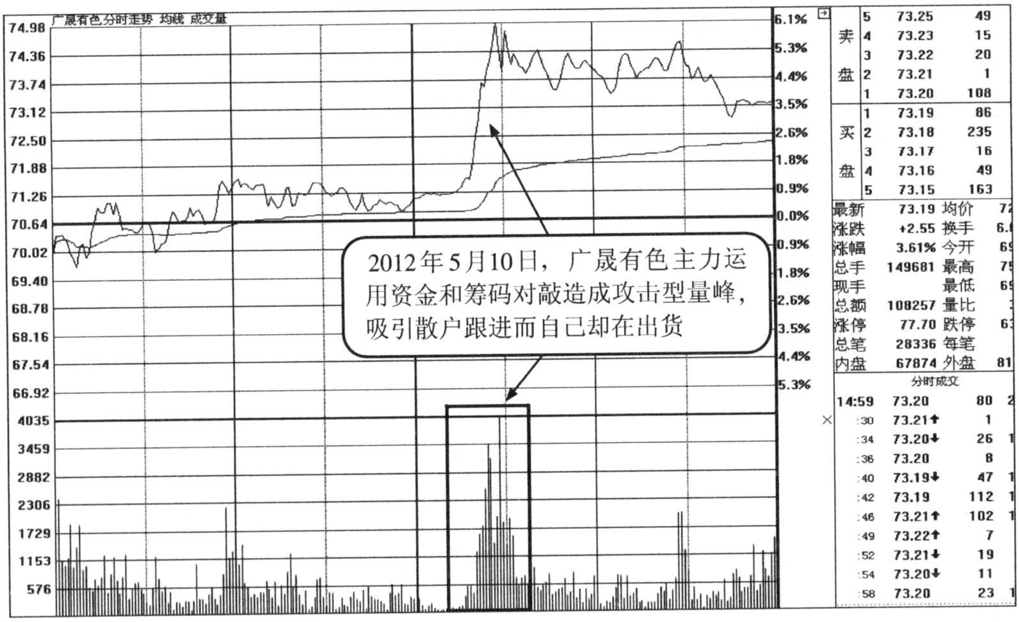
广晟有色分时走势 均线 成交量
2012年5月10日，广晟有色主力运用资金和筹码对敲造成攻击型量峰，吸引散户跟进而自己却在出货

图 2－128

主力出货后的走势如图 2－129 所示，以后 3 个交易日股价下跌 13%。

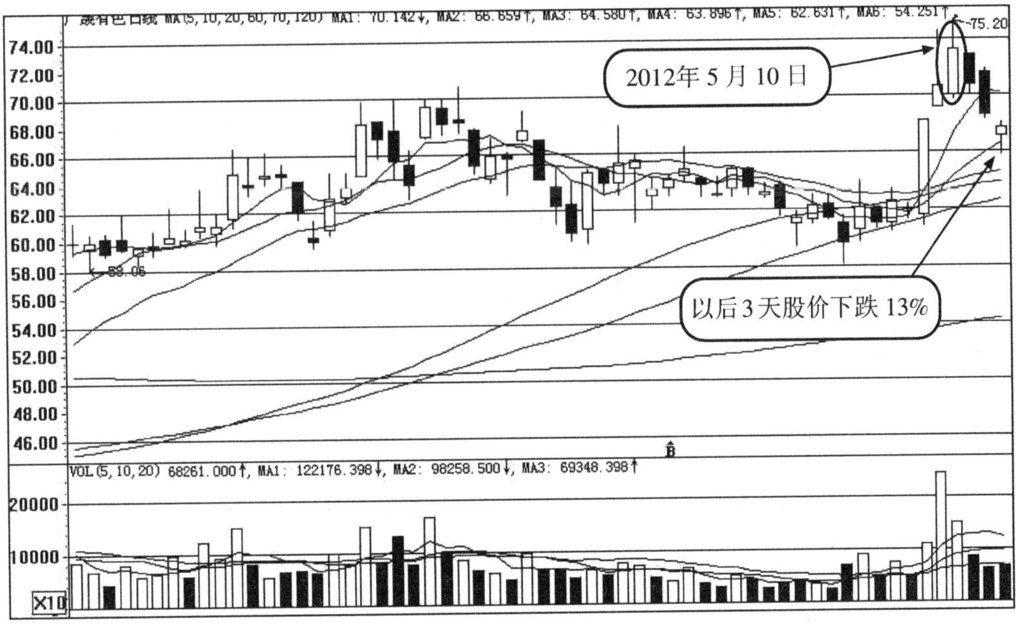
2012年 5 月 10 日
以后 3 天股价下跌 13%

图 2－129

如图 2－129 所示，广晟有色主力于 2012 年 5 月 10 日采用攻击型量峰拉升股价吸引散户进场，以后 3 天股价下跌 13%。

无论是冲击型量峰还是攻击型量峰，我们对主力出货的分析不能单单地凭此决断。看盘时还要结合盘口的其他分析点（挂单、波形、分时成交）来使用，不能仅凭一种量峰来生搬硬套。

3. 诱空型量峰是主力进场

诱空型量峰就是指，股票在盘口图中一段时间内股价连续快速下跌的过程中，伴随的量峰出现明显放大（量价的底背离）。而收盘时股价却又被拉起，甚至翻红。“诱空”顾名思义就是引诱做空，主力在盘中砸盘打压股价，把市场的不坚定筹码吓出来，自己则逢低建仓。诱空型量峰在实战中经常出现，我们在看盘时需把握的重点是诱空型量峰确定的必要条件就是股价后市必须拉起。

盘口的表现形式：具备短暂的爆发力，呈纵向、横向放大，密集型大单成交，发生时间短暂，一般在 30 ~ 45 分钟之内完成。如图 2 - 130 至图 2 - 132 所示。

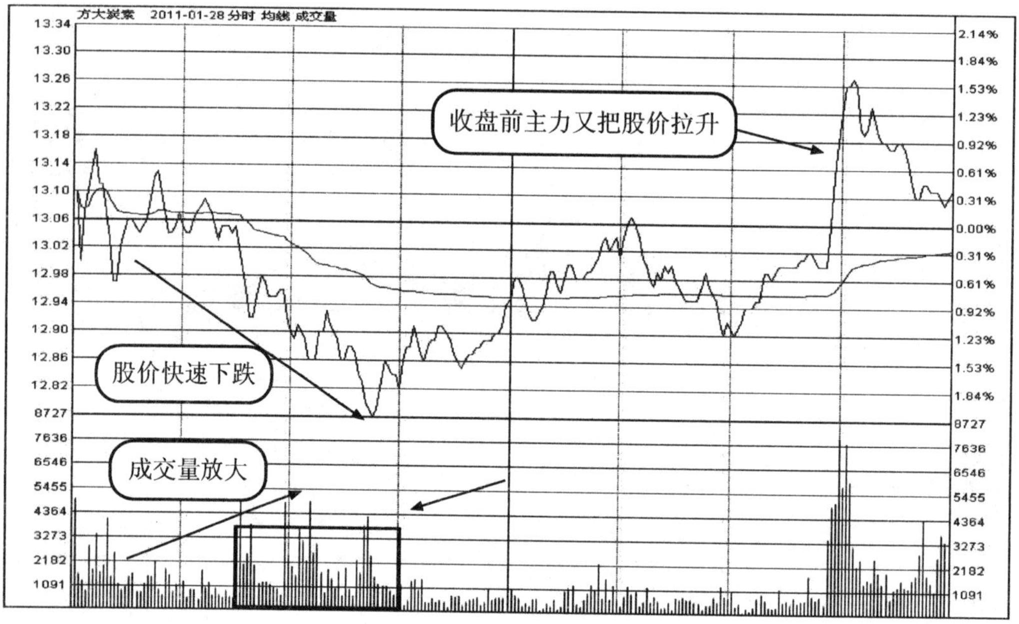

图 2 - 130

图 2 - 130 显示：2011 年 1 月 28 日，方大炭素从开盘到 11 点，主力用近一个半小时的时间连续打压股价，盘口中显示价跌量增的态势，量峰和波形呈现底背离现象，尾盘主力又把股价拉起，说明打压股价时的量峰是诱空型量峰。

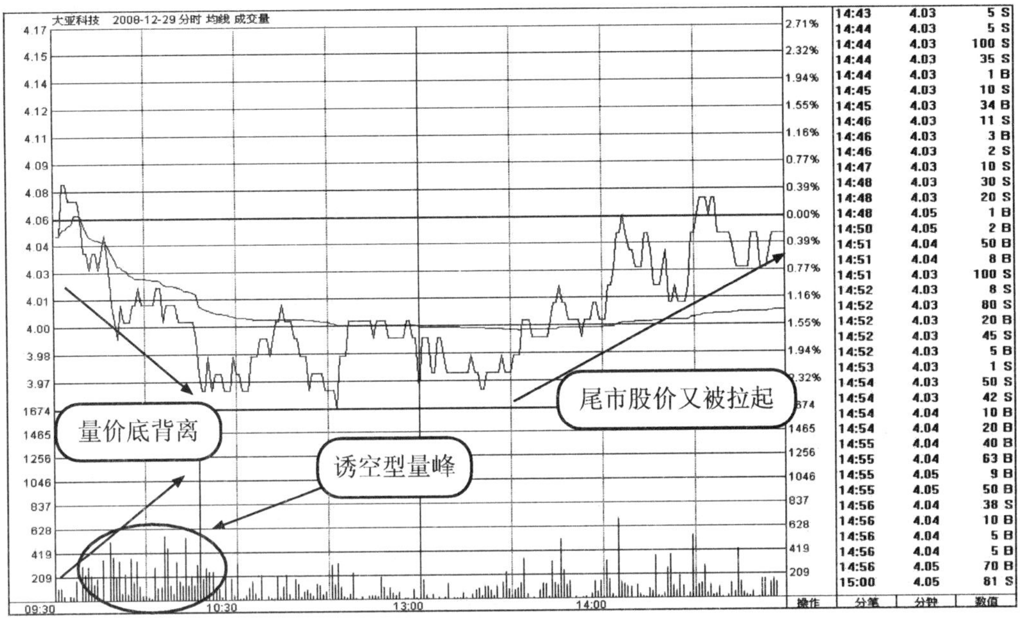

图 2－131

图 2－131 显示：2008 年 12 月 29 日早盘，大亚科技主力开盘后立刻打压股价，到 10 点 30 分，盘口中明显出现价跌量增的态势，量峰和波形呈现底背离现象，尾盘主力又把股价拉起，说明打压股价时的量峰是诱空型量峰。

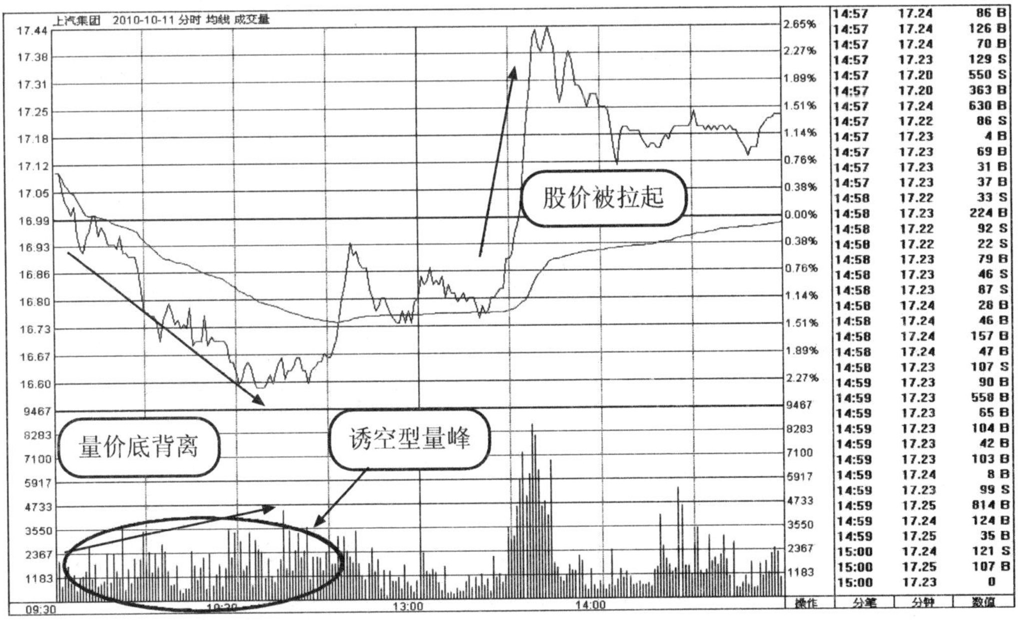

图 2－132

图 2－132 显示：2010 年 10 月 11 日早盘，上汽集团主力使股价高开低走，开始打压股价，到 10 点 15 分盘口中显示价跌量增的态势，量峰和波形呈现底背离现象，下午 1 点 30 分左右主力又把股价拉起，说明打压股价时的量峰是诱空型量峰。

诱空型量峰对应的股价阶段：①股价处于上升通道阶段；②股价处于阶段性底部区域。

临盘机会：诱空型量峰出现说明主力开始进行操作，此时应该根据其他看盘细节（配合挂单、分时成交、波形）在盘中考虑买进。

我们以猛狮科技为例，如图 2－133 所示。

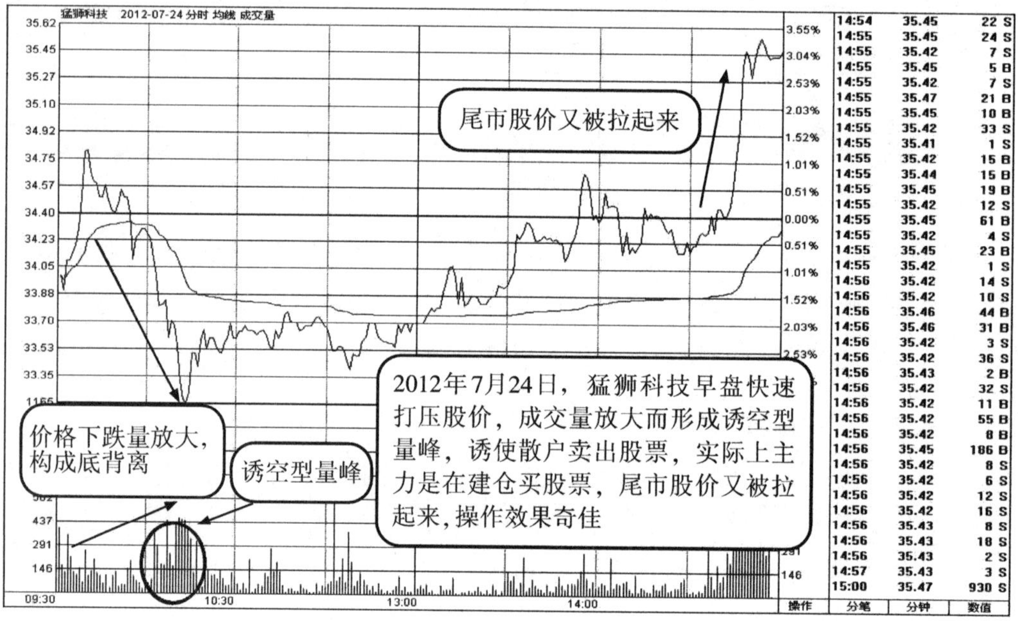
猛狮科技 2012-07-24 分时 均线 成交量
尾市股价又被拉起来
价格下跌量放大，构成底背离
诱空型量峰
2012年7月24日，猛狮科技早盘快速打压股价，成交量放大而形成诱空型量峰，诱使散户卖出股票，实际上主力是在建仓买股票，尾市股价又被拉起来，操作效果奇佳
09:30
10:30
13:00
14:00
操作
分笔
分钟
数值

图 2－133

2012 年 7 月 24 日，猛狮科技早盘开始快速打压股价，盘口中显示价跌量增的态势，量峰和波形呈现底背离现象。尾盘主力又把股价拉起，说明打压股价时的量峰是诱空型量峰。主力实际上是在建仓，不断地吓出散户手中的筹码。

当天它所处的 K 线的位置如图 2－134 所示。

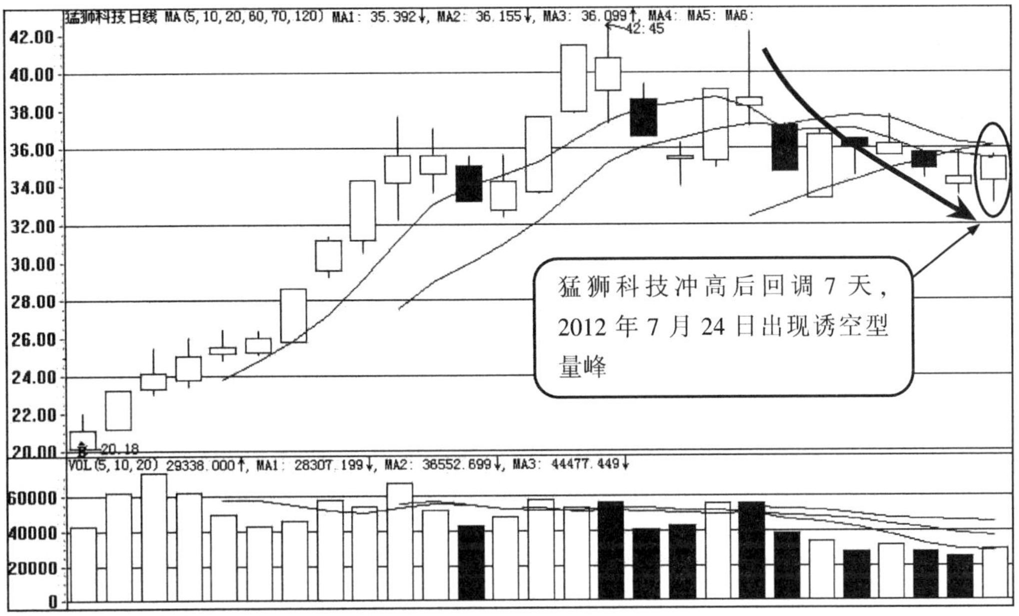

图 2 -134

2012 年 7 月 24 日之后它又是如何表现的呢？请看图 2 -135。

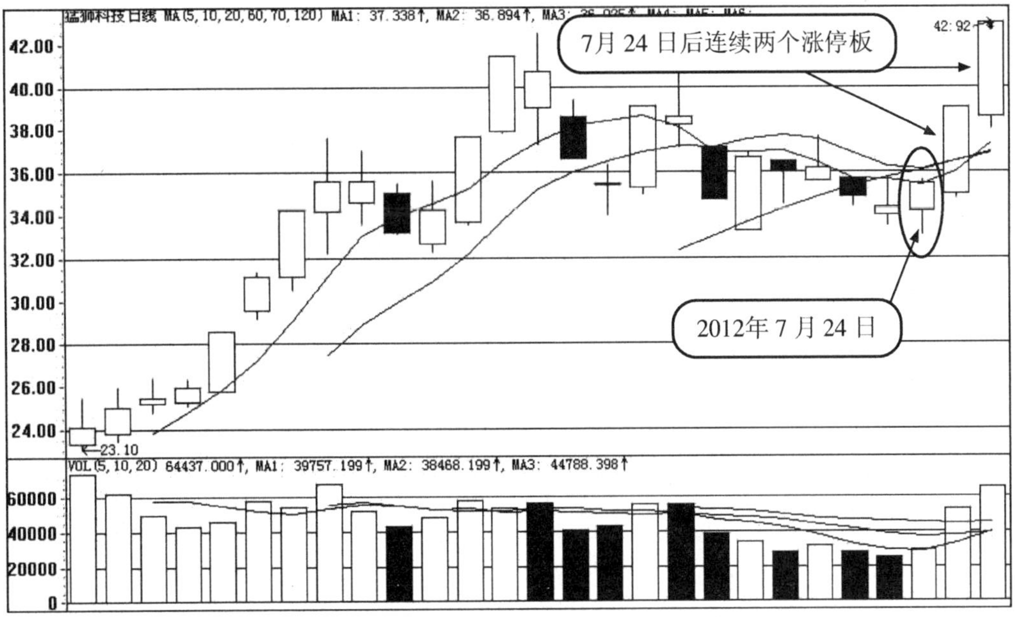

图 2 -135

尽管大盘当时是走熊的，猛狮科技主力在 2012 年 7 月 24 日用诱空型量峰建仓后，股价逆势连续两个涨停板，根本无视大盘的走熊。

警示 诱空型量峰的特点：①成交量与波形形成底背离；②尾市股价必须拉起来。

4. 诱多型量峰是主力出货

诱多型量峰就是指主力在股票的操作过程中，对一只股票在拉高到一定的价格区域，而这个价格区域正是主力出货目标区域的时候，采取放量上攻的手段，经常做出对前期高点或者整理平台形成突破（也就是假突破）来诱导投资者，以为是股票的主升浪已经来临，从而吸引投资者在高位接单，达到自己隐秘出货的目的。“诱多”顾名思义就是引诱做多，分时图中的这种量峰就是诱多型量峰。

诱多型量峰在分时图中的表现特征是：量价的顶背离。当顶背离出现时，量峰可以是冲击型量峰，也可以是攻击型量峰。现在的主力在操作时从操盘成本的角度考虑，为了降低操作成本，一般多用冲击型量峰，毕竟攻击型量峰的形成需要长时间的操作。

我们都知道主力操作股票分四个阶段：建仓、洗盘、拉高和出货。出货这个阶段是我们普通投资者最难以把握的。认真学习诱多型量峰，对于我们把握主力出货这个环节有很大的帮助。

下面用例子讲述，请看图2－136。

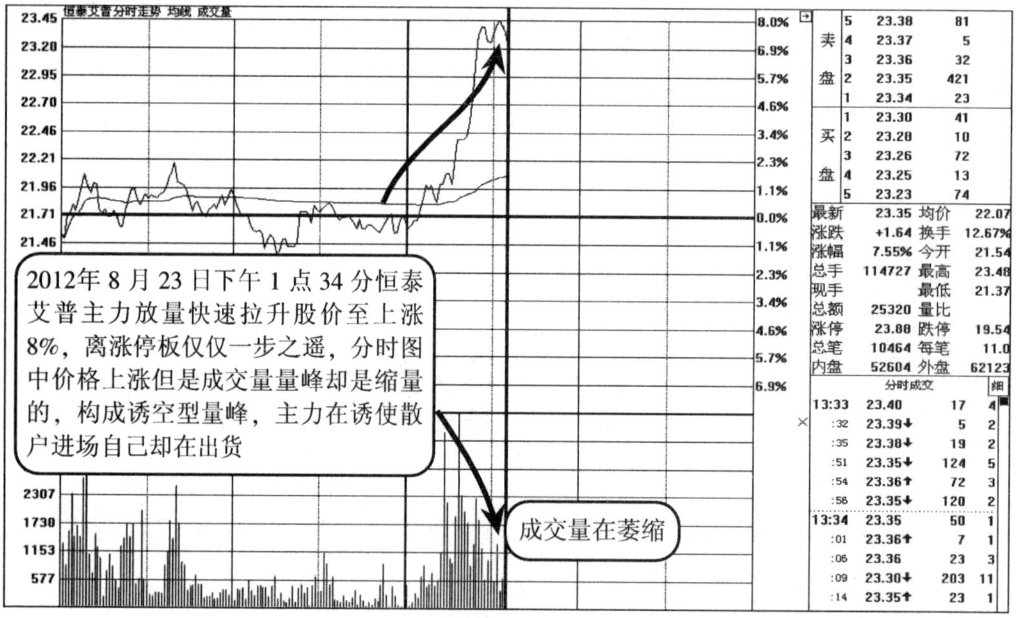
恒泰艾普分时走势 均线 成交量
2012年8月23日下午1点34分恒泰艾普主力放量快速拉升股价至上涨8%，离涨停板仅仅一步之遥，分时图中价格上涨但是成交量量峰却是缩量的，构成诱空型量峰，主力在诱使散户进场自己却在出货
成交量在萎缩

图2－136

2012 年 8 月 23 日，恒泰艾普经过上午的横盘震荡之后，主力在下午 1 点开盘后迅速拉升股价，至 1 点 34 分，股价一度拉到上涨 8%，此时离涨停板只有一步之遥，分时图中出现股价上涨，但量峰却是在明显萎缩。也就是出现成交量萎缩、股价上涨的量价顶背离现象，后续股价不支持继续上涨。这种情况下的量峰就是诱多型量峰。主力是在拉高股价吸引散户在高位进场，而自己却在出货。

主力拉高出货后到下午收盘的走势见图 2 - 137。

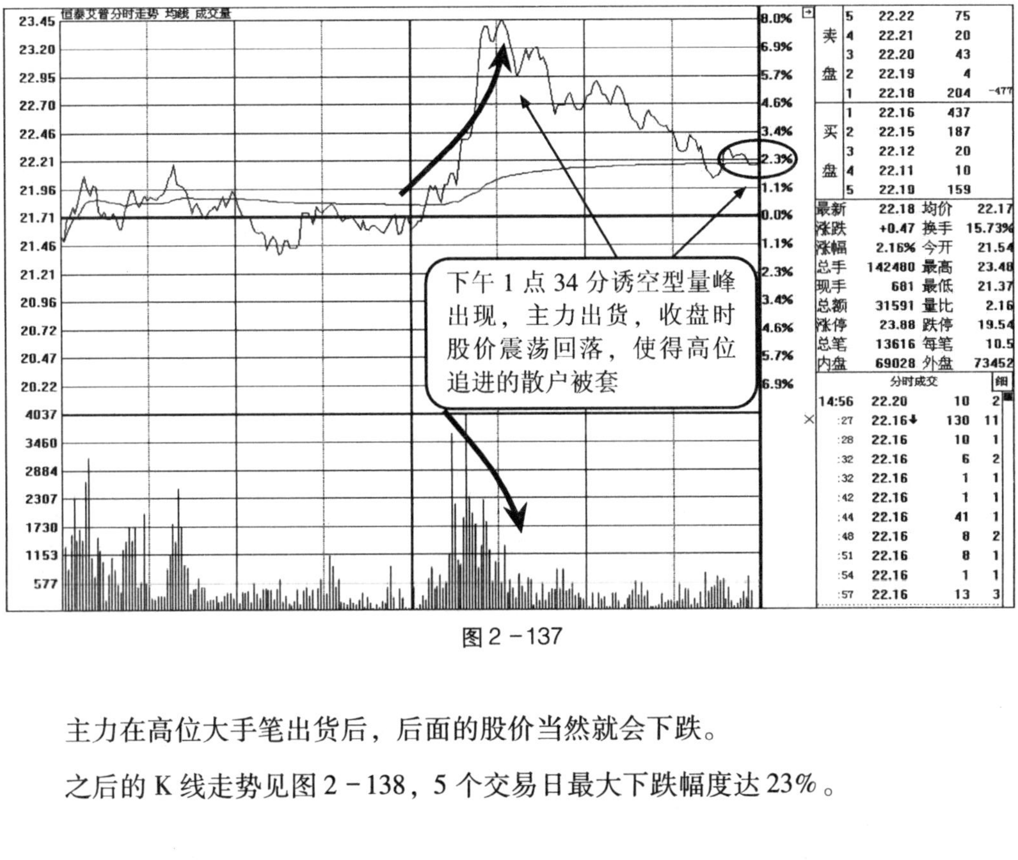
恒泰艾普分时走势 均线 成交量
下午 1 点 34 分诱空型量峰出现，主力出货，收盘时股价震荡回落，使得高位追进的散户被套

图 2 - 137

主力在高位大手笔出货后，后面的股价当然就会下跌。

之后的 K 线走势见图 2 - 138，5 个交易日最大下跌幅度达 23%。

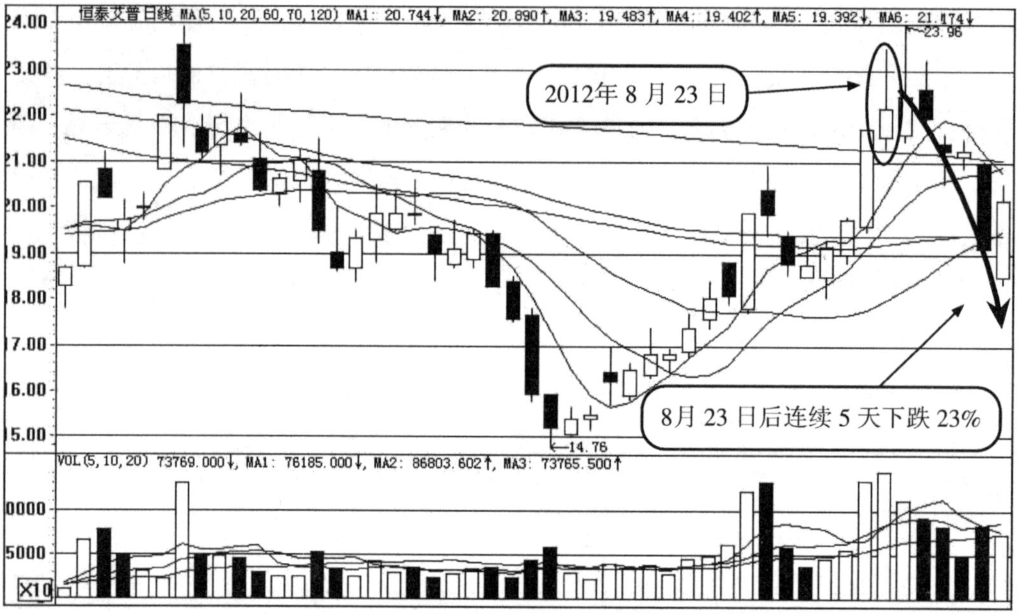

图 2 -138

我们再以同力水泥（000885）为例，如图 2 -139 所示。

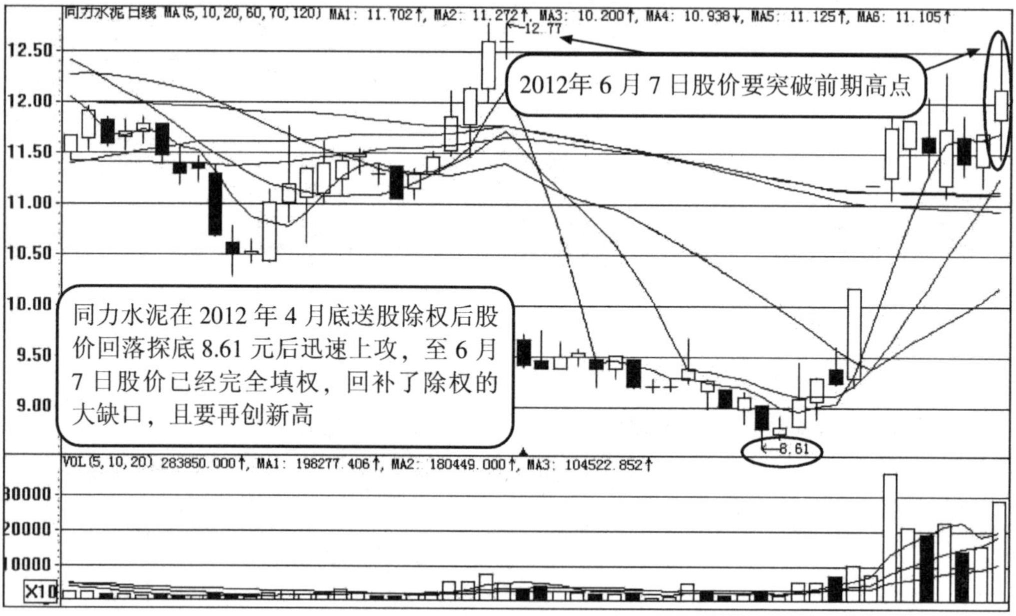

图 2 -139

同力水泥这一天的走势在低迷的市场中可谓是非常抢眼。

除权探底后迅速走填权行情，并且要挑战前期 12.77 元的高位。当然这一天也使很多散户上当受骗，当天下午的走势见图 2 -140。

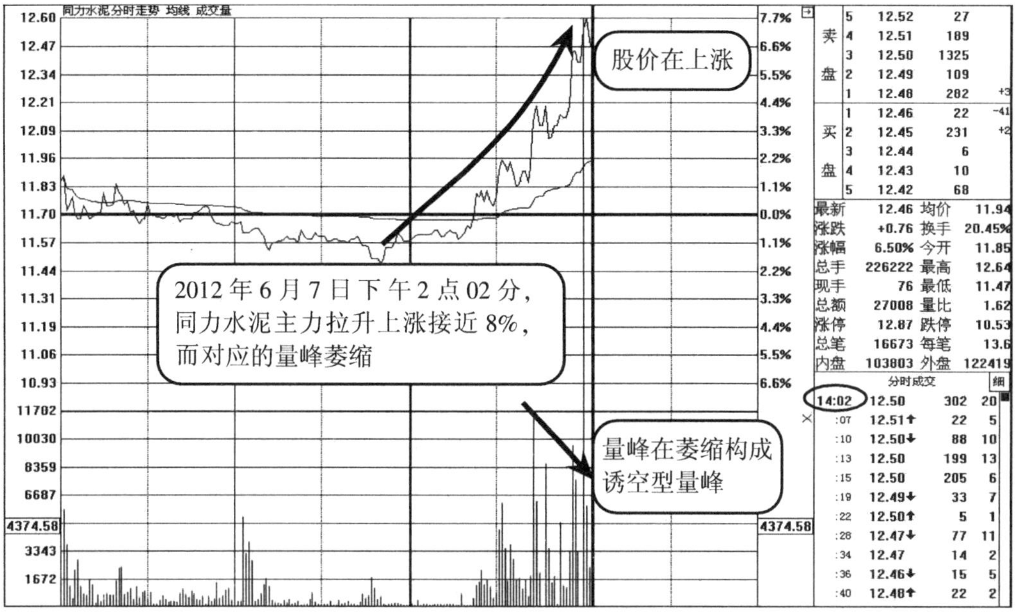
同力水泥分时走势 均线 成交量
股价在上涨
2012 年 6 月 7 日下午 2 点 02 分，同力水泥主力拉升上涨接近 8%，而对应的量峰萎缩
量峰在萎缩构成诱空型量峰

图 2－140

同力水泥股价 2012 年 6 月 7 日上午横盘震荡，下午开盘不久主力拉升股价，13 点 18 分到 14 点 02 分虽然股价是上涨的，但是分时图中成交量量峰却是在萎缩，此时出现量价顶背离现象。说明这就是诱多型量峰。此时股价大涨近 8%，即将涨停板，主力是在吸引市场中那些“涨停板敢死队”进场来高位接货。到收盘时分时图表现如图 2－141 所示。

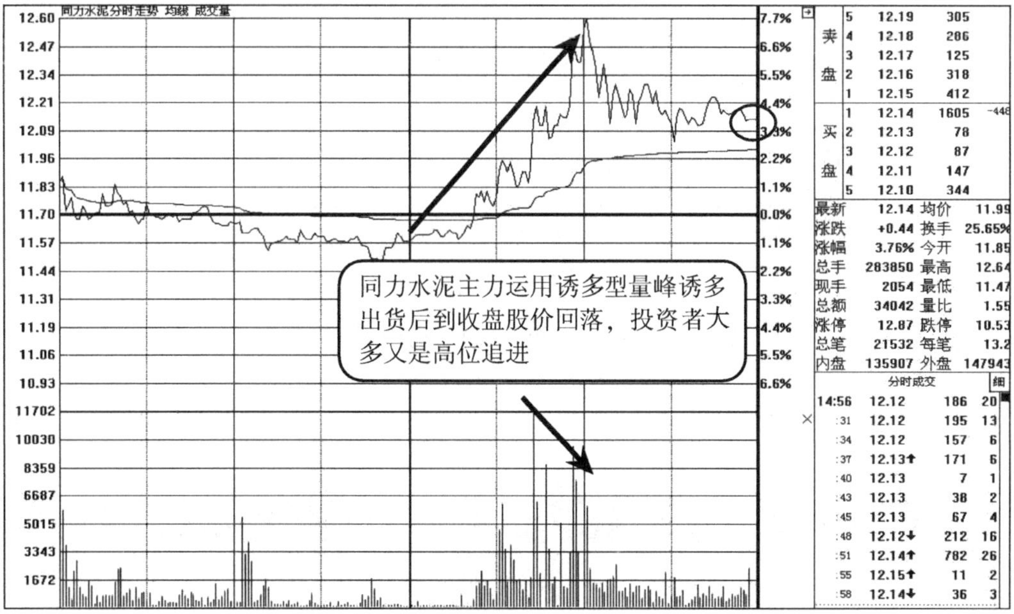
同力水泥分时走势 均线 成交量
同力水泥主力运用诱多型量峰诱多出货后到收盘股价回落，投资者大多又是高位追进

图 2－141

既然主力是在出货，那么高位追进的后果自然是被套了。收盘时股价果然下跌了。该股主力完成一波拉升出货后，后面的走势应该以下跌为主，如图 2－142 所示，随后的一个月，股价持续下跌，最高下跌幅度达 40% 之多，高位追进的投资者损失惨重。

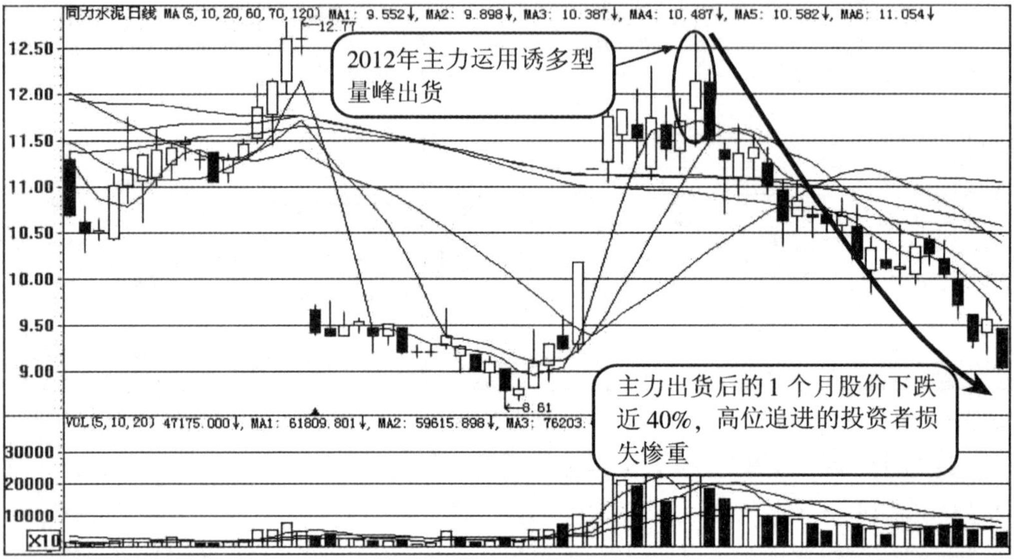
2012年主力运用诱多型量峰出货
主力出货后的 1 个月股价下跌近 40%，高位追进的投资者损失惨重

图 2－142

再以沙河股份（000014）为例，如图 2－143 所示。

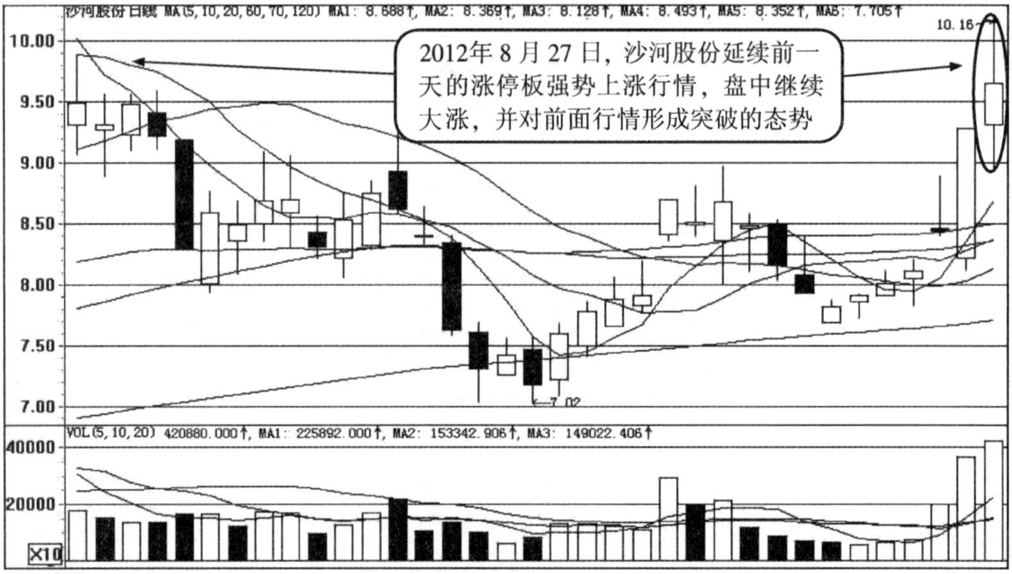
2012年 8 月 27 日，沙河股份延续前一天的涨停板强势上涨行情，盘中继续大涨，并对前面行情形成突破的态势

图 2－143

图 2－143 告诉我们：2012 年 8 月 27 日，沙河股份延续了前一天涨停板上涨的强势行情，K 线图形成对前期高点突破的趋势。

当天的分时走势情况见图 2－144。

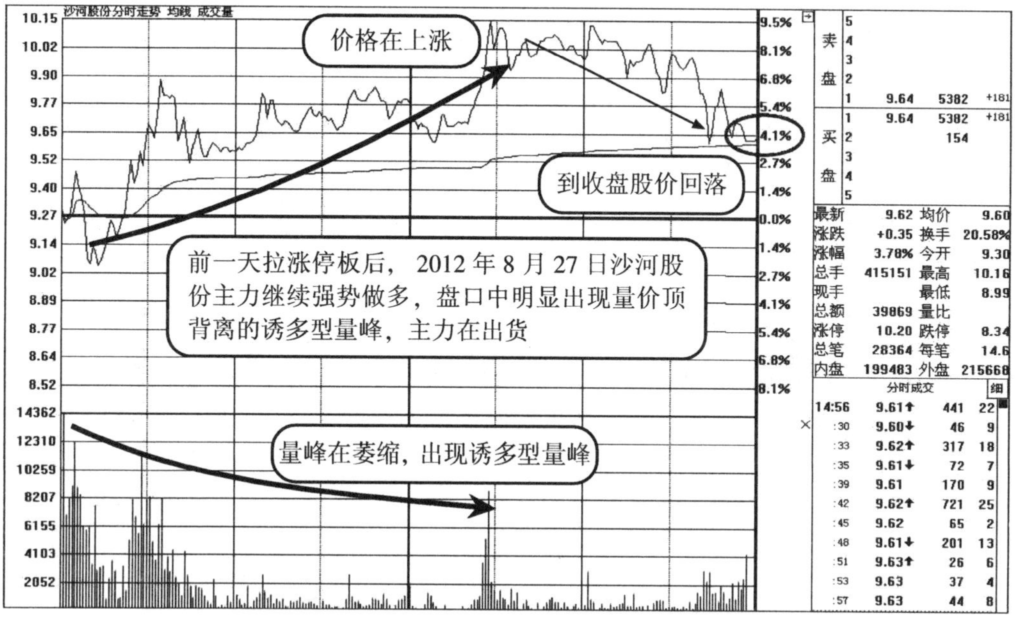
沙河股份分时走势 均线 成交量
价格在上涨
到收盘股价回落
前一天拉涨停板后，2012 年 8 月 27 日沙河股份主力继续强势做多，盘口中明显出现量价顶背离的诱多型量峰，主力在出货
量峰在萎缩，出现诱多型量峰

图 2－144

如图 2－144 所示，8 月 27 日这一天，该股的上涨过程中出现成交量萎缩的现象，而这种量价顶背离现象中的量峰是诱多型量峰，主力是在出货的。

沙河股份主力出货后的股价表现见图 2－145，随后的 6 个交易日股价下跌 25%，高位追进的投资者严重套牢。

图 2－145 告诉我们：8 月 27 日主力采用诱多型量峰出货后，该股后面 6 个交易日下跌 25%。

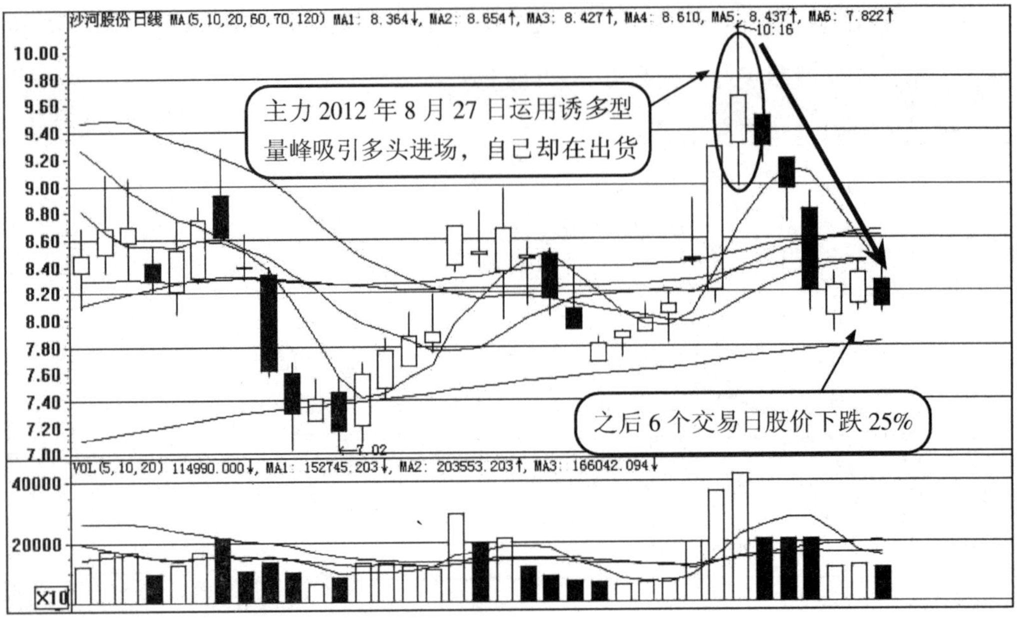

图 2 －145

苏大维格主力运用诱多型量峰出货的情况见图 2 －146。

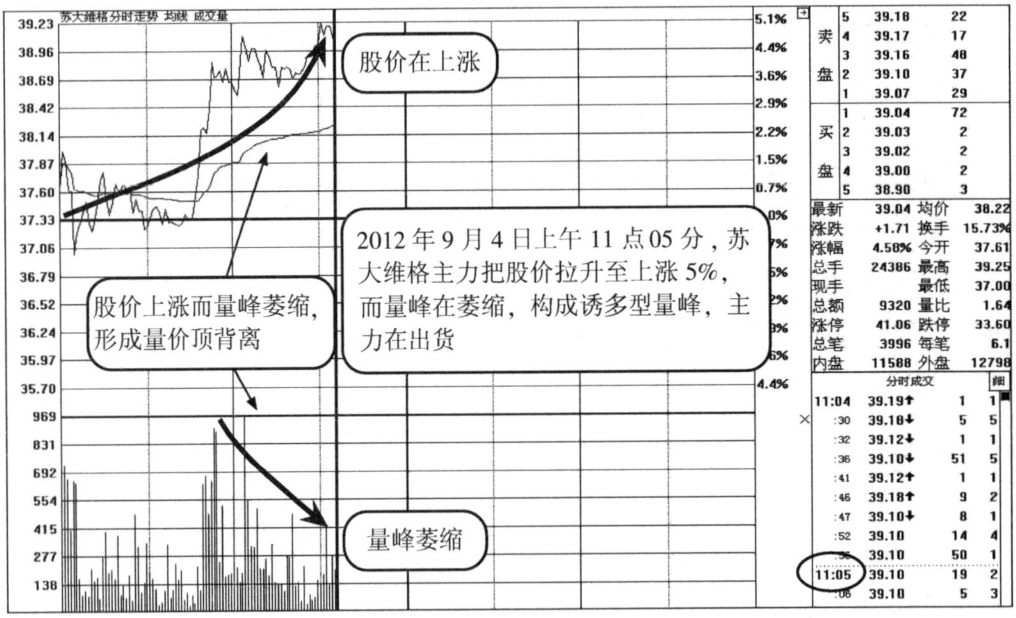

图 2 －146

2012 年 9 月 4 日上午，苏大维格主力拉升股价，股价一度上涨至 5%，但是量峰和股价出现顶背离现象，这种量峰是诱多型量峰，主力在出货。到收市时它的走势情况见图 2 - 147。

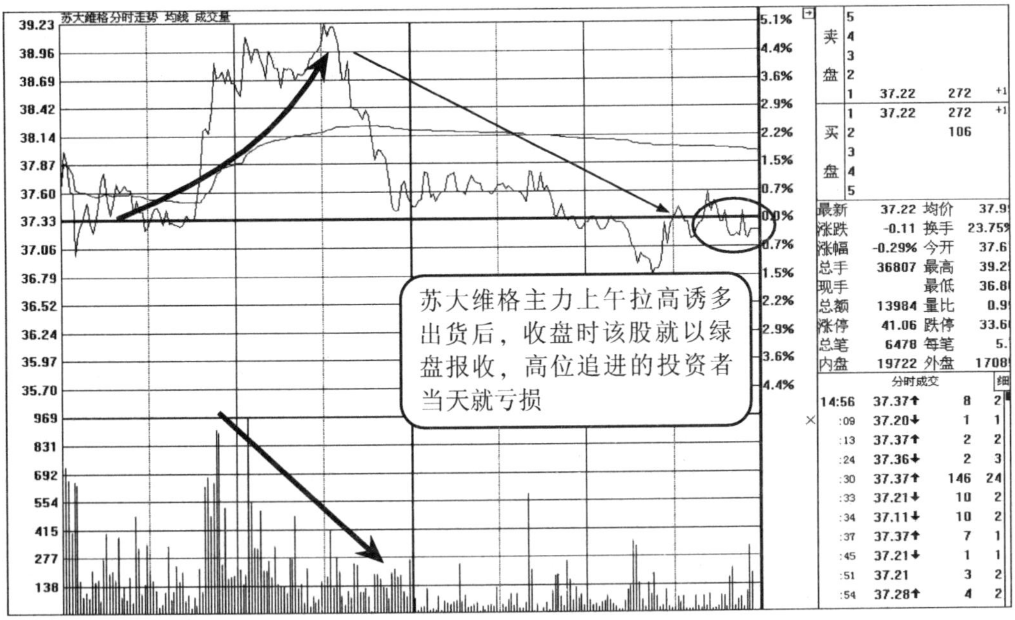

图 2 - 147

苏大维格主力上午用诱多型量峰完成出货之后，到收盘时该股以绿盘报收，使得不明真相于高位买进的投资者当天就亏损。

诱多型量峰是主力经常采取的出货手段。这样的案例不胜枚举，我们就不再多举例了。

警示 诱多型量峰的构成特点：①股价拉升时首先出现量价的顶背离；②顶背离出现后，股价到收盘时必然回落。

四、分时成交

1. 每分钟成交笔数

每分钟成交笔数就是指在分时图盘口中，盘中交易时间内每分钟交易了多少笔。它是考量交易活跃程度的指标，每分钟交易的笔数越多，表明该股成交就越活跃，主力的操作越明显；反之表明成交清淡，主力操作不明显或者没有参与操作。

请看2012年9月4日恒泰艾普的成交笔数情况，见图2－148。

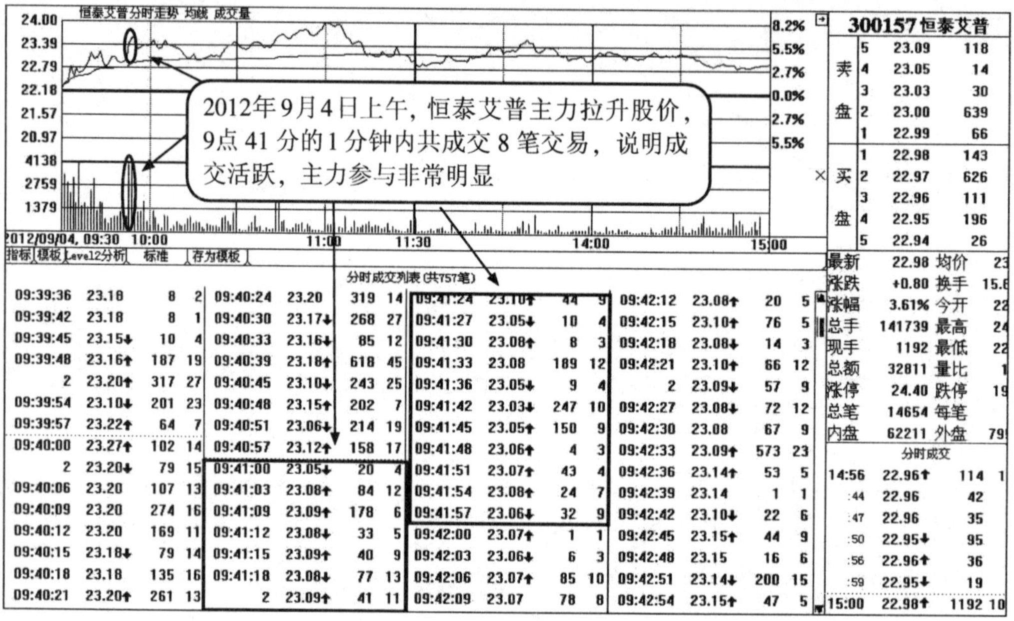
恒泰艾普分时走势 均线 成交量
300157 恒泰艾普
2012年9月4日上午，恒泰艾普主力拉升股价，9点41分的1分钟内共成交8笔交易，说明成交活跃，主力参与非常明显
分时成交列表（共757笔）

图2－148

当天下午1点40分许，由于大盘的快速下跌，主力继续做多风险加大，强势参与明显不利，每分钟成交笔数明显下降，请看图2－149。

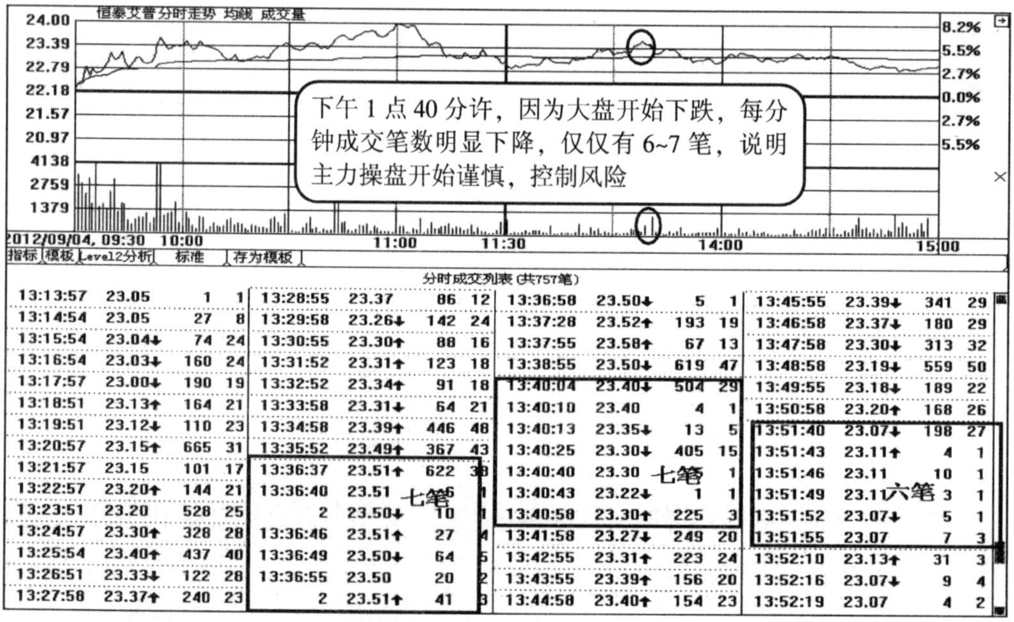
恒泰艾普分时走势 均线 成交量
下午1点40分许，因为大盘开始下跌，每分钟成交笔数明显下降，仅仅有6~7笔，说明主力操盘开始谨慎，控制风险
分时成交列表（共757笔）
七笔
七笔
六笔

图2－149

我们看每分钟成交笔数的时候要用量峰的性质辅助分析。一般情况下，攻击型量峰下每分钟成交笔数是不断增加的，主力积极运用资金和筹码进行操作；冲击型量峰下仅仅是短暂的成交笔数增加。关于每分钟成交笔数在操作中的运用，笔者会在后面的“15”进场模型中讲述。

2. 每分钟成交量

每分钟成交量就是指股票在交易时间内每一分钟的交易总量（手）。一天有 4 个小时，即 240 分钟的交易时间，决定了分时图中全天有 240 根成交量量柱。每分钟成交量也是考量成交活跃度的一个指标。请看图 2－150。我们看每分钟成交量的大小，还要注意量峰值的大小，因为量峰值的大小决定了股票活跃与否。判定量峰值还要对应股票流通盘的数量。因为大盘股和小盘股对于每分钟交易 10045 手或者 1000 手，它们的概念是不一样的。请看图 2－151。

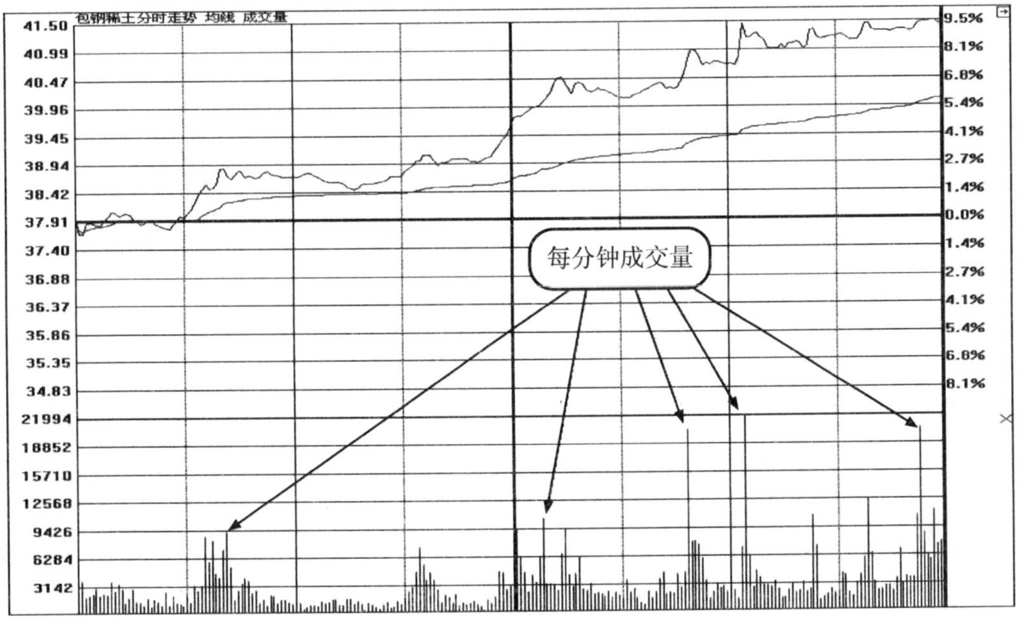

图 2－150

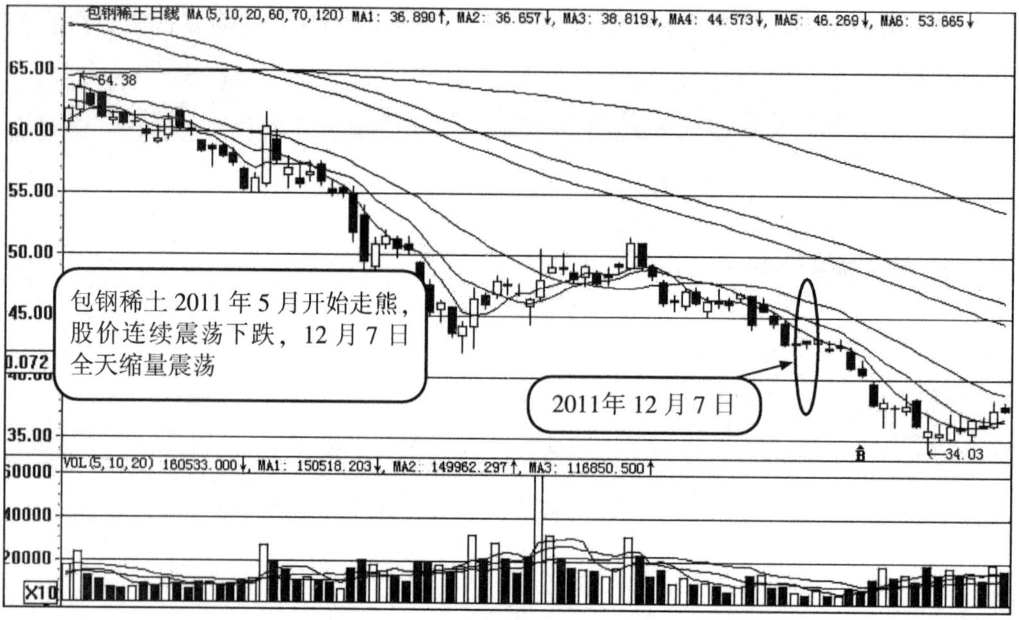

图 2－151

2011 年 12 月 7 日这一天，包钢稀土分时图盘口的每分钟成交量情况见图 2－152。

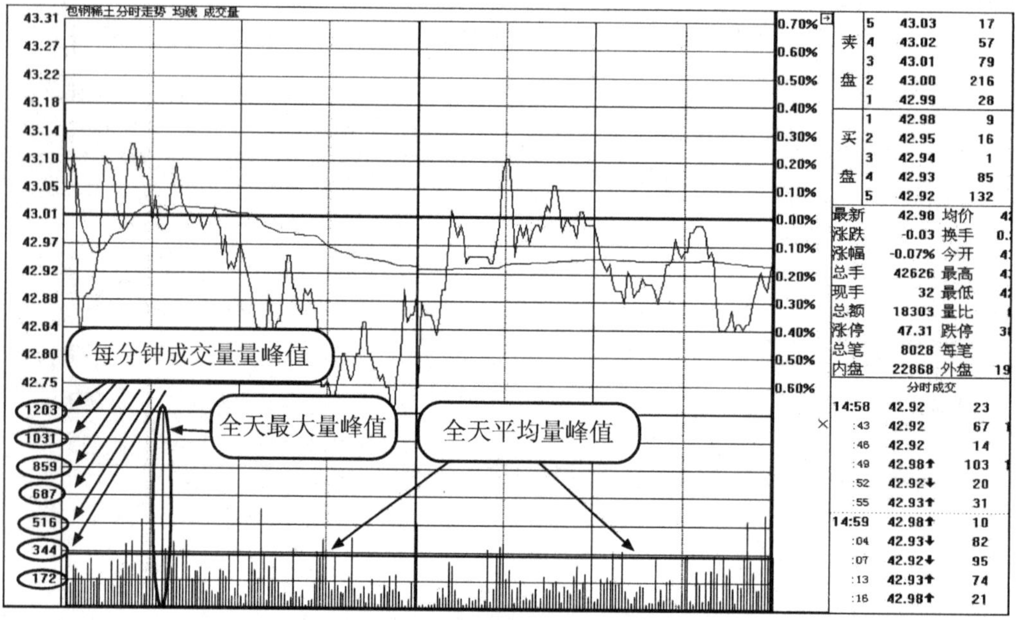

图 2－152

包钢稀土全天的平均每分钟成交量仅仅是344手，最大的成交是1200手，这对于一只流通盘近15亿股的股票来说，明显成交是不活跃的，换句话说，根本就没有主力参与。它如果是在熊市下跌过程中，则是不能作为建仓目标的，否则很容易亏损。事实也证明了这一点，该股后市持续下跌。

到了2012年1月9日，该股盘口中的每分钟成交量量峰值出现明显的变化，请看图2－153。

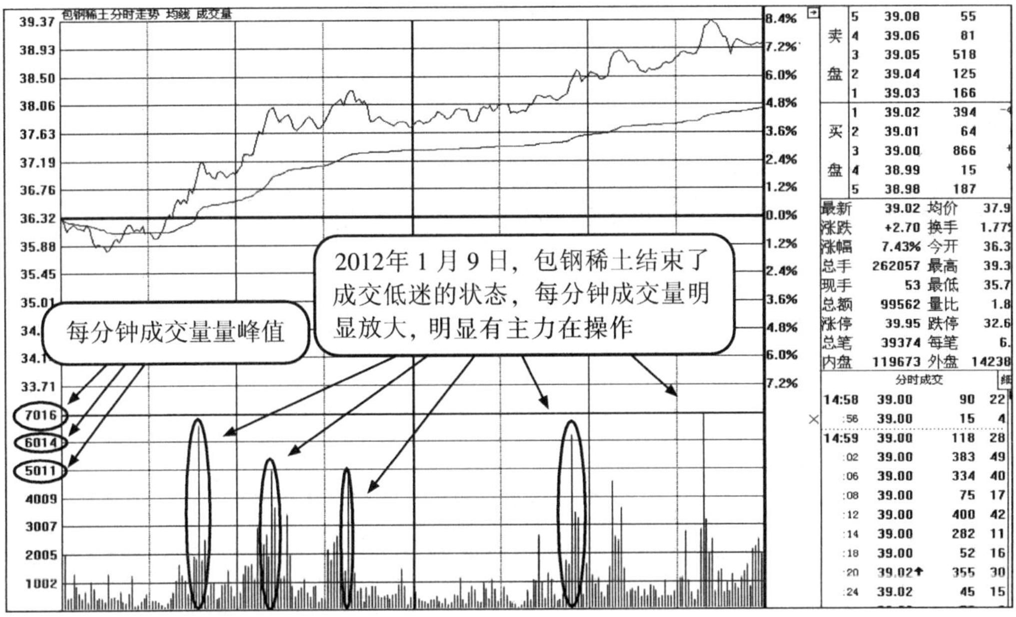
包钢稀土分时走势 均线 成交量
每分钟成交量量峰值
2012年1月9日，包钢稀土结束了成交低迷的状态，每分钟成交量明显放大，明显有主力在操作
7016
6014
5011

图2－153

包钢稀土2012年1月9日结束了漫漫跌势，盘口中每分钟成交量明显放大，最高每分钟成交量量峰值达7016手，明显大于2011年12月7日的最大量峰值。主力开始抄底进场了，之后便展开一波非常凌厉的上涨行情（见图2－154）。

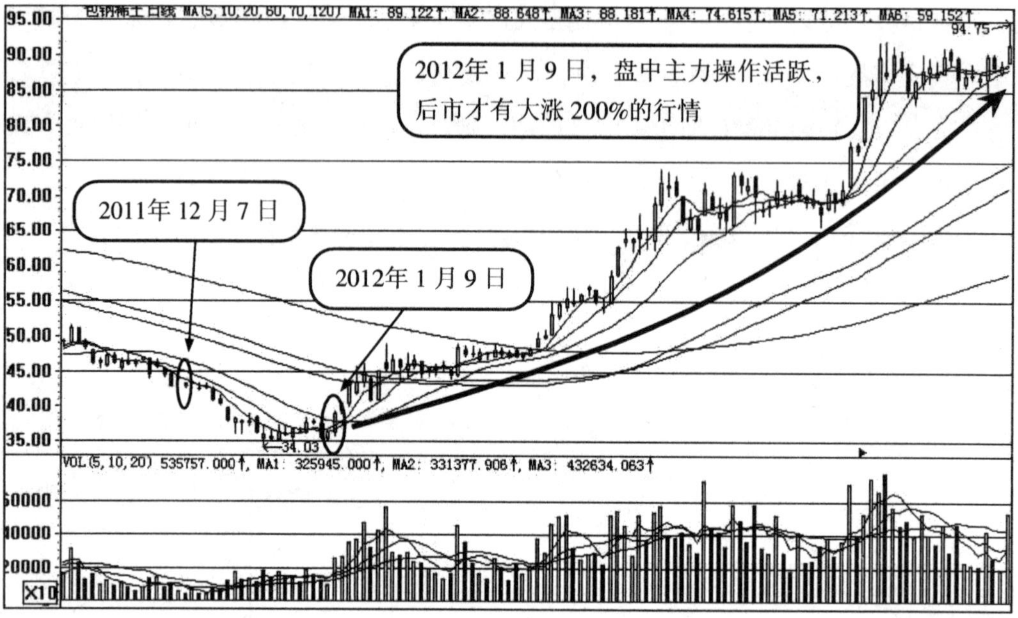

图2－154

如图2－154所示，2012年1月9日，包钢稀土盘口开始活跃，主力进场操作，后市产生了大涨200%的行情。

每分钟成交量量峰值的大小表示了股票的活跃度。对应流通盘的大小，笔者总结的心得是：流通盘5000万以下的，最大量峰值应该不小于每分钟500手；流通盘0.5亿～1亿的最大量峰值不小于1000手；流通盘1亿～3亿的，最大量峰值不小于2000手；流通盘3亿～7亿的，最大量峰值不小于3500手；流通盘7亿～15亿的，最大量峰值不小于5000手；流通盘15亿以上的，最大量峰值不小于1万手。

本章习题

1. 分时盘口交易图由哪4个部分组成？
2. 压迫式挂单有哪几个挂单形态？
3. 拦截式挂单有哪几个挂单形态？
4. 什么是量峰？
5. 量峰的种类有几种？
6. 递增压迫形态挂单是怎样递增的？

7. 递减压迫形态挂单是怎么递减的?

8. 递增拦截形态挂单是主力经常用来打压吸货的吗?

9. 夹板式挂单只是主力为了出货而使用的方式吗?

10. 冲击型量峰和攻击型量峰的区别是什么?

11. 诱空型量峰是主力出货的量峰吗?

12. 诱多型量峰有哪些特征?

13. 量峰和分时图波形形成底背离是诱空型量峰的首要条件吗?

第三章

盘口猎庄

笔者总结多年的操作经验，归纳出 8 个进场模型："15"模型、堆量模型、三叉戟模型、新股进场模型、胜利反转模型、关键点模型、"1415"模型和大波段进场模型；3 个出场模型：两元出货模型、三元出货模型和涨停板出货模型。本章将讲述本书的重点——股票"15"模型，讲解股票"15"模型的构成条件、量峰与波形的关系、个股的"15"模型案例等。希望朋友们认真学习，好好掌握，用好股票"15"模型的两个波形形态（W 形和 U 形），才能在以后的实战中把握猎庄机会，跑赢大盘，战胜与你同台竞争的投资者。

在上一章给朋友们讲述了盘口的基本理论，为了做到学以致用，在这一章通过运用前面讲述的盘口知识，教会大家怎样在市场里抓住主力操作的热点强势股票。

笔者将多年的操作经验总结为适用于熊市、平衡市、牛市的8个进场模型，分别为："15"模型、堆量模型、三叉戟模型、新股进场模型、胜利反转模型、关键点模型、"1415"模型和大波段进场模型；适用于任何市场情况下的3个出场模型，分别为：两元出货模型、三元出货模型和涨停板出货模型。笔者在本书首先重点讲述如何进场的一个模型，即"15"模型；其次讲解胜利反转模型和堆量模型。其他的进场和出货模型笔者将在《新盘口语言解密与实战》（四川人民出版社2019年2月出版）中介绍。

一、"15"模型

即使是在熊市中，我们也几乎每天都可以看到强势上涨的股票，这其中的原因除了利好和概念的刺激之外，多数股票的上涨还是由于主力的拉升造成的。主力即使是在熊市中还是要做多的，因为他们的资金无论是自有资金还是私募信托，集资而来的资金都是有成本的，一般在每一年的年底都要给投资方以盈利回报。所以，主力必然要在市场中寻找可操作的标的股票进行操作。主力常采取短、平、快的方式坐庄，这就产生了熊市市场中的强势热点股票，笔者把这类股票叫作股票"15"模型。当然，股票"15"模型在平衡市和牛市照样也适用。

1. 什么是"15"模型

"15"模型就是指熊市中某只股票在分时图盘口中，收盘前15分钟出现异动，快速放量上涨，而大盘是在震荡向下调整的情况，该股一般收盘时上涨幅度不是很大（不超过4%），之后一段时间走出大盘下跌、它反而上涨的行情。这一类股票笔者称之为股票"15"模型。

以东方金钰（600086）为例，如图3-1所示。

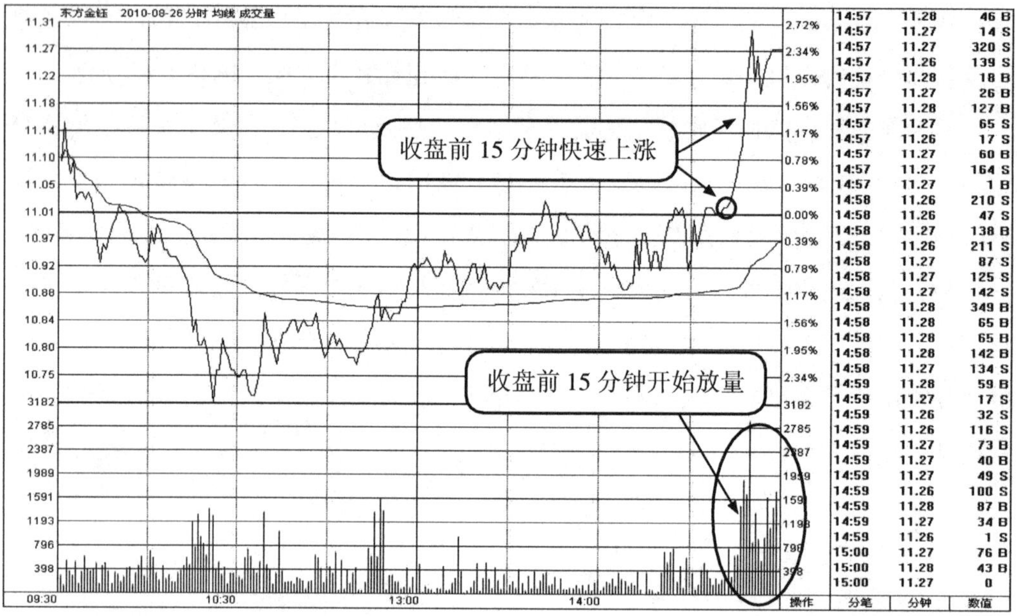

图3-1

2010 年 8 月 26 日，东方金钰在收盘前 15 分钟放量上涨，走出标准的“15”模型。

从这一天的股票“15”模型开始，该股出现大涨的行情，见图 3-2。

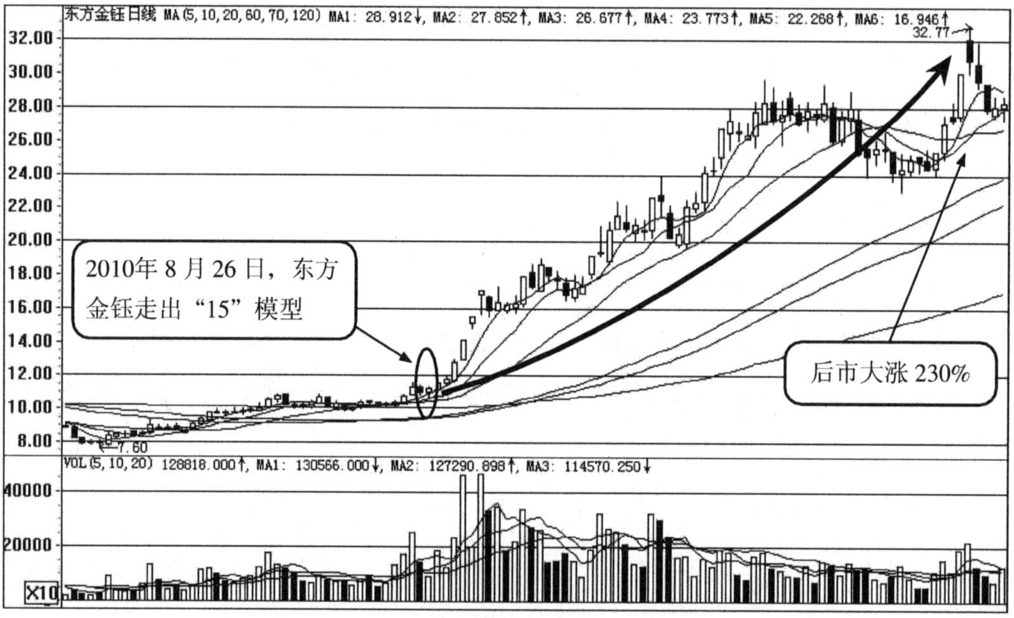

图3-2

东方金钰走出“15”模型后，在两个多月的时间里大涨230%。

2. “15”模型的盘口特征和构成条件

通过多年的操盘，笔者将股票“15”模型的盘口特征和构成条件总结为8条，只有满足这8个条件，成功率才能得到保证。

为了便于朋友们理解这8个条件，笔者下面对每一个条件进行详细解释。

（1）日K线表现为回调多日或横盘多日（洗盘），走出模型的前两天有两根小阳线（更好），走出模型的当日不是在突破的价位。以方大炭素（600516）2011年1月28日走出“15”模型为例，见图3-3。

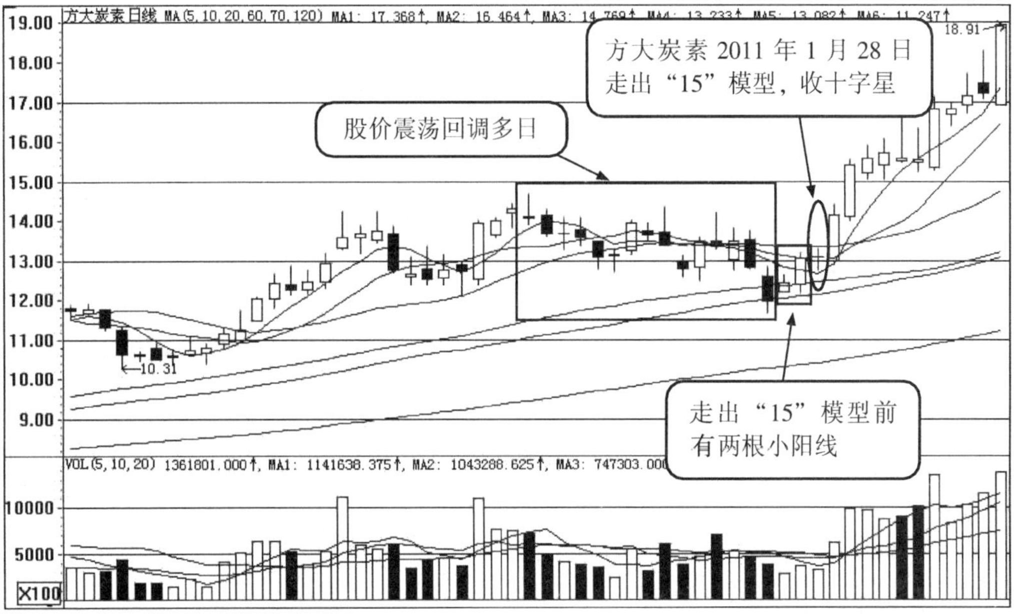

图3-3

如图3-3所示，方大炭素2011年1月28日走出“15”模型。当天股价小幅上涨，但是并没有对前期高点形成突破，此前走出两根小阳线，前面股价经过了15天的震荡回调。走出“15”模型后该股连续11个交易日大涨50%。

警示 注意：这个条件适用于股票回调多日或者是横盘多日，不是已经上涨了很大的幅度，上涨很大幅度后股价在高位出现的“15”模型是假“15”模型，风险是很大的。

（2）当天分时图走势多表现为：开盘后（无论是高开还是低开；高开的股票较好）必须先打压股价，10点30分前开始拉高股价建仓，一般拉高过程的时间在45分钟到1小时左右，之后再打压—拉高（全天分时图有时呈W形态或者U形态）。打压调整幅度不能超过3.5%。如图3-4所示。

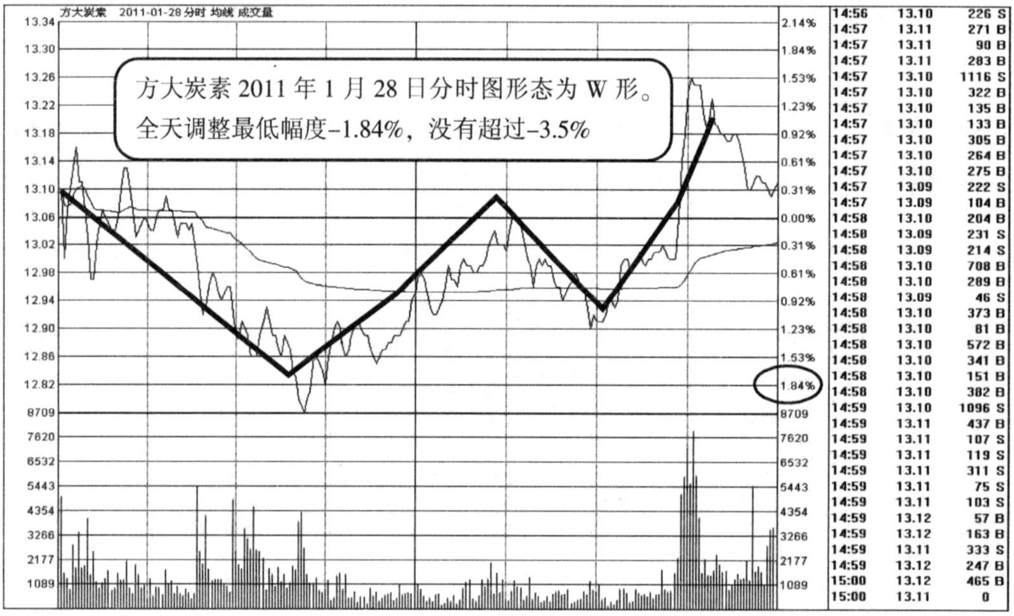

图3-4

图3-4显示，方大炭素2011年1月28日走出“15”模型。全天走势的步骤为：开盘震荡调整—拉升股价—再震荡调整—再放量拉高，分时图走势形态是W形态。上午调整的最低幅度没有超过-3.5%。-3.5%的调整幅度是个关键点位，主力打压的幅度一旦超过这个点位会给市场带来大量恐慌盘，恐慌盘大量的涌出对于主力后市操作是极为不利的，搞不好该股股价可能跌到跌停板位置，那样的话主力势必动用大量资金来护盘。所以主力打压一般不会超过这个幅度，但是个别的案例也有，如春晖股份，见图3-5。

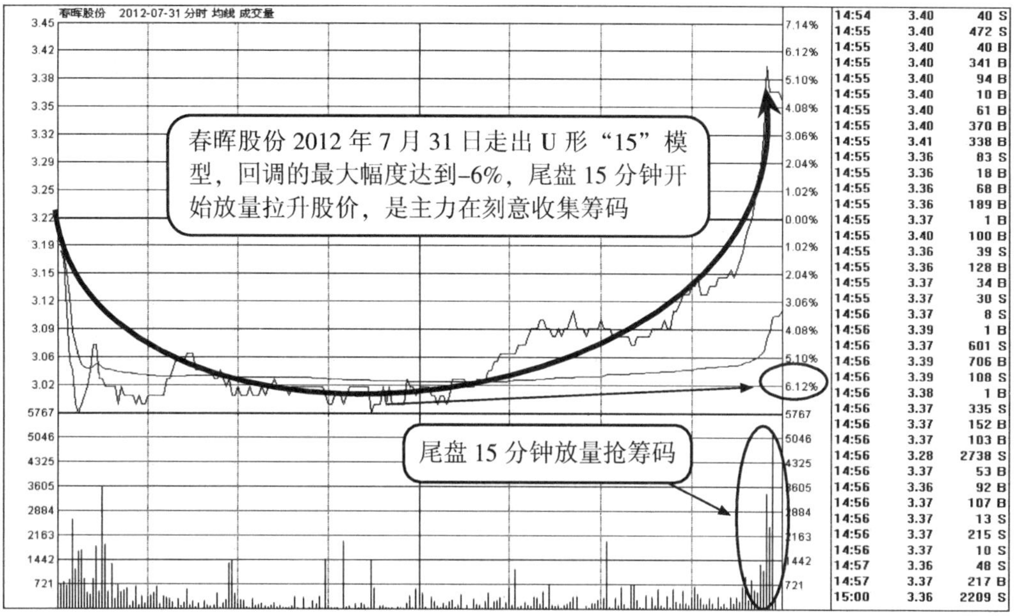
春晖股份 2012-07-31 分时 均线 成交量
春晖股份 2012 年 7 月 31 日走出 U 形“15”模型，回调的最大幅度达到-6%，尾盘 15 分钟开始放量拉升股价，是主力在刻意收集筹码
尾盘 15 分钟放量抢筹码

图 3 -5

之后该股的行情表现非常好，见图 3 -6。

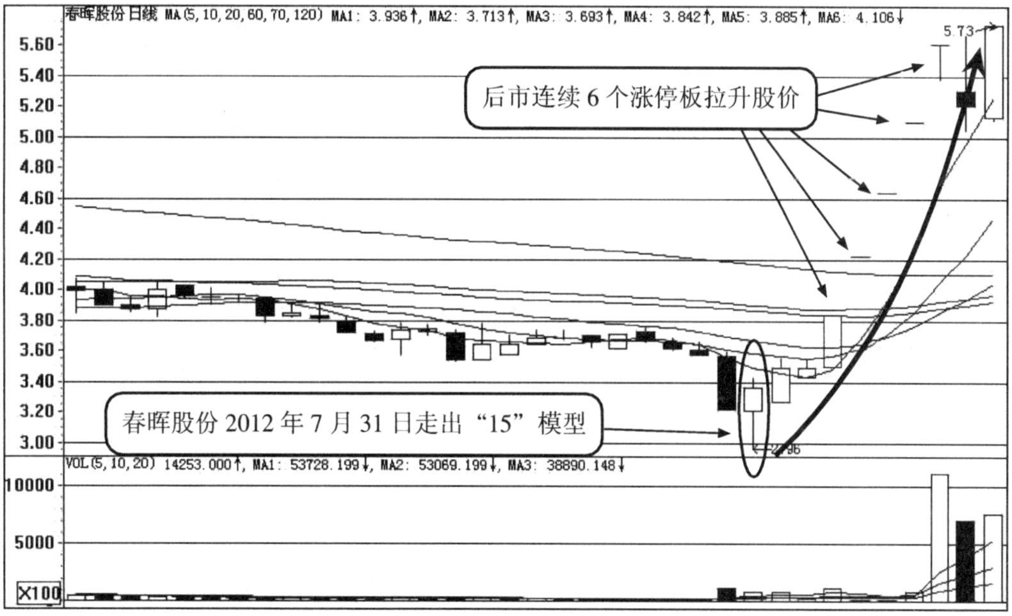
春晖股份 日线 MA(5,10,20,60,70,120) MA1: 3.936↑, MA2: 3.713↑, MA3: 3.693↑, MA4: 3.842↑, MA5: 3.885↑, MA6: 4.106↓
后市连续 6 个涨停板拉升股价
春晖股份 2012 年 7 月 31 日走出“15”模型
VOL(5,10,20) 14253.000↑, MA1: 53728.199↓, MA2: 53069.199↓, MA3: 38890.148↓

图 3 -6

如图 3 -6 所示，2012 年 7 月 31 日，春晖股份走出“15”模型后连续 6 天涨停板。

（3）多在收市前15分钟附近出现此特殊模型（下午14点15分开始也有这样的模型）。

股票“15”模型发生的时间多在收盘前15分钟，个别的股票也会提前。时间把控上我们也可以把监控时间提前至14点15分开始。

以中钢吉炭（000928）2011年1月28日为例，见图3－7。

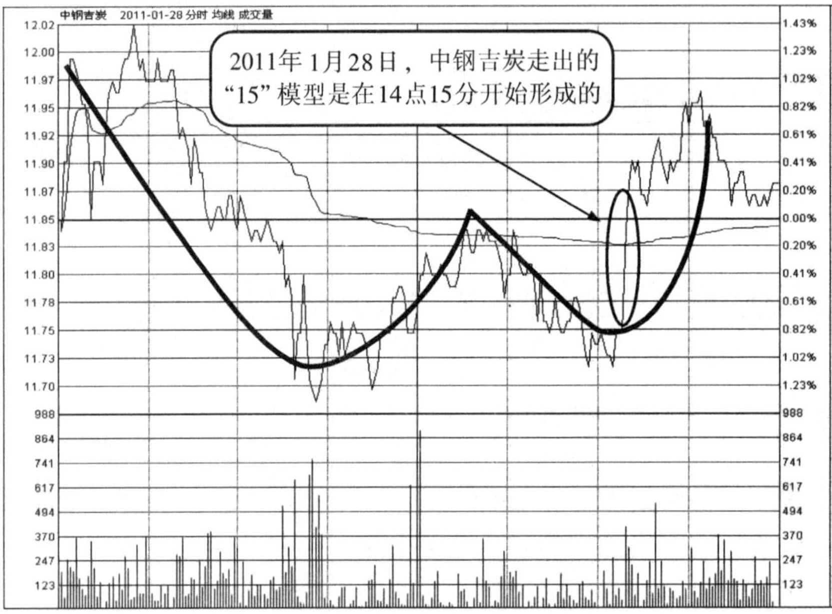
中钢吉炭 2011-01-28 分时 均线 成交量
2011年1月28日，中钢吉炭走出的
“15”模型是在14点15分开始形成的

14:52	11.86	10 S
14:52	11.86	5 S
14:52	11.87	20 B
14:52	11.86	27 S
14:52	11.86	13 B
14:52	11.86	1 S
14:52	11.86	5 S
14:52	11.86	32 S
14:53	11.86	37 S
14:53	11.86	33 S
14:53	11.86	3 B
14:53	11.86	3 B
14:53	11.86	15 B
14:53	11.86	14 B
14:53	11.85	16 S
14:53	11.86	9 B
14:53	11.86	10 S
14:54	11.87	5 B
14:54	11.87	5 B
14:54	11.86	17 S
14:54	11.86	1 S
14:54	11.87	58 B
14:54	11.87	22 S
14:54	11.87	2 S
14:55	11.88	118 B
14:55	11.86	6 S
14:55	11.86	1 S
14:55	11.86	1 S
14:55	11.86	29 S
14:56	11.86	51 S
14:56	11.86	25 S
14:56	11.87	10 B
14:56	11.88	10 B
14:56	11.87	110 S
14:56	11.88	5 B
14:56	11.87	20 S
14:57	11.88	30 S
15:00	11.88	423 S

图3－7

（4）当天收盘上涨的幅度最好不要超过2.5%，分时图上打压幅度和收盘前突破收盘价上涨幅度最好相同或者相当。

当天收盘上涨的幅度很重要。因为“15”模型是在大盘走熊、熊市格局下的产物，一旦收盘的涨幅过高，超过2.5%甚至更高，该股就会出现在涨幅榜前列，势必引起很多散户的关注，从而引来大量的跟风盘，这对主力的操作极为不利。

很多时候我们发现股票价格调整的幅度和拉高的幅度相当或者相同，这个现象很有意思，难道真的是市场行为造成的？笔者认为非也。这正是主力在盘中的操作使然，因为主力操作股票的任何阶段都是做好操盘计划的，调整到哪里、拉升到哪里，都是按计划执行的。我们还是以东方金钰（600086）为例，见图3－8。

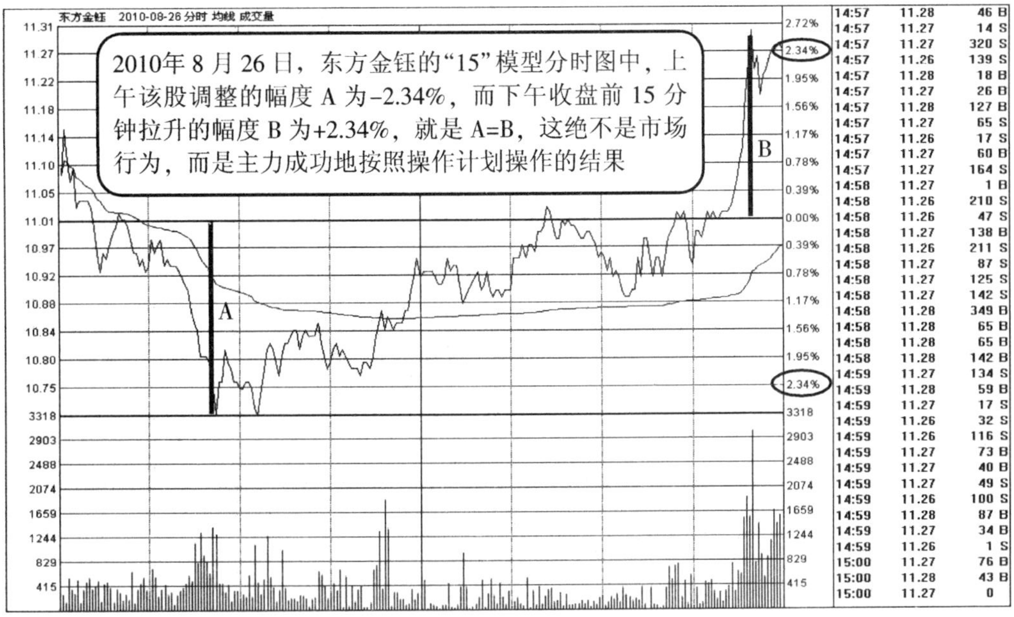
东方金钰 2010-08-26 分时 均线 成交量
2010年8月26日，东方金钰的“15”模型分时图中，上午该股调整的幅度A为-2.34%，而下午收盘前15分钟拉升的幅度B为+2.34%，就是A=B，这绝不是市场行为，而是主力成功地按照操作计划操作的结果
A
B

图3-8

（5）收盘前放量。15分钟累计的量峰是全天最大的。每分钟最大成交量分别是：中盘股5亿~7亿流通盘，100万股以上；5亿以下流通盘，15万股以上；2亿以下流通盘，8万股以上。每分钟成交笔数分别是：中盘股5亿~7亿流通盘，不少于18笔；5亿以下流通盘，不少于12笔。如图3-9所示。

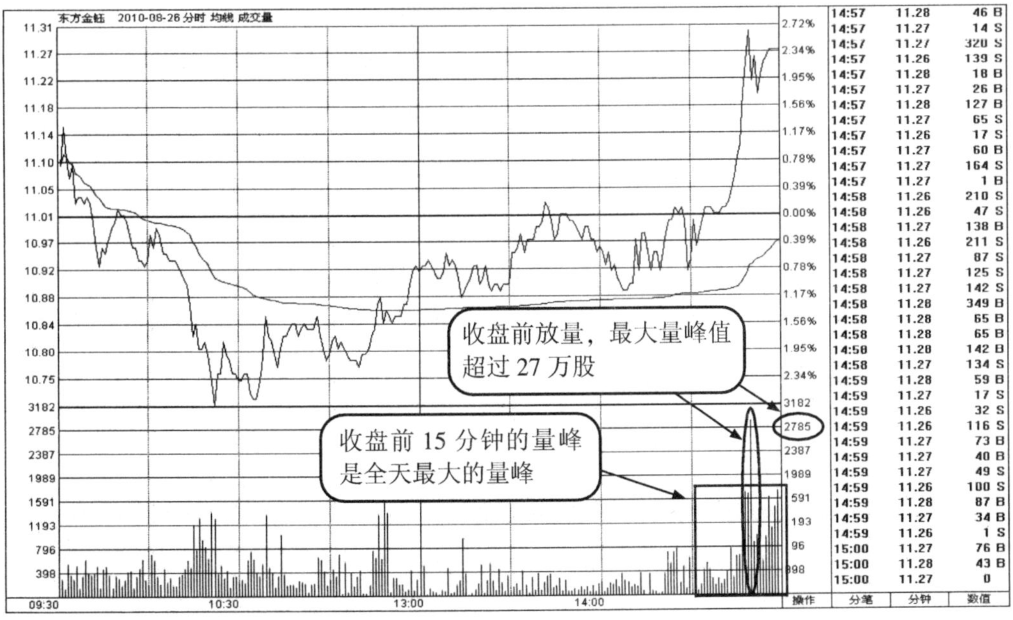
东方金钰 2010-08-26 分时 均线 成交量
收盘前放量，最大量峰值超过27万股
收盘前15分钟的量峰是全天最大的量峰
09:30
10:30
13:00
14:00

图3-9

该股尾盘放量时的最大量峰值超过 27 万股，符合“15”模型的第五个条件。

（6）当日的分时图中盘口挂单情况如图 3 - 10 所示。

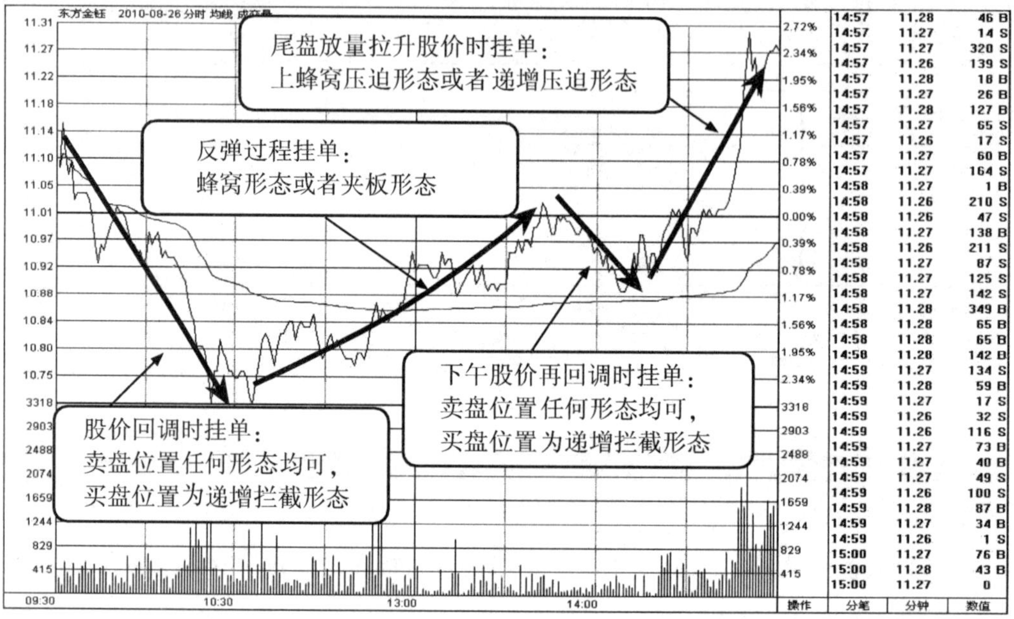
尾盘放量拉升股价时挂单：
上蜂窝压迫形态或者递增压迫形态
反弹过程挂单：
蜂窝形态或者夹板形态
下午股价再回调时挂单：
卖盘位置任何形态均可，
买盘位置为递增拦截形态
股价回调时挂单：
卖盘位置任何形态均可，
买盘位置为递增拦截形态

图 3 - 10

补充一点：收盘前 15 分钟急速拉升股价的时候，不能只看卖盘的挂单，也要看买盘的挂单，一般这个时候会出现递减拦截形态挂单。

图 3 - 10 告诉我们：2010 年 8 月 26 日东方金钰的“15”模型走势，实际上是主力全天都在建仓买股票，只不过主力是采取了 4 个步骤：①打压建仓；②拉高吸货；③再打压建仓；④收盘前放量扫盘抢筹码建仓。

笔者在上一章讲述了挂单的各种形式，而在“15”模型的打压和拉升、再打压、尾盘放量拉升的各个阶段的挂单是不完全一样的。图 3 - 10 中笔者给出的挂单形式很重要，因为只有这样的挂单主力才能达到最佳操盘效果，希望朋友们给予重视并掌握。以下我们再以个股在盘中的挂单特征做详细讲述。

以春晖股份（000976）为例，如图 3 - 11 所示。

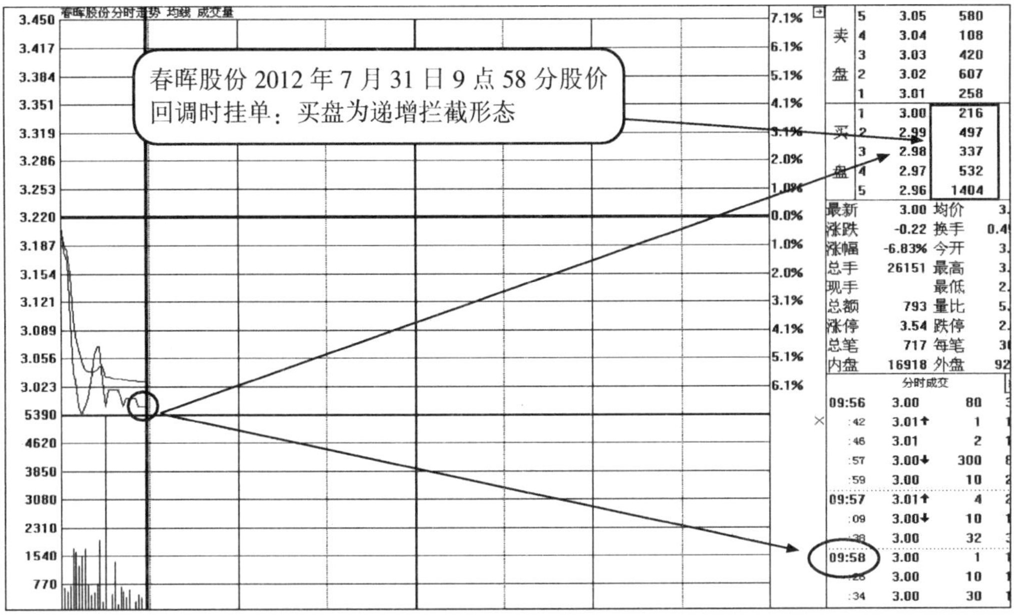
春晖股份分时走势 均线 成交量
春晖股份 2012 年 7 月 31 日 9 点 58 分股价回调时挂单：买盘为递增拦截形态

图 3－11

图 3－11 显示，9 点 58 分股价打压时的挂单是递增拦截形态的挂单，符合“15”模型打压过程的挂单要求。13 点 26 分的挂单情况如图 3－12 所示。

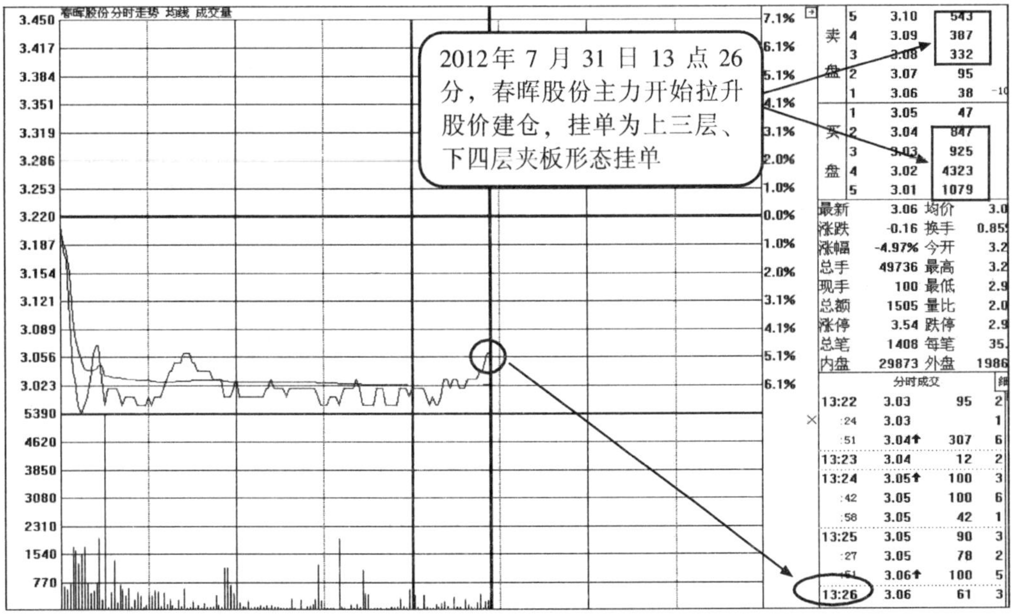
春晖股份分时走势 均线 成交量
2012 年 7 月 31 日 13 点 26 分，春晖股份主力开始拉升股价建仓，挂单为上三层、下四层夹板形态挂单

图 3－12

图 3－12 显示，13 点 26 分股价刚刚拉起时的挂单是上三层、下四层的夹板形态挂单，也符合“15”模型在股价拉升过程的挂单条件要求。

13 点 36 分股价拉升时挂单情况如图 3－13 所示。

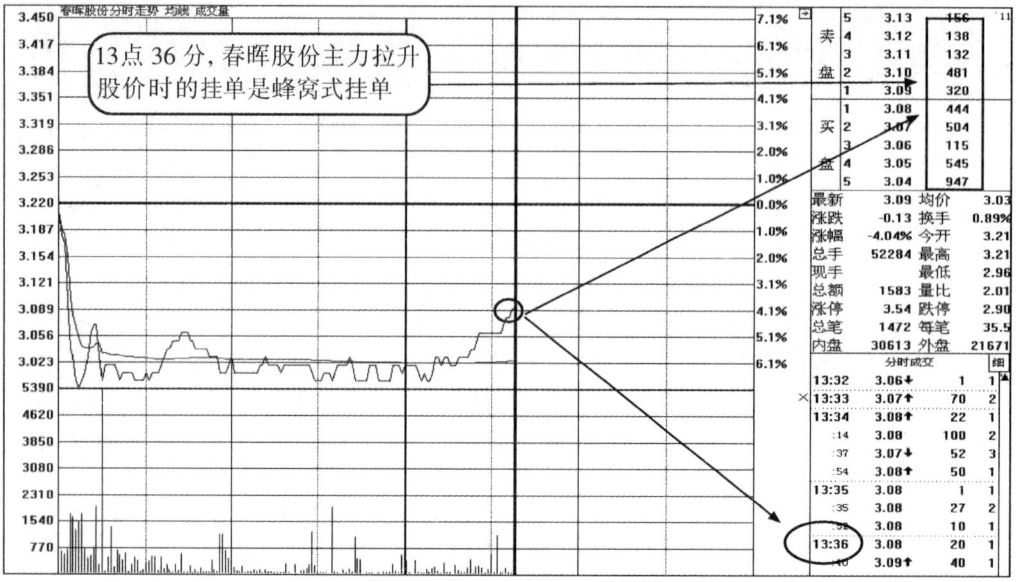

图 3－13

图 3－13 显示，13 点 36 分又出现了蜂窝式挂单，此时也符合“15”模型拉升股价过程的挂单条件要求。

14 点 07 分的挂单情况如图 3－14 所示。

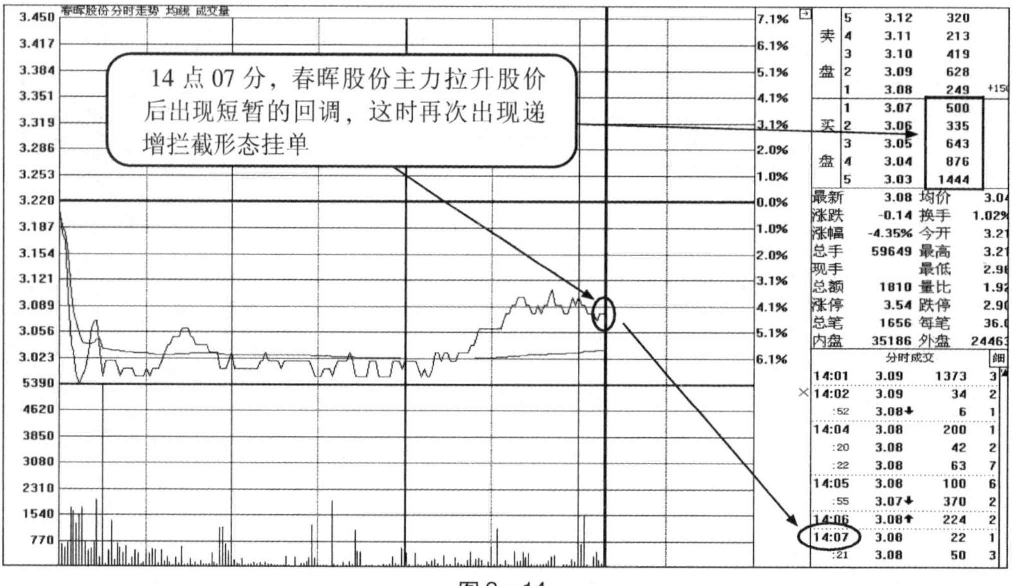

图 3－14

图 3－14 显示，14 点 07 分股价在回调时出现递增拦截形态挂单，符合股价在下午回调过程中的挂单条件要求。

尾盘主力放量拉升股价抢筹码，14 点 55 分的挂单见图 3 －15。

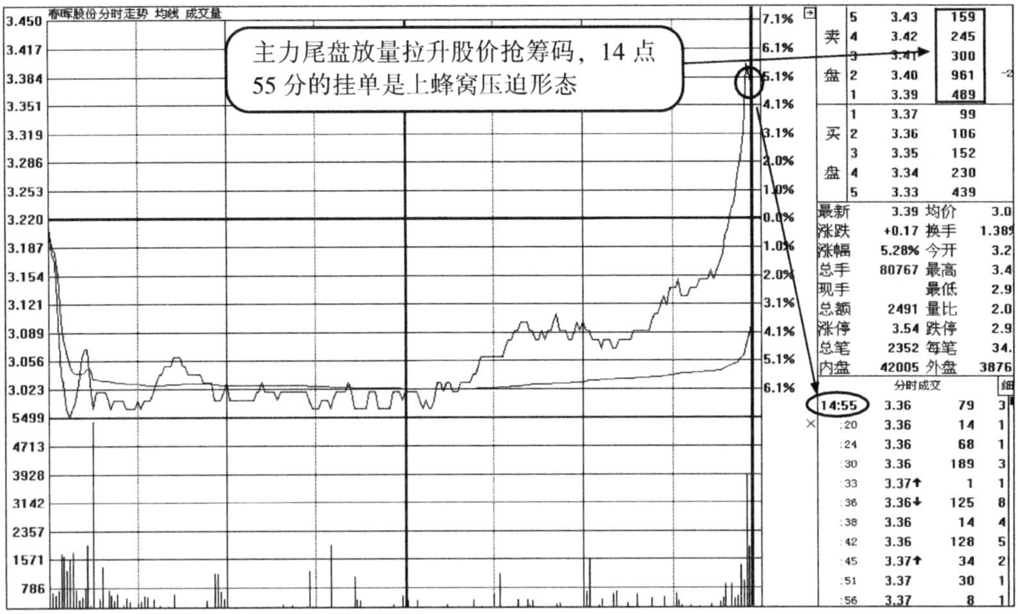
春晖股份分时走势 均线 成交量
主力尾盘放量拉升股价抢筹码，14 点 55 分的挂单是上蜂窝压迫形态
14:55

图 3 －15

图 3 －15 告诉我们，收盘前的 14 点 55 分股价放量上涨，挂单是上蜂窝压迫形态，符合“15”模型尾盘拉升时的挂单条件要求。

14 点 56 分的挂单情况见图 3 －16。

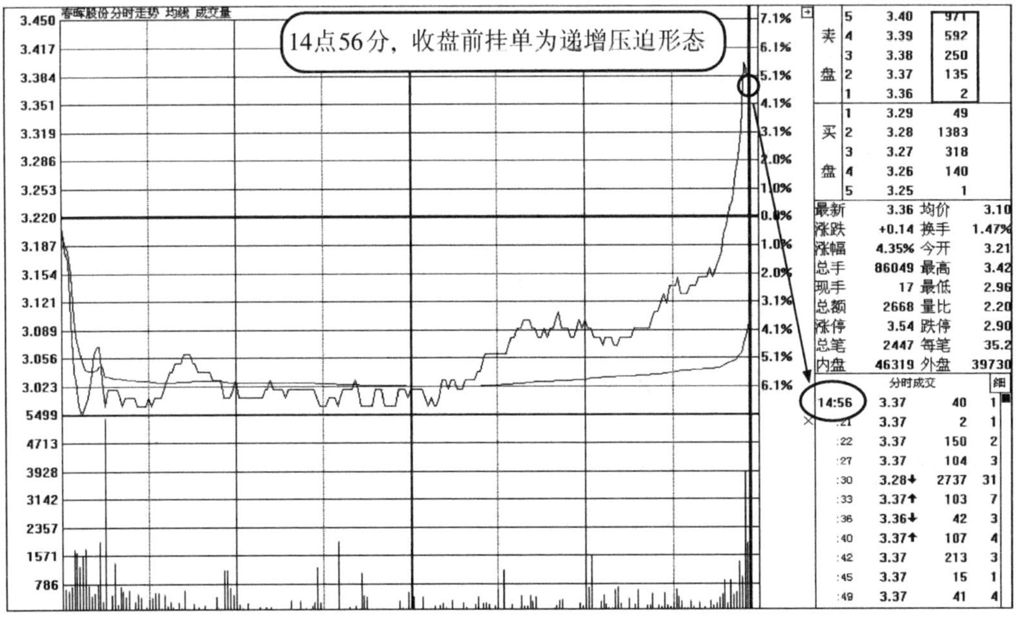
春晖股份分时走势 均线 成交量
14点56分，收盘前挂单为递增压迫形态
14:56

图 3 －16

图3－16显示，收盘前放量拉升股价出现递增压迫形态挂单，符合"15"模型收盘前的挂单条件要求。

综合来看，"15"模型的股票在盘中只要对应好挂单条件，我们是不难找到熊市中主力在操作的好股票的。

（7）收盘前15分钟放量拉升股价的时候，如果买盘位置出现递减拦截形态挂单，盘口中买盘总量则要大于卖盘总量的2倍，如图3－17所示。

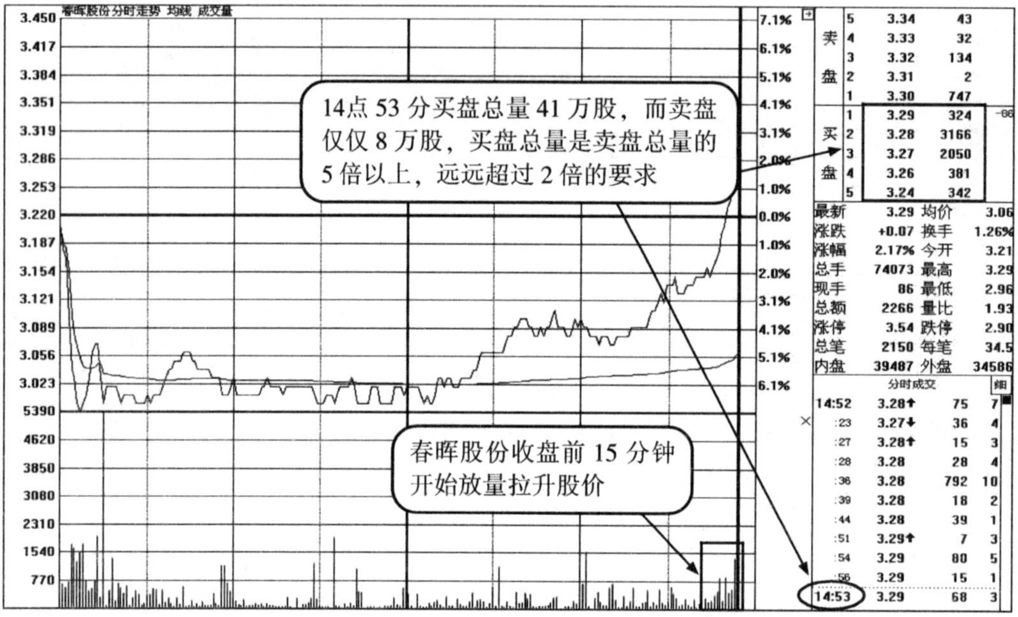

图3－17

（8）此模型适用于中小盘股，最好是盘中的热点或者长期是市场中的热点，在大盘震荡调整时使用最为准确。

熊市中主力一般会控制风险，动用的资金不会很大，所以操作的股票以中小盘为主。而且为了顺利出货，都是抓热点或者长期是市场的热点，如稀缺资源类、太阳能、节能环保、有色、国家扶植产业等。

3. 如何找符合"15"模型的股票

（1）盘中：14点15分开始，键入"80"，查看5分钟涨速的个股，一个一个看分时图，找出符合模型的股票加入自选股并对照"15"模型的每一个条件，符合了就逢低进场。

（2）收盘后：键入"60"，看涨幅榜中涨幅在0～2.5%的股票，一个一个看分时图，找出符合模型的股票加入自选股并对照“15”模型的每一个条件，符合了就逢低进场。使用这个条件的时候，笔者建议使用大智慧软件。

如果操作出现失败，止损位以盘中跌破 7 天均线为准（或者止损幅度在 3%~5%）。

7 天一般是主力在熊市中操作股票的一个周期。无论盈利还是亏损，我们应该控制好风险，跌破这个均线最好出局。

4. 股票“15”模型盘口量峰与波形的关系

对于“15”模型中量峰和分时图波形的关系，笔者认为完全有必要单独拿出来讲解，因为这个非常重要。

首先要强调的是，股票“15”模型中，股价下跌过程的量峰必须是诱空型量峰。请看案例方大炭素（600516），见图 3－18。

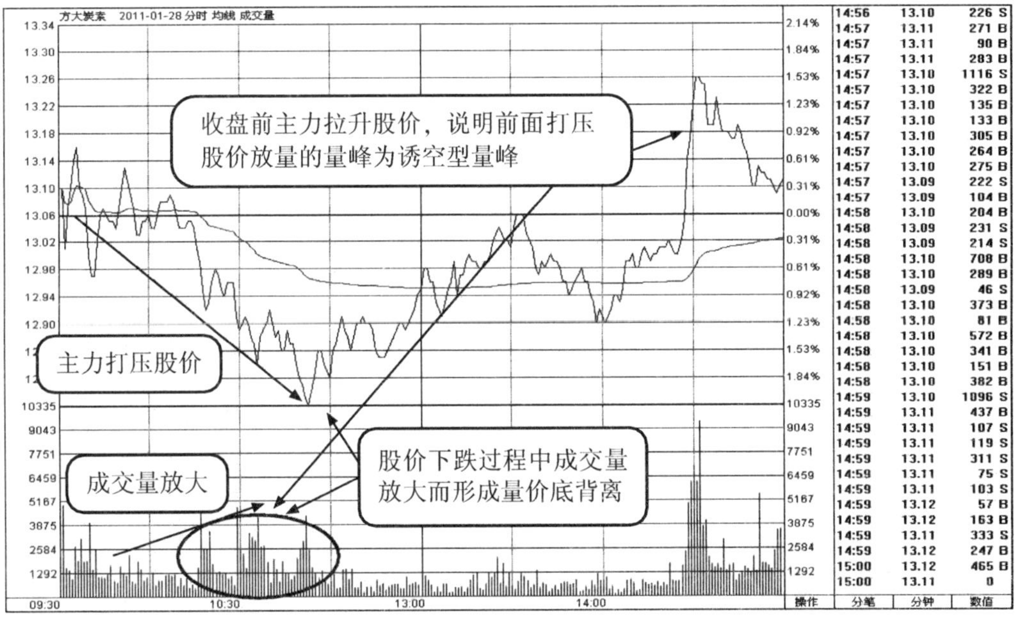
方大炭素 2011-01-28 分时 均线 成交量
收盘前主力拉升股价，说明前面打压股价放量的量峰为诱空型量峰
主力打压股价
成交量放大
股价下跌过程中成交量放大而形成量价底背离

图 3－18

如图 3－18 所示，方大炭素这一天的“15”模型出现时，早盘下跌过程的波形是震荡向下的，而量峰是逐渐放大的诱空型量峰。尾盘是放量的攻击型量峰，波形是拉升的。

接着看东方金钰（600086）2010 年 8 月 6 日“15”模型量峰与分时波形关系，见图 3－19。

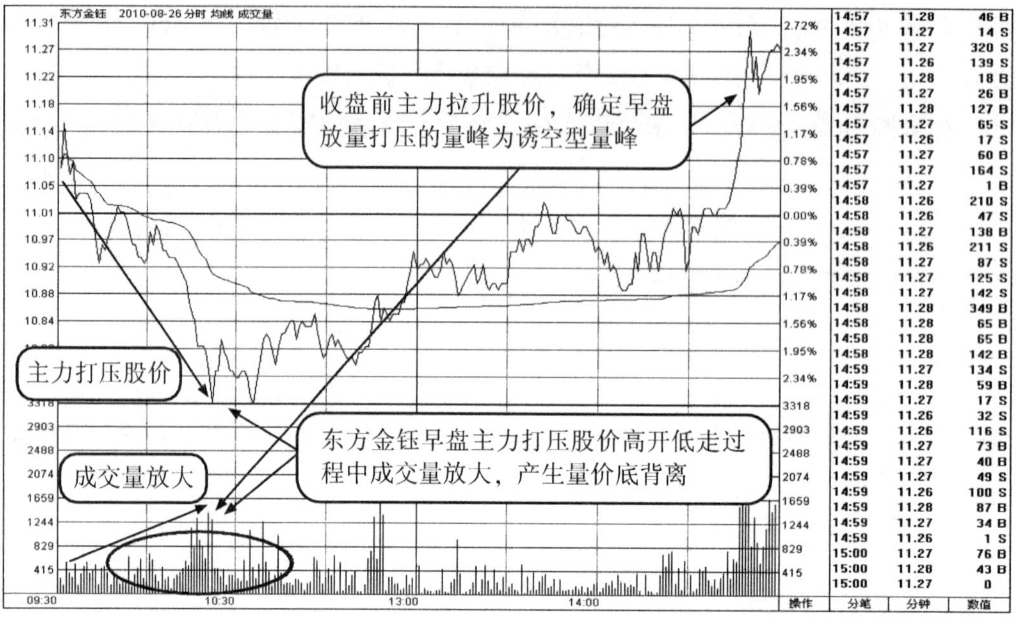
东方金钰 2010-08-26 分时 均线 成交量
收盘前主力拉升股价，确定早盘放量打压的量峰为诱空型量峰
主力打压股价
东方金钰早盘主力打压股价高开低走过程中成交量放大，产生量价底背离
成交量放大

图 3 -19

如图 3 -19 所示，东方金钰这一天的“15”模型出现时，早盘下跌过程的波形是震荡向下的，而量峰是逐渐放大的诱空型量峰。尾盘是放量的攻击型量峰，波形是拉升的。

再看春晖股份（000976）“15”模型的量峰与分时图波形的关系，见图 3 -20。

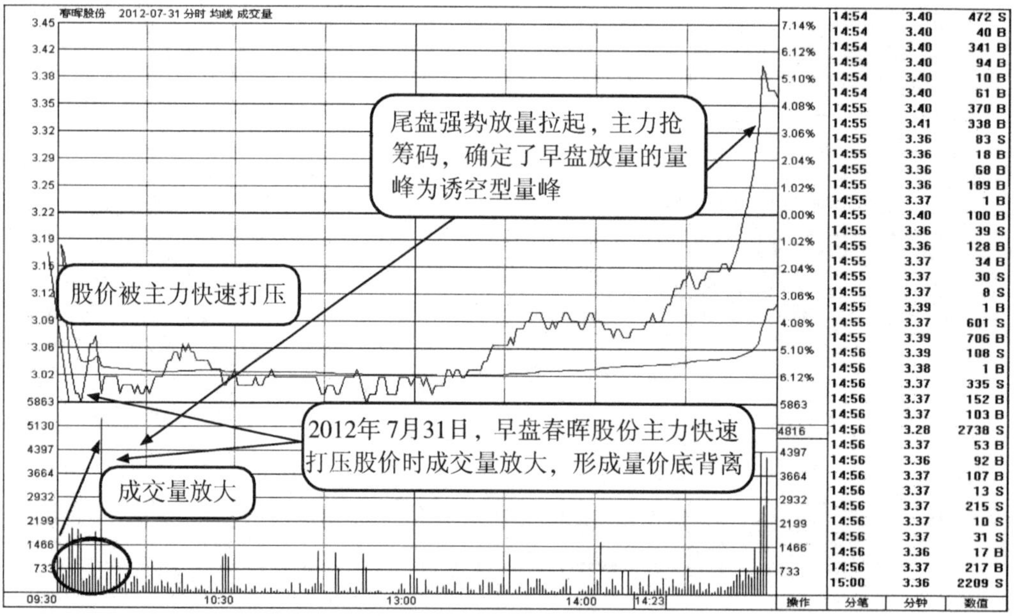
春晖股份 2012-07-31 分时 均线 成交量
尾盘强势放量拉起，主力抢筹码，确定了早盘放量的量峰为诱空型量峰
股价被主力快速打压
2012年7月31日，早盘春晖股份主力快速打压股价时成交量放大，形成量价底背离
成交量放大

图 3 -20

如图 3 -20 所示，春晖股份这一天的“15”模型出现时，早盘下跌过程的波形是震荡向下的，而量峰是逐渐放大的诱空型量峰。尾盘是放量的攻击型量峰，波形是拉升的。

继续看猛狮科技（002684）“15”模型的量峰和波形的关系，见图 3 -21。

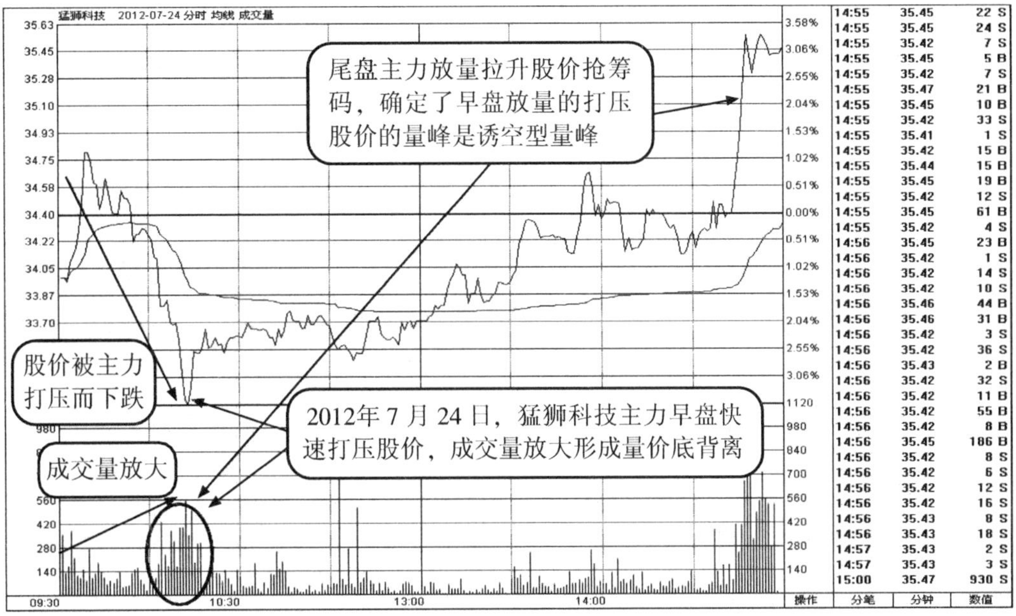

图 3 -21

如图 3 -21 所示，猛狮科技这一天的“15”模型出现时，早盘下跌过程的波形是震荡向下的，而量峰是逐渐放大的诱空型量峰。尾盘是放量的攻击型量峰，波形是拉升的。

诱空型量峰的出现是“15”模型构成条件的一个补充。正是因为这一天的股票走出“15”模型，该股后面才有如图 3 -22 的表现。

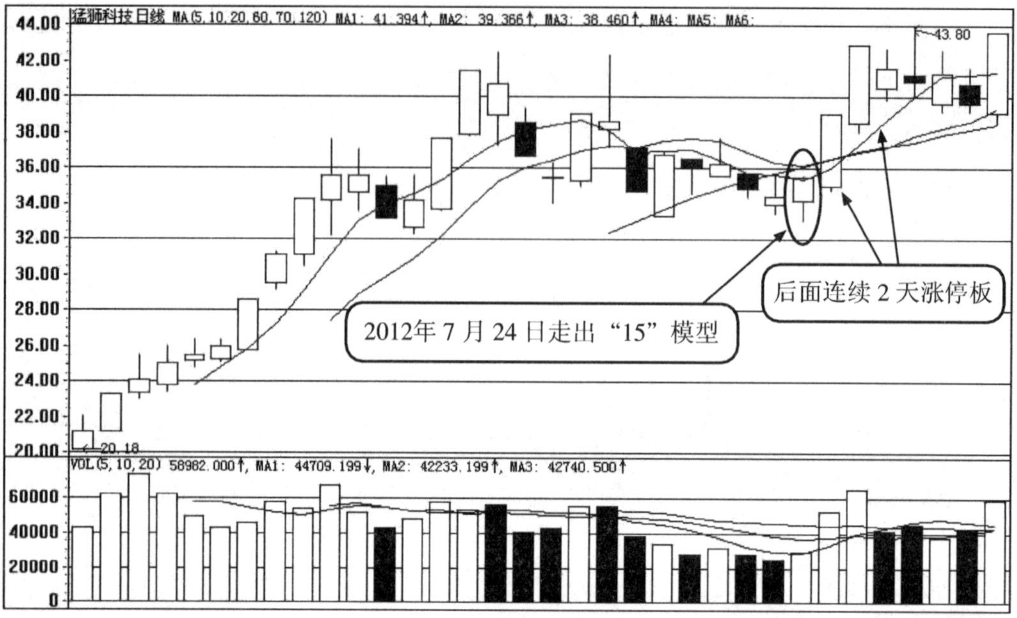

图 3－22

综上所述，股票“15”模型在打压股价时，首先出现量价底背离，之后再确定诱空型量峰。也就是说只有出现量价底背离后，股价在尾盘前拉起才能确定打压时的量峰是诱空型量峰。之后，我们才可以仔细对应其他条件来考虑逢低进场。换句话说，量价底背离后股价必须被拉起。

二、股票“15”模型战例

为了让朋友们对“15”模型进一步加深认识和了解，以下给大家列出 13 个“15”模型的战例，请大家认真阅读。

1. 上汽集团（600104）（2010 年 8 月 27 日）

图 3－23 显示，上汽集团 2010 年 8 月 27 日高开低走，主力打压股价，下午收盘前 15 分钟放量把股价拉起来，盘中回调的低点是－1.65%，拉高的高点是＋1.65%，也就是说，回调的幅度和拉升的幅度完全一样，证明了主力完全是按照操盘计划进行操作的。分时图波形形态走出一个漂亮的 U 形，是一个标准的 U 形“15”模型。

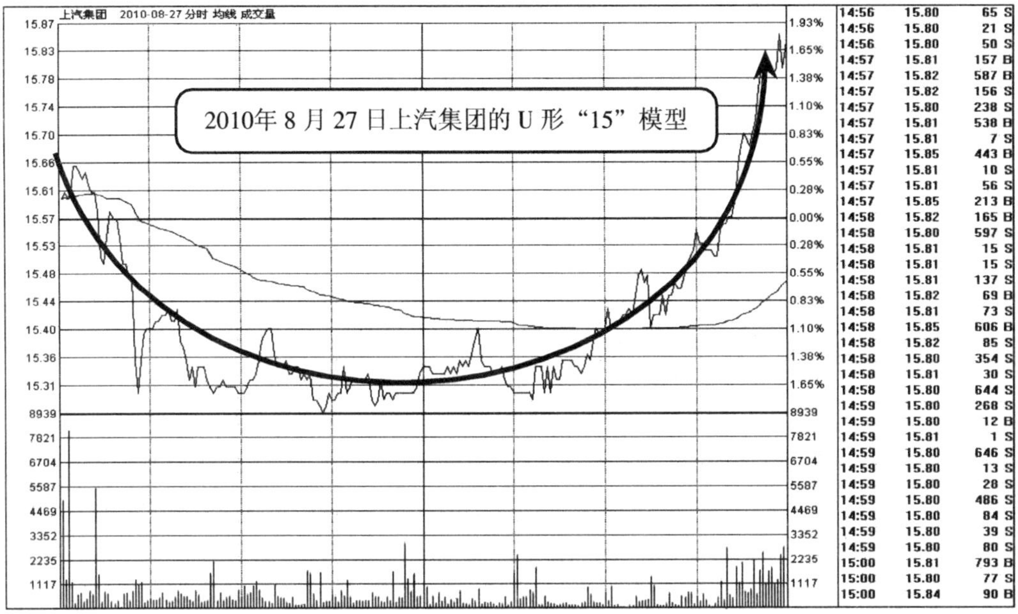

图 3 -23

该股出现“15”模型后的走势见图 3 -24。

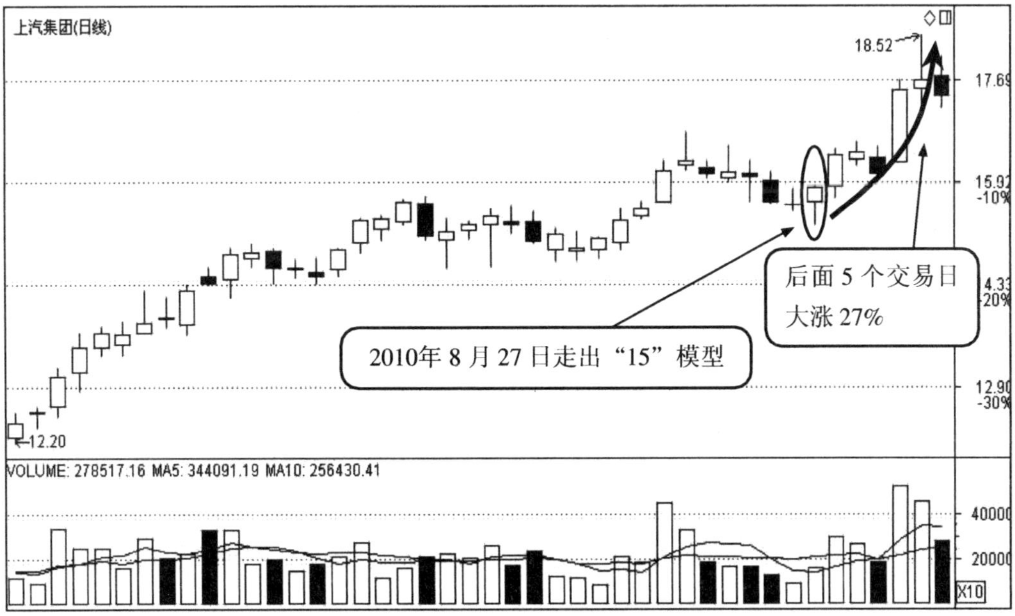

图 3 -24

图 3 -24 显示，上汽集团 2010 年 8 月 27 日走出 U 形“15”模型后，在熊市的市场环境下连续 5 个交易日股价上涨 27%。

2. 太极集团（600129）（2010 年 9 月 1 日）

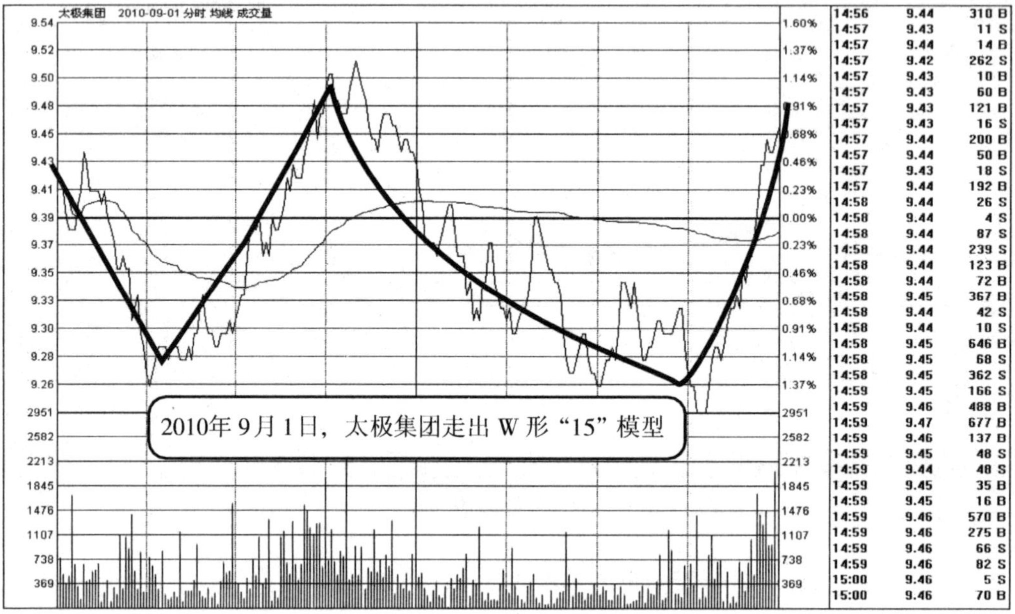

图 3－25

图 3－25 显示，2010 年 9 月 1 日，太极集团股价先是高开低走，10 点止跌开始拉升股价，11 点又打压股价，一直持续到 14 点 30 分，最后主力在收盘前 15 分钟再次放量拉升股价。盘中调整的幅度低点在－1.37%，高点在＋1.37%，调整幅度和拉高幅度相同，说明主力完全是按照操盘计划进行操作的。全天走出漂亮的 W 形“15”模型。

该股出现“15”模型后的走势见图 3－26。

图 3－26 显示，太极集团 2010 年 9 月 1 日走出 W 形“15”模型后连续两天拉涨停板，在后面的 5 个交易日又创了 11.93 元的新高。

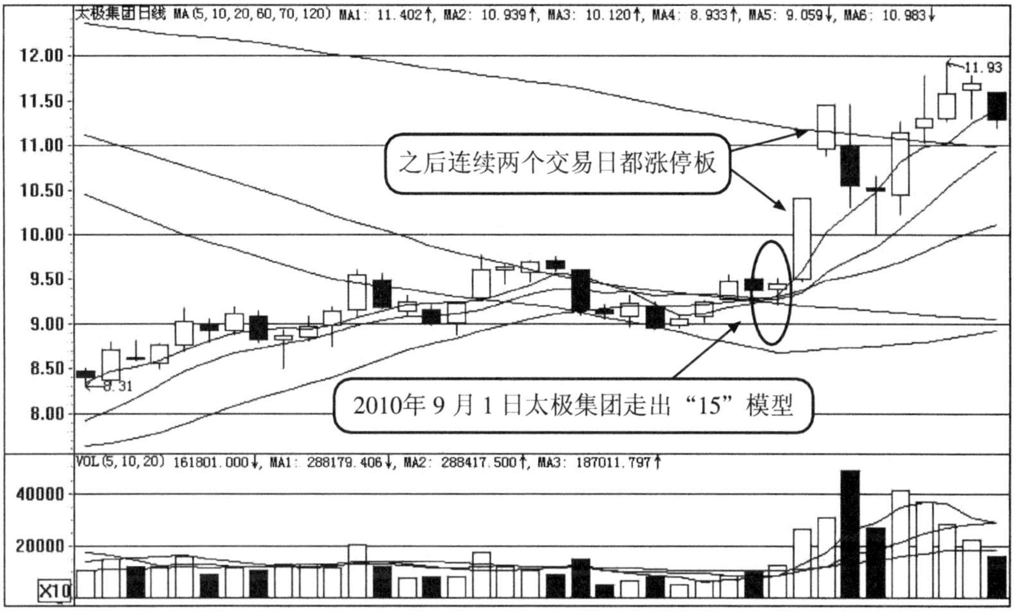

图 3 -26

3. 中钢吉炭（000928）（2011 年 1 月 28 日）

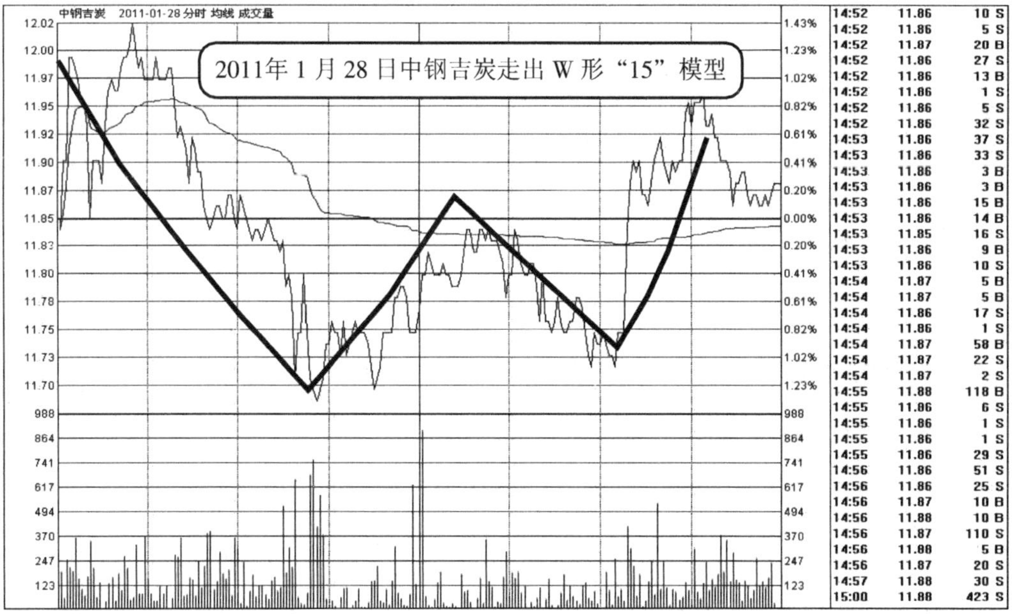

图 3 -27

图 3 -27 显示，中钢吉炭 2011 年 1 月 28 日走出 W 形“15”模型，拉升的时间是提前在 14 点 15 分开始的，说明主力已经等不及到收盘前 15 分钟进行了，可见主

力抢筹码的意图很强烈。

该股出现“15”模型后的走势见图3－28。

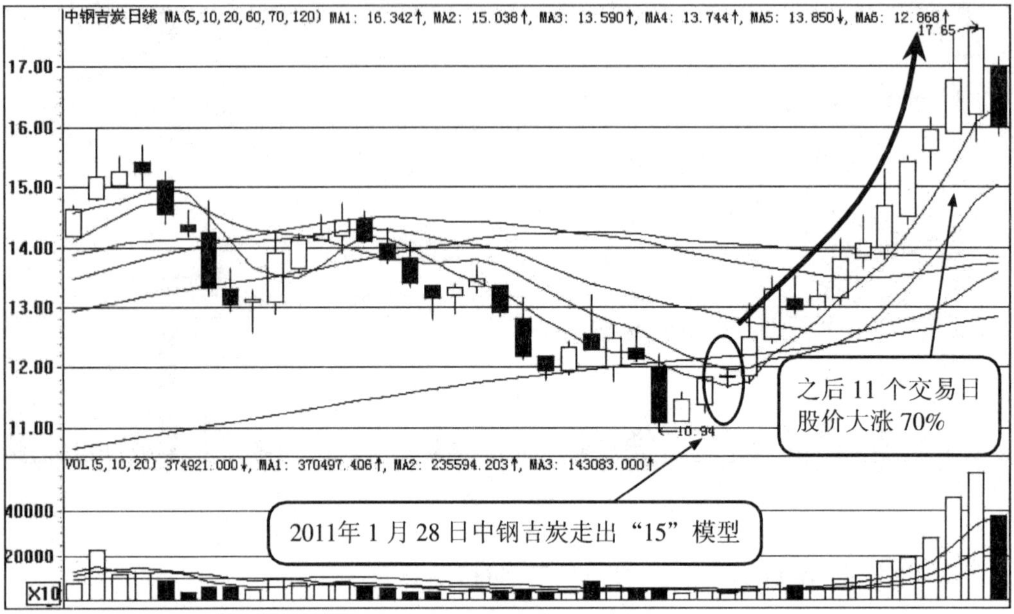

图3－28

图3－28显示，中钢吉炭在前面收出两根缩量的小阳线后，2011年1月28日走出W形“15”模型，其后的11个交易日连续拉阳线，走势非常强劲，大涨70%。

4. 方大炭素（600516）（2011年1月28日）

图3－29显示，方大炭素2011年1月28日高开震荡后快速打压股价进行建仓，11点左右拉升股价吸货，13点30分再次打压股价建仓，收盘前在14点30分左右又放量拉升股价。全天调整的低点在－1.53%附近，拉高的高位在＋1.53%，调整的幅度和拉高的幅度相近，主力成功地完成了前日的操盘计划，走出一个漂亮的W形“15”模型。

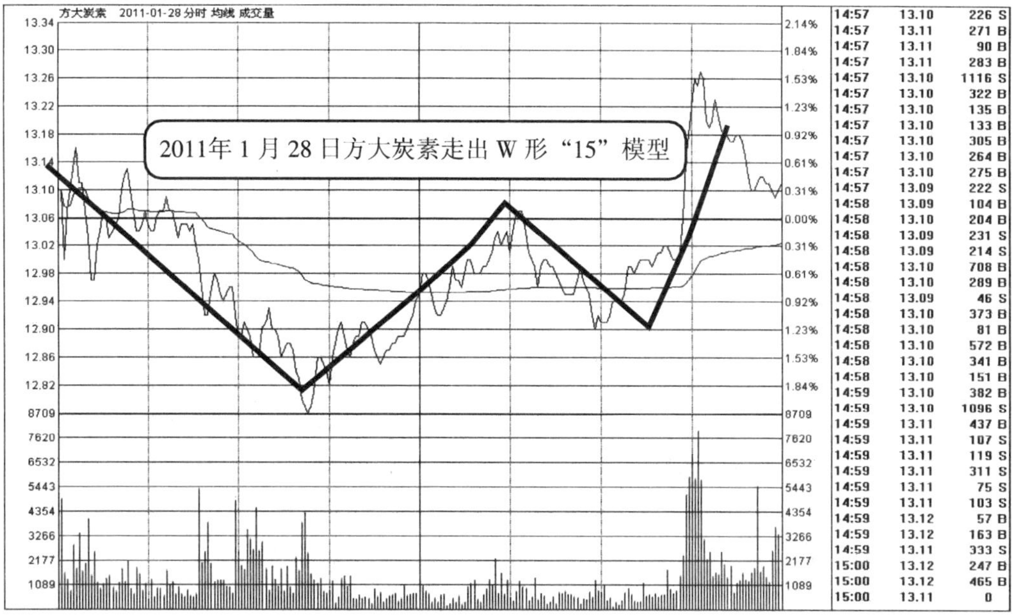

图3－29

该股出现“15”模型后的走势见图3－30。

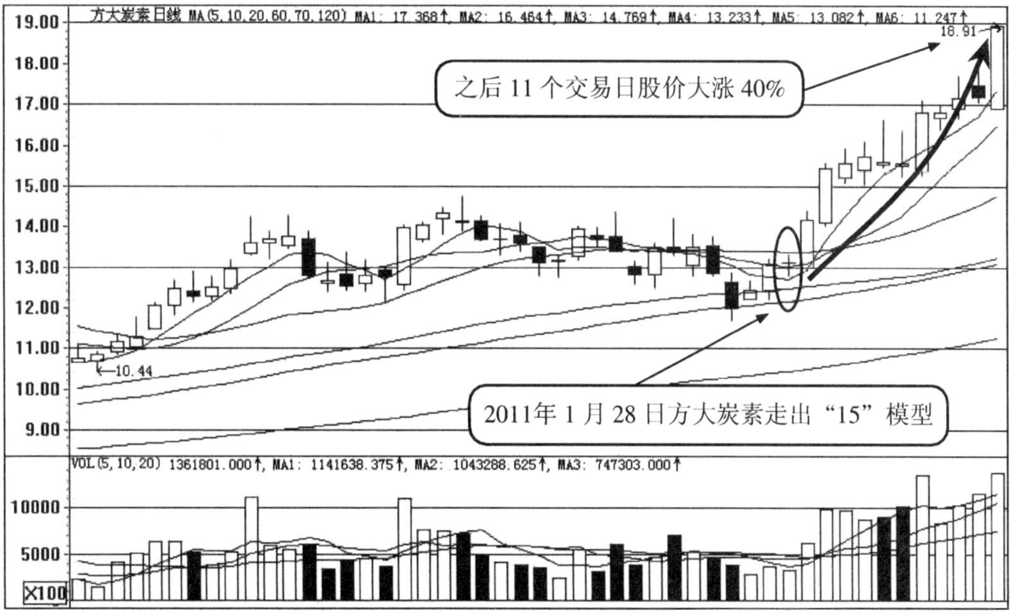

图3－30

图3－30显示，方大炭素前两天收出两根小阳线后，1月28日走出W形“15”模型，在之后的11个交易日股价上涨40%。

5. 东方金钰（600086）（2010年8月26日）

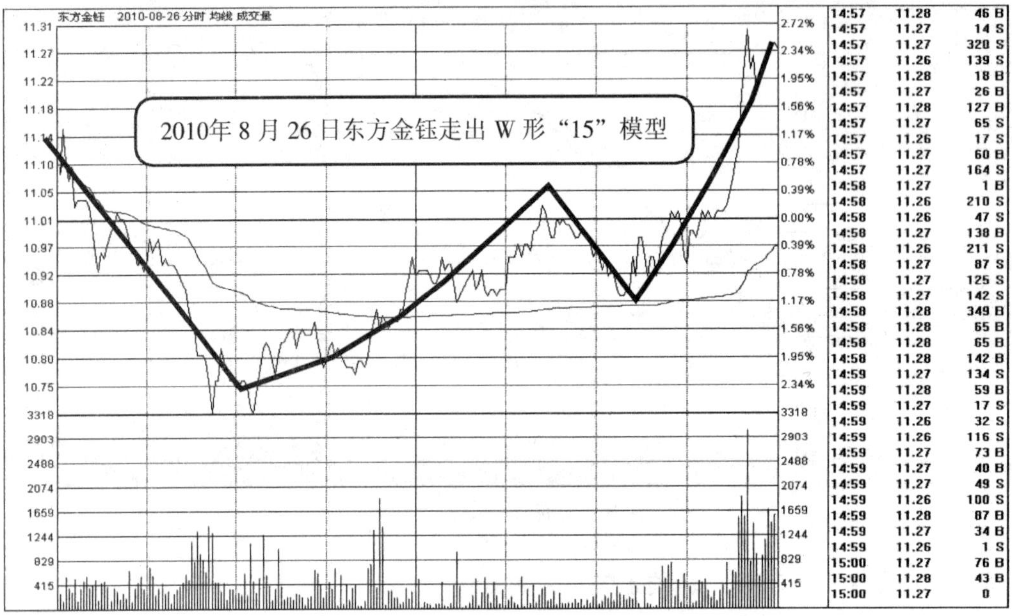

图3-31

图3-31显示，2010年8月26日，东方金钰主力先高开低走打压股价建仓，到10点30分开始拉高股价继续吸货，在13点45分再次打压股价吸货，到收盘前15分钟开始放量拉升吸货，使得股价快速上涨。全天调整的低点在-2.34%，高位在+2.34%，调整幅度和拉高的幅度相同，主力成功地完成了操盘计划，走出W形“15”模型。

该股出现“15”模型后的走势见图3-32。

图3-32告诉我们，这一天的“15”模型决定了主力的操作效果：两个多月股价大涨近200%。

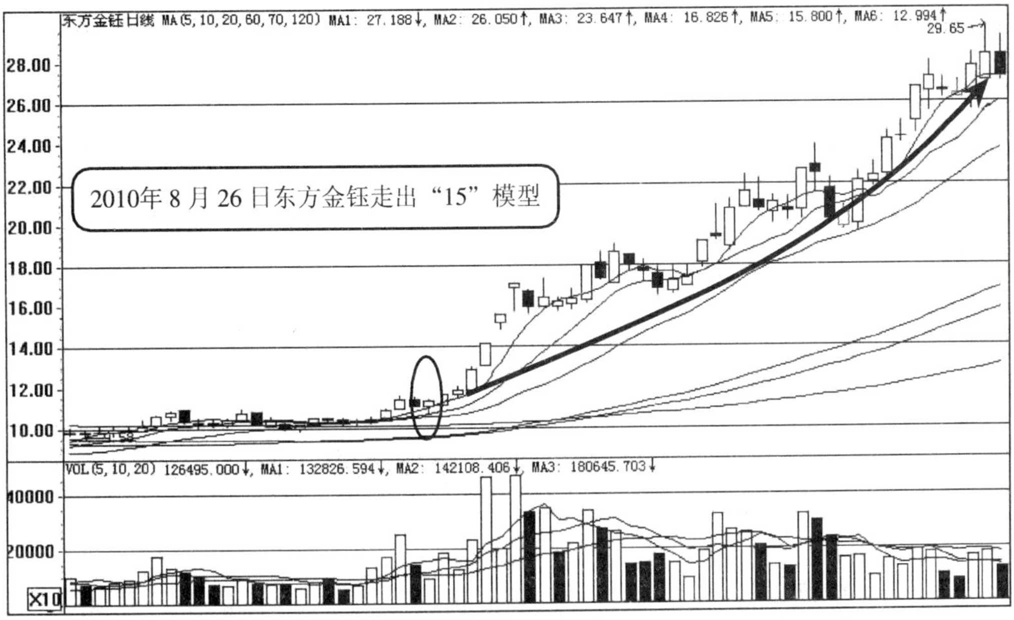

图3－32

6. 北矿磁材（600980）（2011年1月31日）

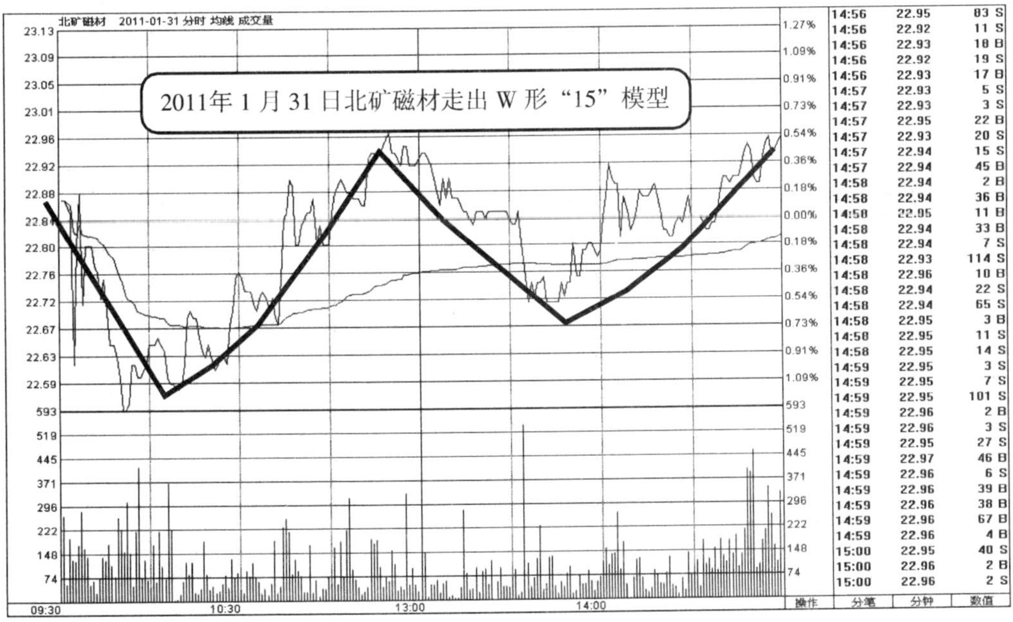

图3－33

图3－33显示，2011年1月31日，北矿磁材主力开盘打压股价建仓，10点左右主力拉升股价继续吸货，下午开盘主力再次打压股价建仓，到收盘前15分钟主力开始大手笔放量拉升吸货。全天走出W形“15”模型。

该股出现“15”模型后的走势见图 3－34。

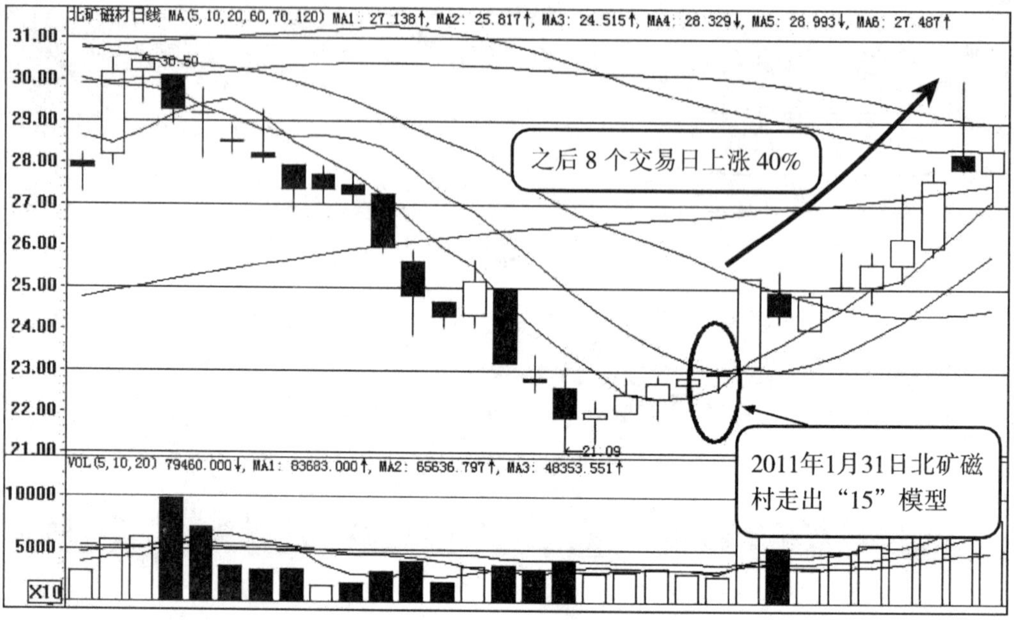

图 3－34

图 3－34 显示，该股走出“15”模型后的第二天就拉出一个涨停板，随后的 8 个交易日股价继续上涨，涨幅接近 40%。

7. 猛狮科技（002684）（2012 年 7 月 24 日）

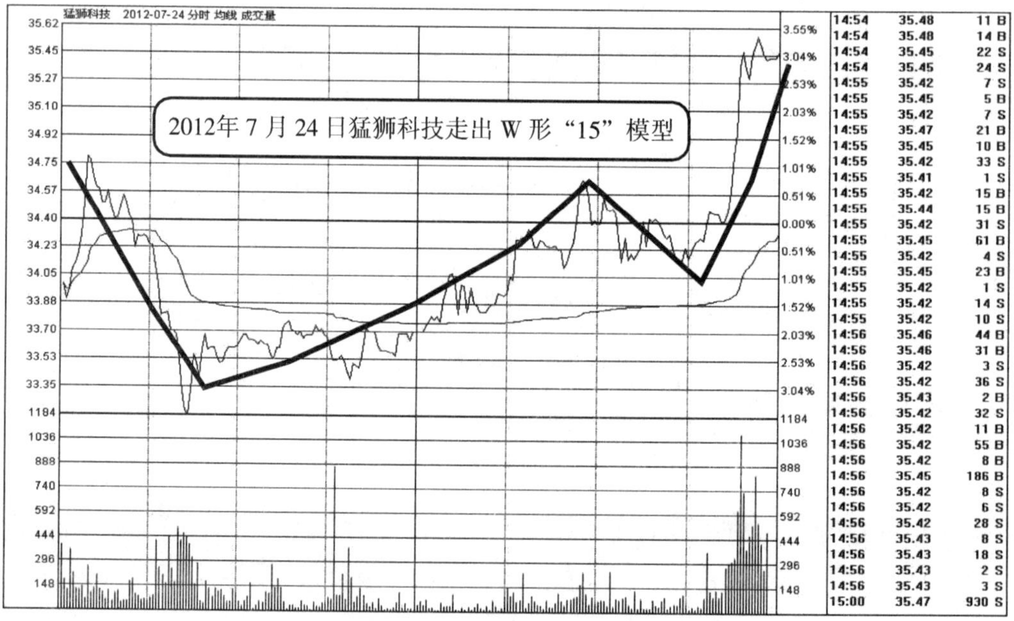

图 3－35

图3－35告诉我们：2012年7月24日，猛狮科技主力开盘后放量快速打压股价建仓，10点30分左右开始拉升股价吸货，到14点左右再次打压股价建仓，收盘前15分钟放量大手笔吸货，股价上涨。全天调整的低点在－3.06%，拉高的高位在＋3.06%，也就是调整的幅度和拉高的幅度相同，走出漂亮的W形“15”模型。

该股出现“15”模型后的走势见图3－36。

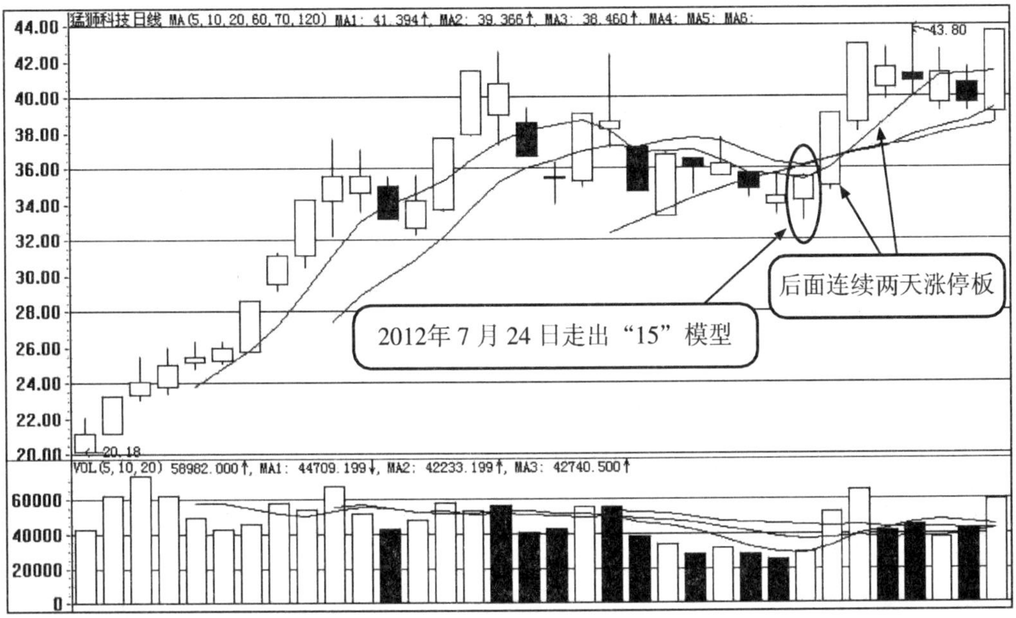

图3－36

图3－36显示，猛狮科技走出“15”模型后连续两天涨停板，短线盈利效果明显。

8. 春晖股份（000976）（2012年7月31日）

如图3－37所示，2012年7月31日，春晖股份主力开盘快速放量打压股价建仓，到下午收盘前15分钟再次放量拉升股价吸货，全天调整的低点在－6%，拉高的高点在＋5.1%，调整的幅度和拉高的幅度相当，走出U形“15”模型。

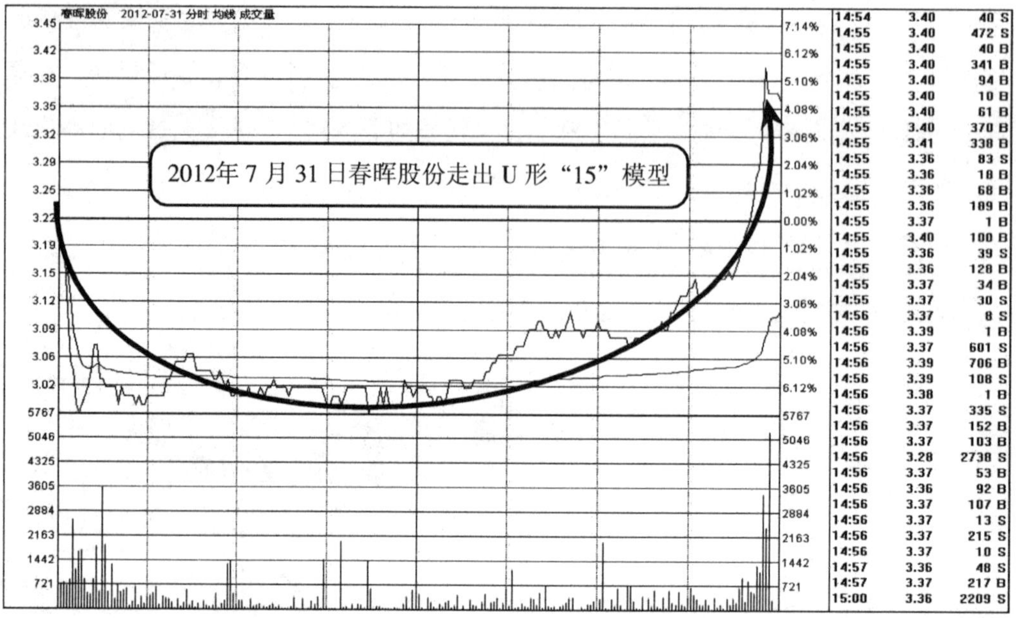

图3－37

该股出现“15”模型后的走势见图3－38。

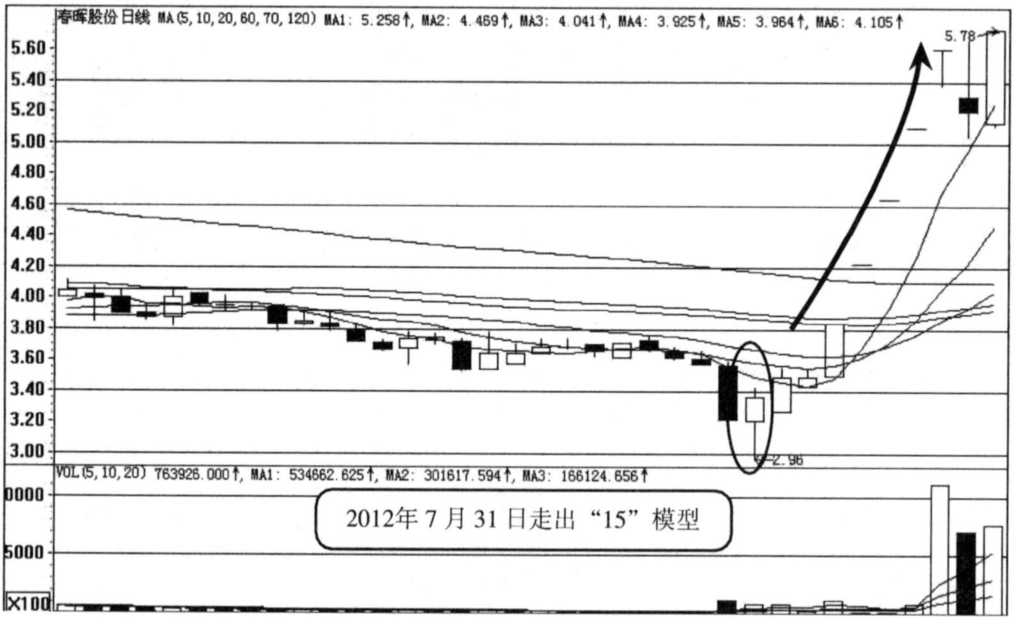

图3－38

图 3 - 38 告诉我们：春晖股份 2012 年 7 月 31 日走出 U 形“15”模型后，以连续 7 个交易日有 6 个涨停板的形式大涨。

9. 上汽集团（600104）（2011 年 1 月 26 日）

图 3 - 39 显示，2011 年 1 月 26 日，上汽集团主力开盘先是用高开低走来控制股价建仓，11 点拉高股价吸货，13 点 30 分再次打压股价建仓，收盘前 15 分钟放量大手笔吸货，使得股价上涨，全天走出 W 形“15”模型。

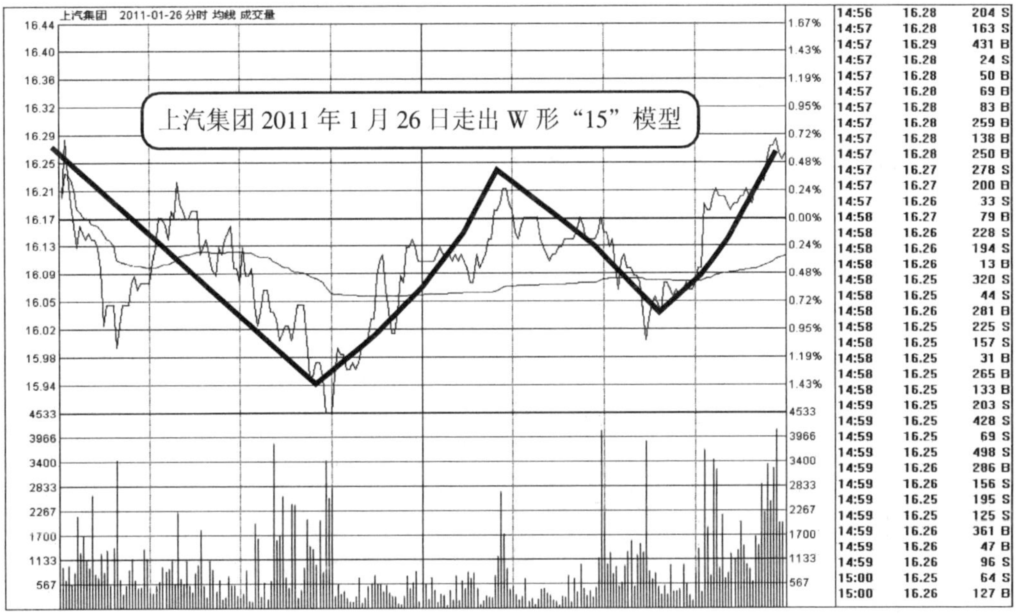

图 3 - 39

该股出现“15”模型后的走势见图 3 - 40。

图 3 - 40 告诉我们：这个“15”模型走出之后，上汽集团主力在熊市中操作不温不火，11 个交易日上涨 20%。

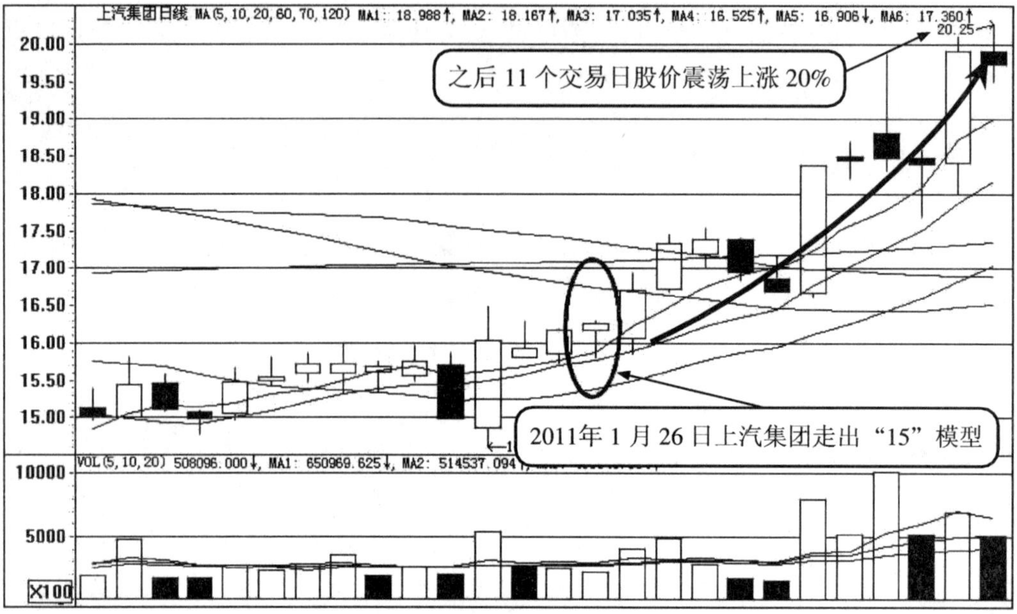

图 3-40

10. 神开股份（002278）（2012 年 8 月 3 日）

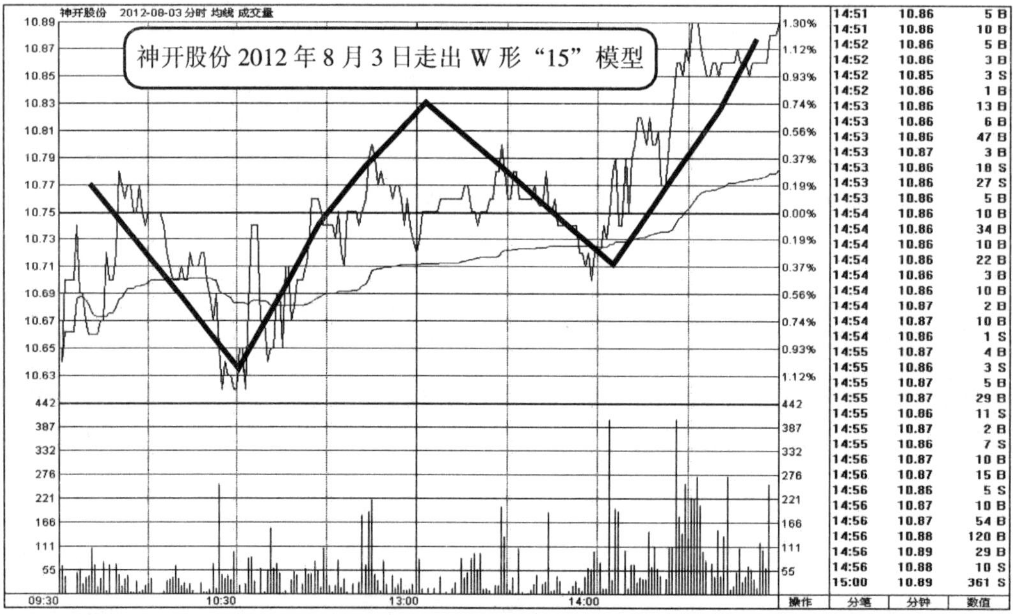

图 3-41

图 3-41 显示，2012 年 8 月 3 日，神开股份主力开盘先打压股价建仓，10 点 30

分拉高股价吸货，之后再次打压股价建仓，到 14 点 15 分又放量大手笔吸货，使得股价上涨。全天调整的低点在 -1.12%，拉高的高点在 +1.3%，调整的幅度和拉高的幅度相当，走出 W 形“15”模型。

该股出现“15”模型后的走势见图 3-42。

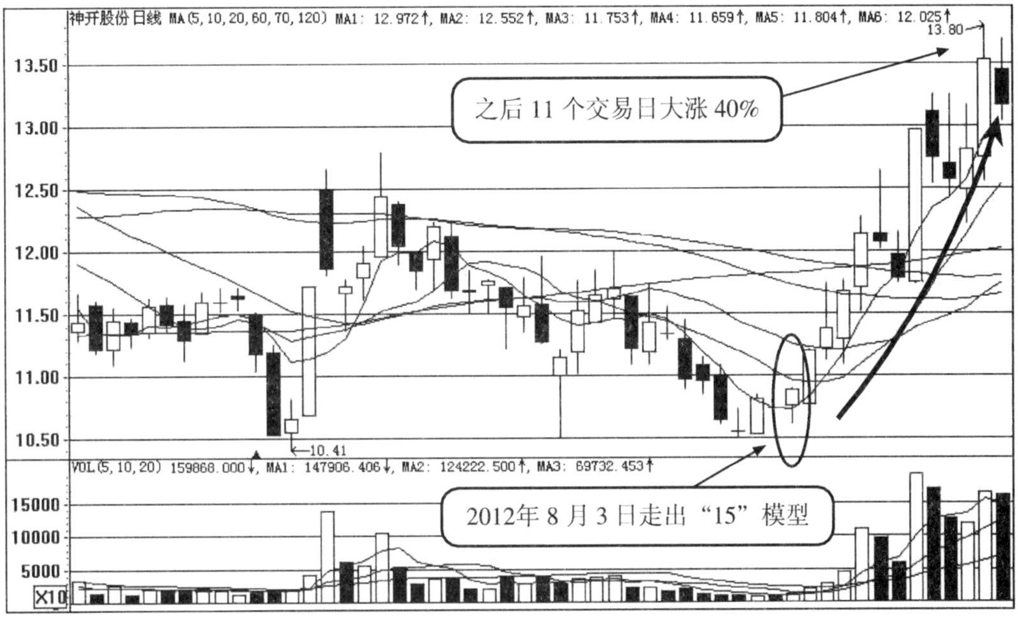

图 3-42

图 3-42 告诉我们：2012 年 8 月 3 日这个“15”模型引发了该股上涨 40% 的行情。

11. 银河磁体（300127）（2012 年 8 月 31 日）

图 3-43 显示，2012 年 8 月 31 日，银河磁体主力开盘打压股价，10 点 40 分左右拉高股价吸货，在 13 点 30 分完成第二次打压后，主力于收盘前 15 分钟开始拉高股价吸货。全天走出 W 形“15”模型。

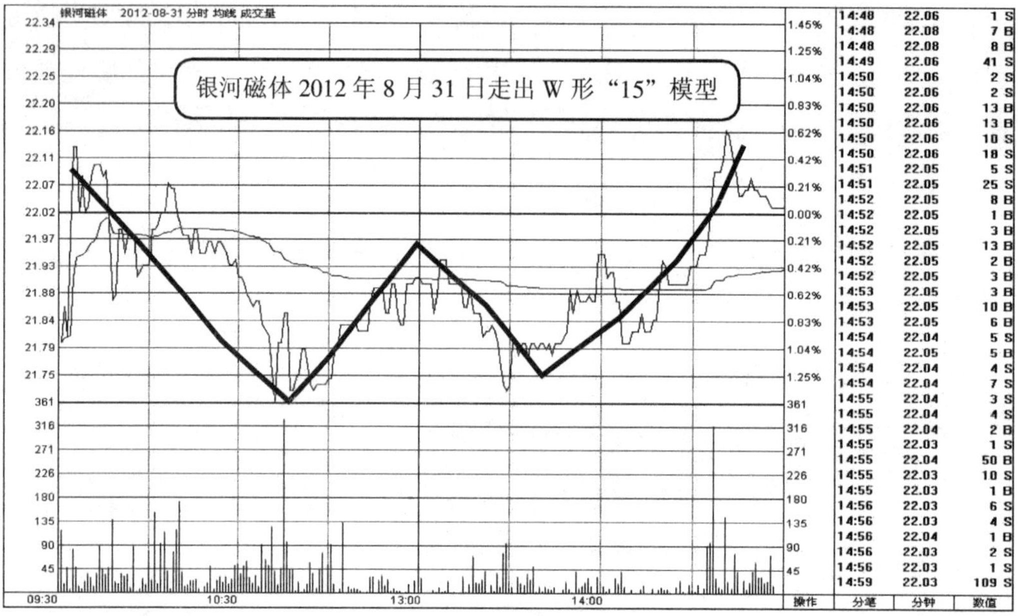

图3-43

该股出现“15”模型后的走势见图3-44。

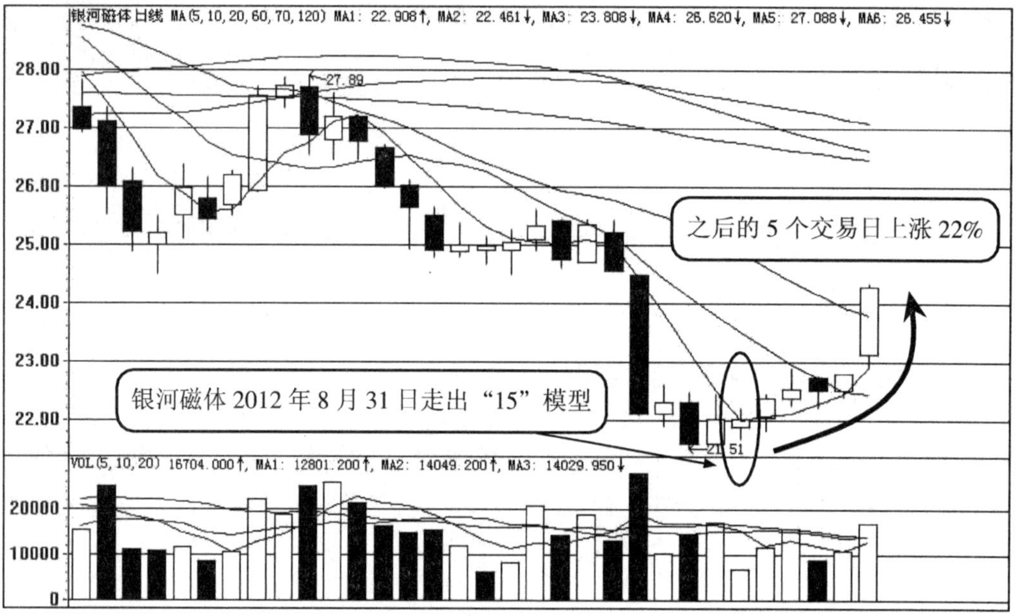

图3-44

图 3 - 44 告诉我们：2012 年 8 月 31 日的“15”模型出现后，该股在熊市中逆势连续 5 天上涨，涨幅达 22%。

12. 美克股份（600337）（2012 年 9 月 5 日）

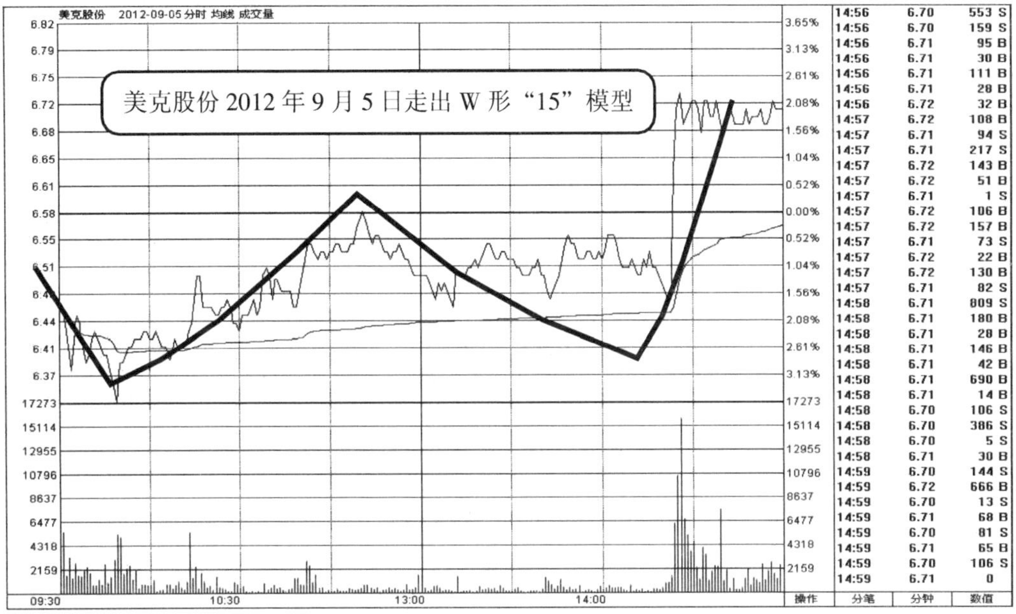

图 3 - 45

图 3 - 45 显示，2012 年 9 月 5 日，美克股份主力开盘低开低走打压股价建仓，10 点左右开始拉高股价吸货，之后再次打压股价建仓，下午 2 点 20 分开始大手笔吸货，使得股价上涨。盘中调整的低点在 - 3. 13%，拉高的高位在 + 2. 69%，调整的幅度和拉高的幅度相当，全天走出 W 形“15”模型。

该股出现“15”模型后的走势见图 3 - 46。

图 3 - 46 告诉我们：2012 年 9 月 5 日的这个“15”模型出现后，主力第二天就拉出涨停板，并在第三天创了 7. 57 元的新高，短线最大涨幅 16%。

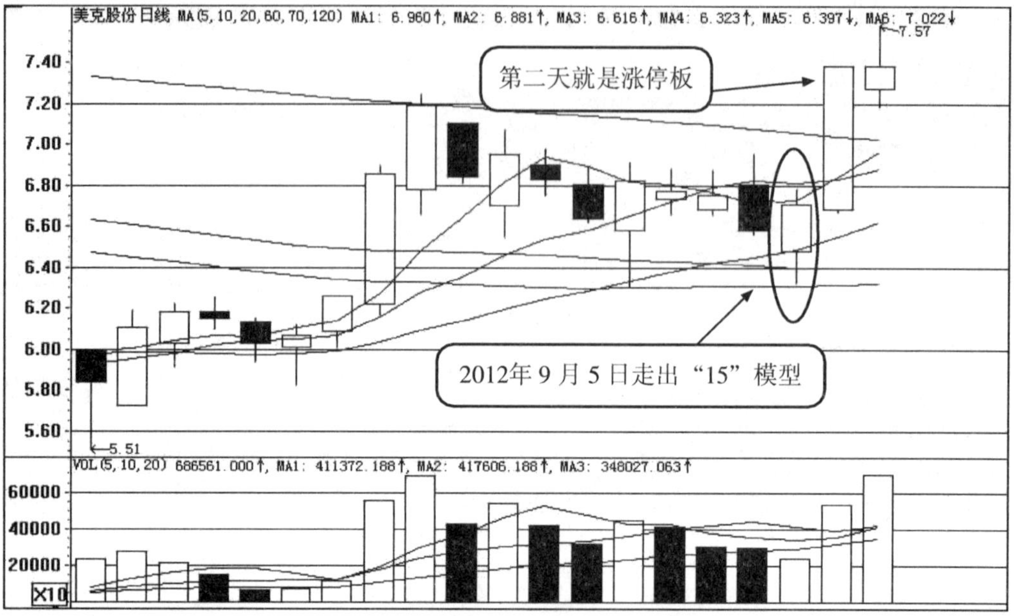

图 3 -46

13. 恒泰艾普（300157）（2012 年 8 月 8 日）

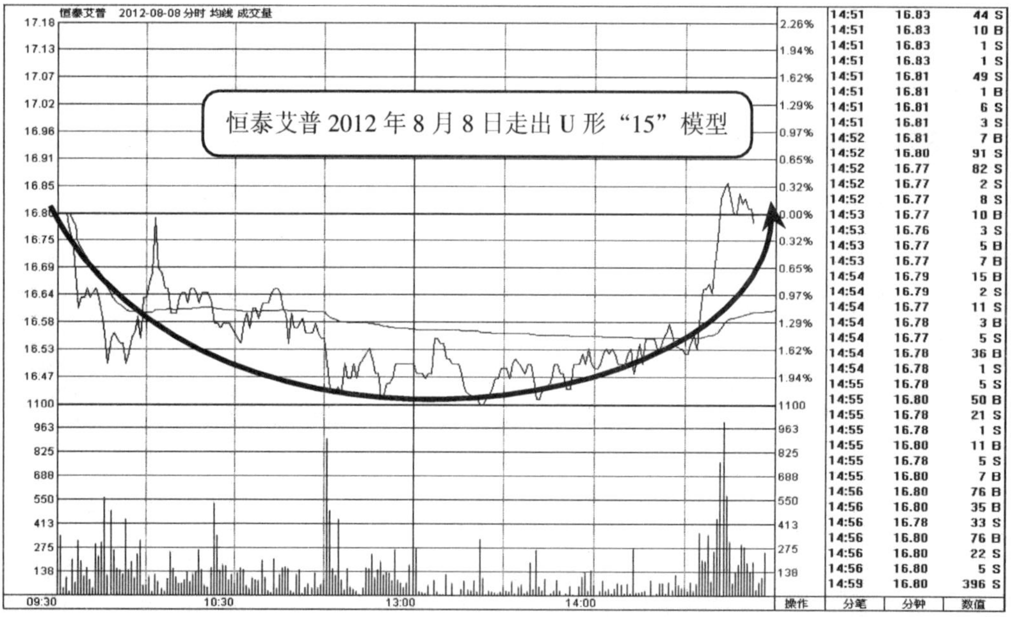

图 3 -47

图 3 -47 显示，2012 年 8 月 8 日，恒泰艾普主力开盘先打压股价，在低位吓出

散户的筹码（建仓），下午收盘前 15 分钟放量拉高股价继续大手笔吸货，走出 U 形“15”模型。

该股出现“15”模型后的走势见图 3－48。

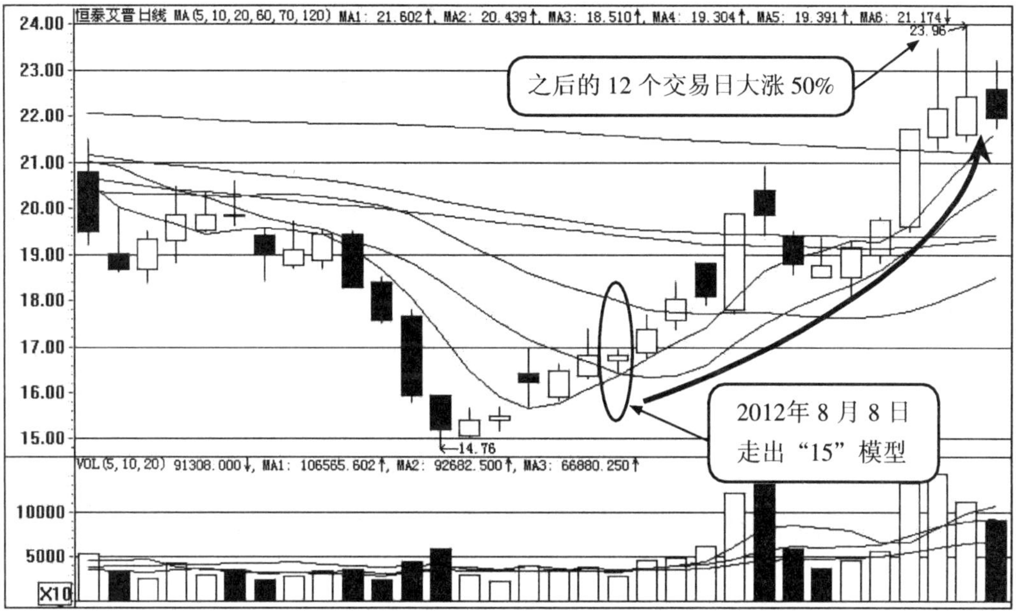

图 3－48

图 3－48 告诉我们：恒泰艾普主力完成吸货后，在之后的 12 个交易日拉升股价，最大涨幅达 50%。

三、胜利反转模型

1. 什么是胜利反转模型

股票的胜利反转模型就是指股票在盘中急速下跌的过程中，成交量持续放大，在某一时刻突然又急速拉升股价，到收盘时成功站在当天的开盘价之上。

2. 胜利反转模型的特征和构成条件（以天业股份为例）

（1）股票要符合形成热点群体（板块）的特征。

如图 3－49 所示，天业股份（600807）具有黄金、地产概念，2011 年 10 月 10

日受国际黄金价格大涨的影响，该股盘中走强，相关板块的股票均走强。该股走出胜利反转模型，符合热点特征的条件。

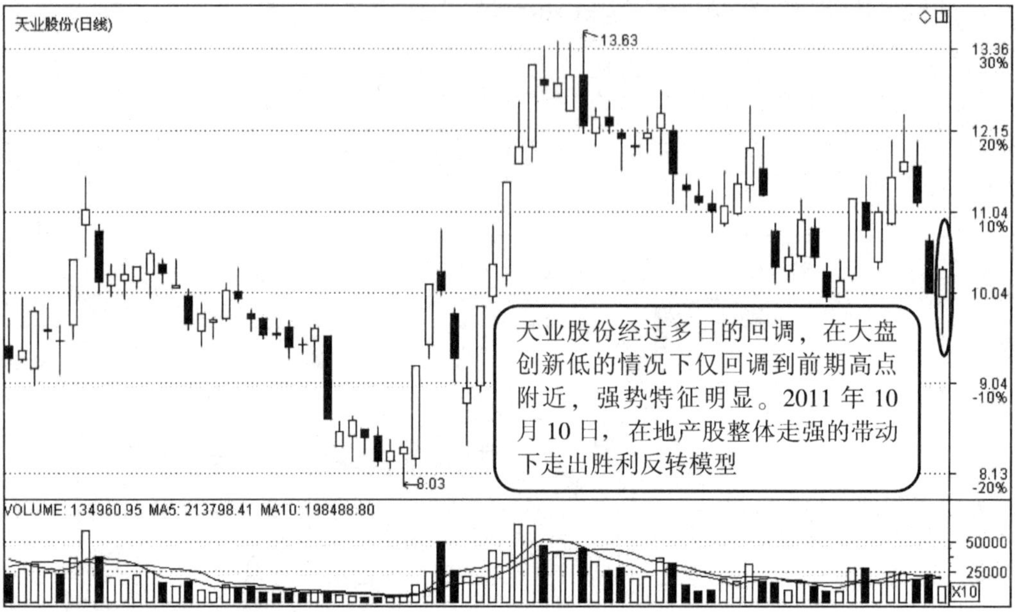

图 3 -49

（2）股票的流通盘为中小盘股，最好不超过 5 亿股。

图 3 -50 显示天业股份的流通盘为 30788.76 万股，符合流通盘要求的条件。

天业股份	操盘必读	财务透视	主营构成	行业新闻	大事提醒	八面来风
600807	最新季报	股东进出	股本分红	资本运作	行业地位	信息快讯

每股收益	(元):0.0400	目前流通(万股)	:30788.76
每股净资产	(元):1.5200	总 股 本(万股)	:32115.12
每股公积金	(元):0.1724	主营收入同比增长	(%):7.56
每股未分配利润	(元):0.2727	净利润同比增长	(%):-67.68
每股经营现金流	(元):0.0400	净资产收益率	(%):2.45
2012中期每股收益	(元):0.0160	净利润同比增长	(%):-85.96
2012中期主营收入	(万元):12634.03	主营收入同比增长	(%):-51.55
2012中期每股经营现金流	(元):-0.3900	净资产收益率	(%):1.07

图 3 -50

（3）盘中股价下跌是快速下跌，下跌的幅度要大（3.5% ~6.5%）。

图 3 -51 显示，天业股份盘中急速下跌，最低下跌幅度达4%，超过3.5%，符

合回调幅度的条件。

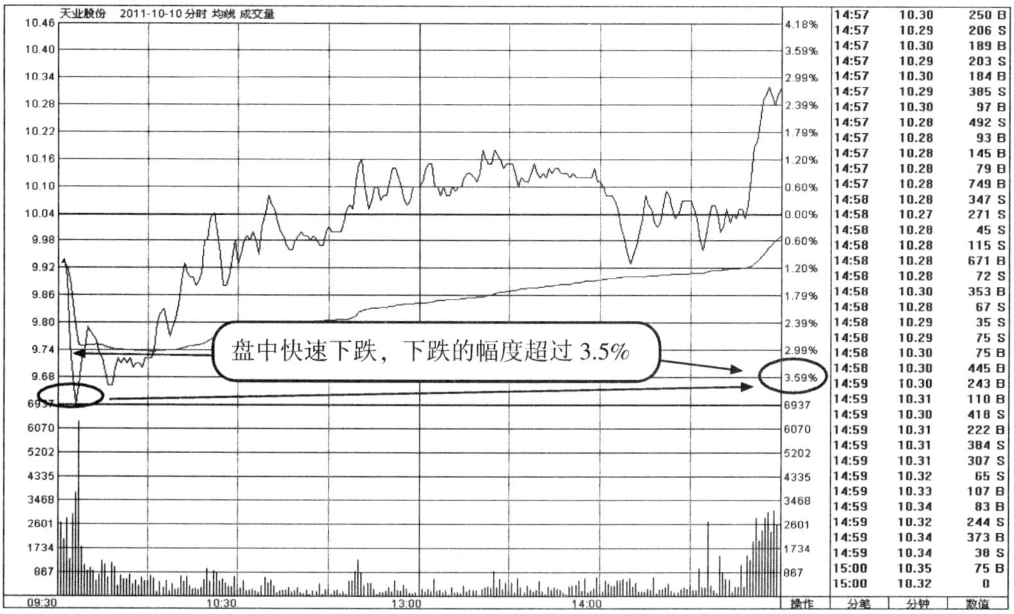
天业股份 2011-10-10 分时 均线 成交量
盘中快速下跌，下跌的幅度超过 3.5%

图 3 -51

（4）收盘时股价必须拉起来，股价要站在开盘价上方。图 3 -52 显示，天业股份 2011 年 10 月 10 日收盘时股价上涨 2.99%，成功地站在开盘价上方，符合胜利反转的收盘价条件。

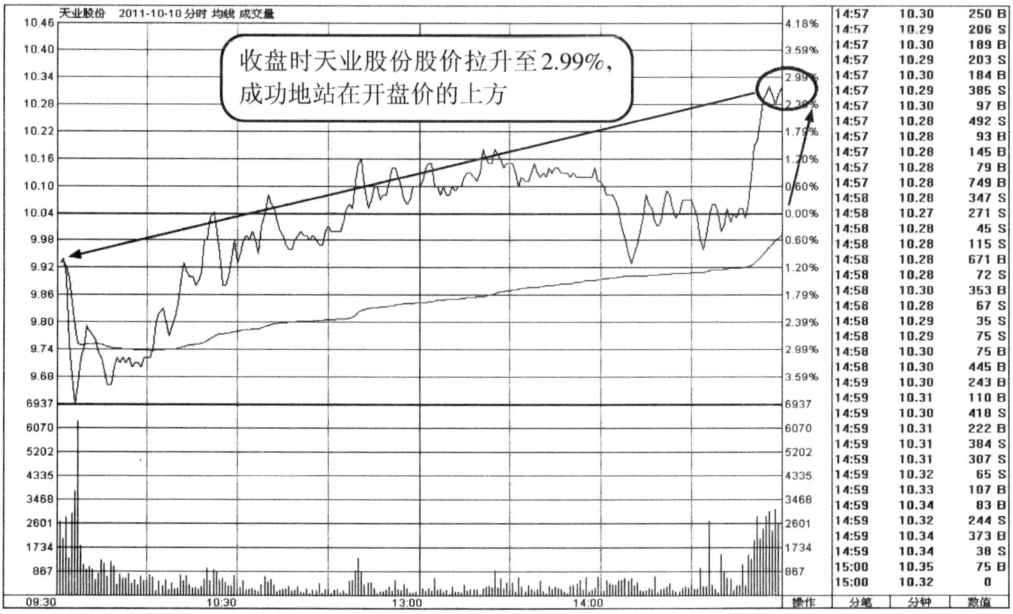
天业股份 2011-10-10 分时 均线 成交量
收盘时天业股份股价拉升至2.99%，
成功地站在开盘价的上方

图 3 -52

（5）股票的走势是经过震荡回调多日，不是处在大幅上涨的高位。

图3－53显示，天业股份2011年10月10日的K线走势为回调多日，不是在大幅上涨的高位。

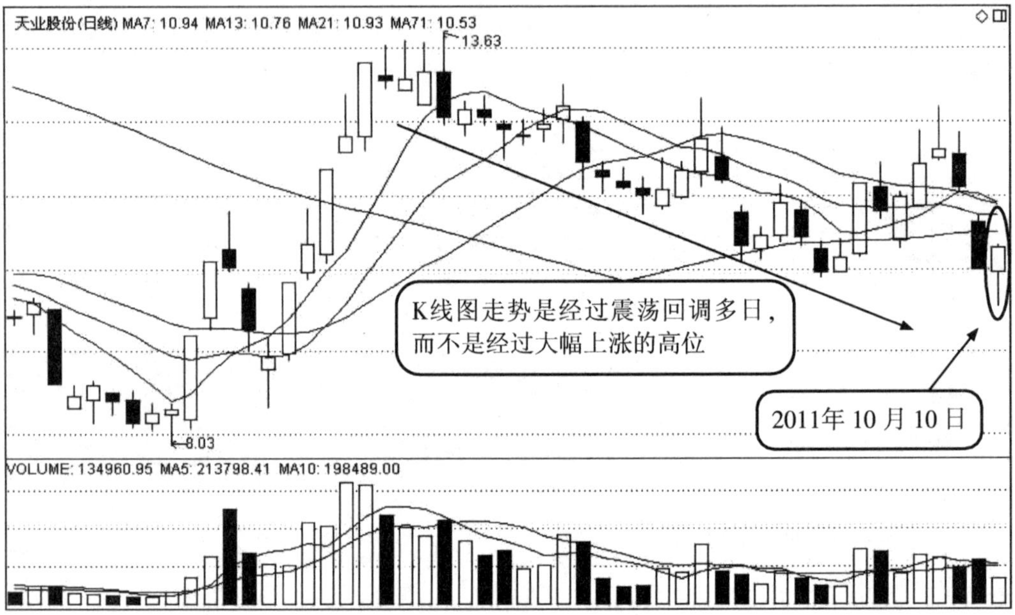

图3－53

3. 胜利反转模型盘口量峰和波形的关系

（1）快速下跌时的量峰为攻击型量峰，波形为二次探底形态，如图3－54所示。

（2）收盘时股价必须拉升，量峰是攻击型量峰，波形表现为回调幅度极小，如图3－55所示。

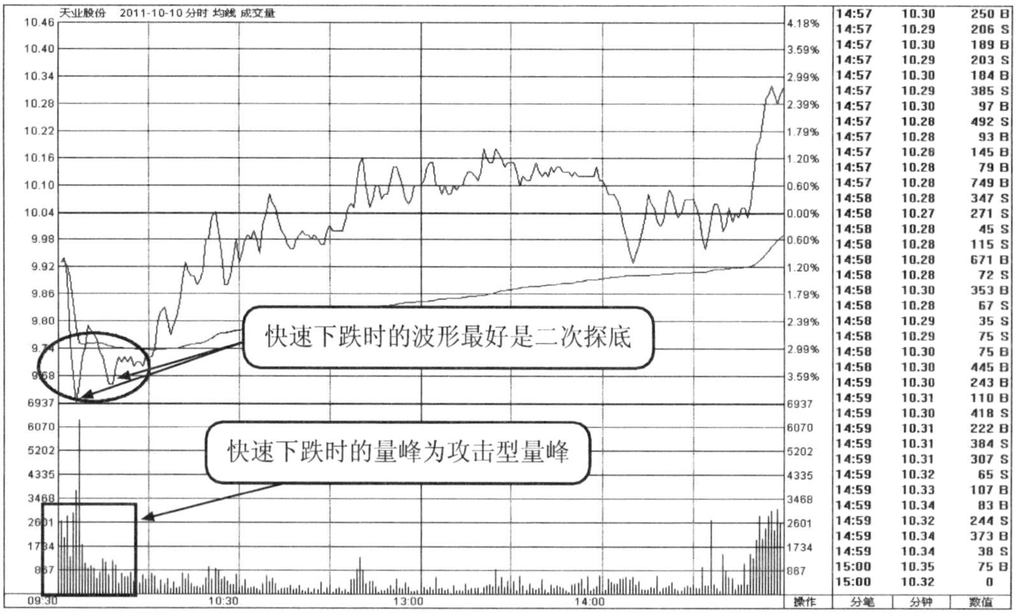
天业股份 2011-10-10 分时 均线 成交量
快速下跌时的波形最好是二次探底
快速下跌时的量峰为攻击型量峰

图3－54

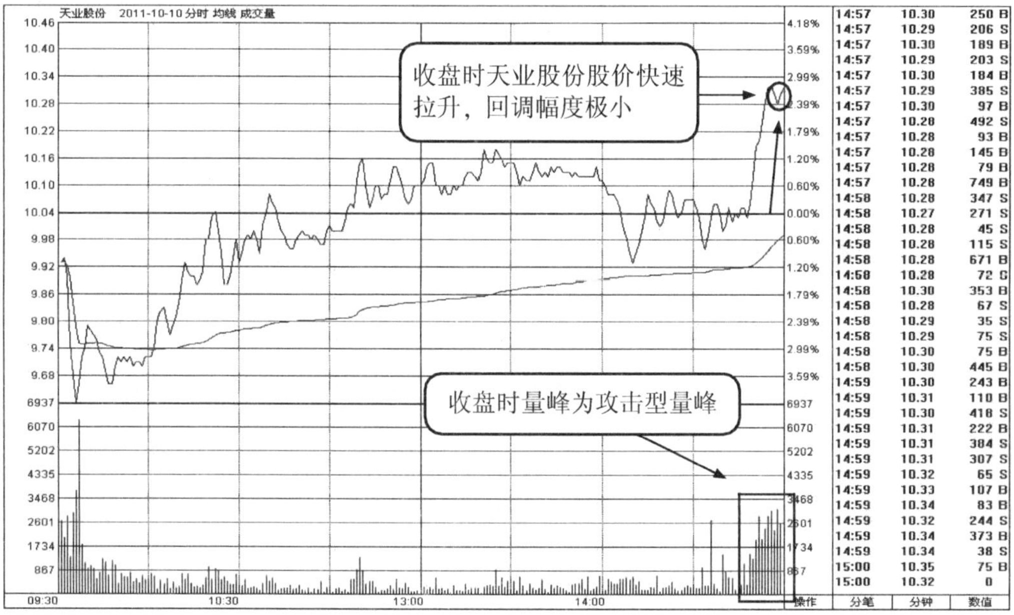
天业股份 2011-10-10 分时 均线 成交量
收盘时天业股份股价快速拉升，回调幅度极小
收盘时量峰为攻击型量峰

图3－55

（3）股价在盘中快速下跌时要放量，从快速下跌到震荡走高的过程中量峰是萎缩的。

图3－56显示，天业股份2011年10月10日走出胜利反转模型的当天，盘中股价从快速下跌到震荡走高的过程中量峰是萎缩的，这区别于早盘快速下跌和尾盘拉

升股价均需要放大的攻击型量峰。

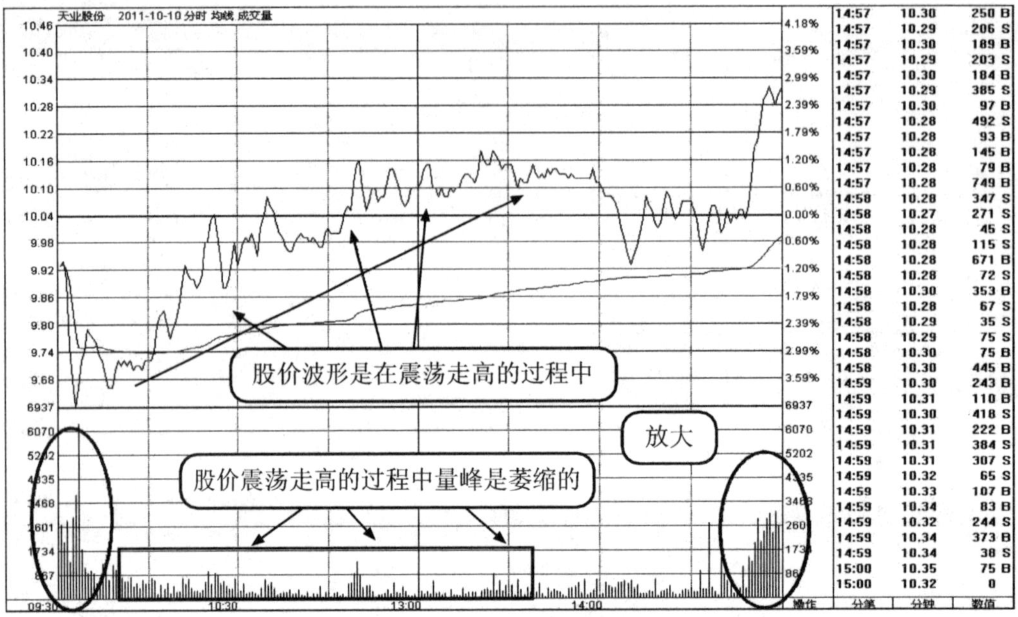
天业股份 2011-10-10 分时 均线 成交量
股价波形是在震荡走高的过程中
放大
股价震荡走高的过程中量峰是萎缩的

图 3 -56

四、堆量模型

1. 什么是堆量模型

股票堆量模型是指股票在经过一波上涨的行情后，某一天出现强力回调，在回调的过程中盘口的量峰多出现攻击型量峰，这种情况说明主力在进行洗盘，以吓出散户。

2. 堆量模型的特征和构成条件（以白云山 A 为例）

（1）股票经过一波很好的上涨行情，盘中某一天出现强力回调，如图 3 -57 白云山 A 的日 K 线所示。

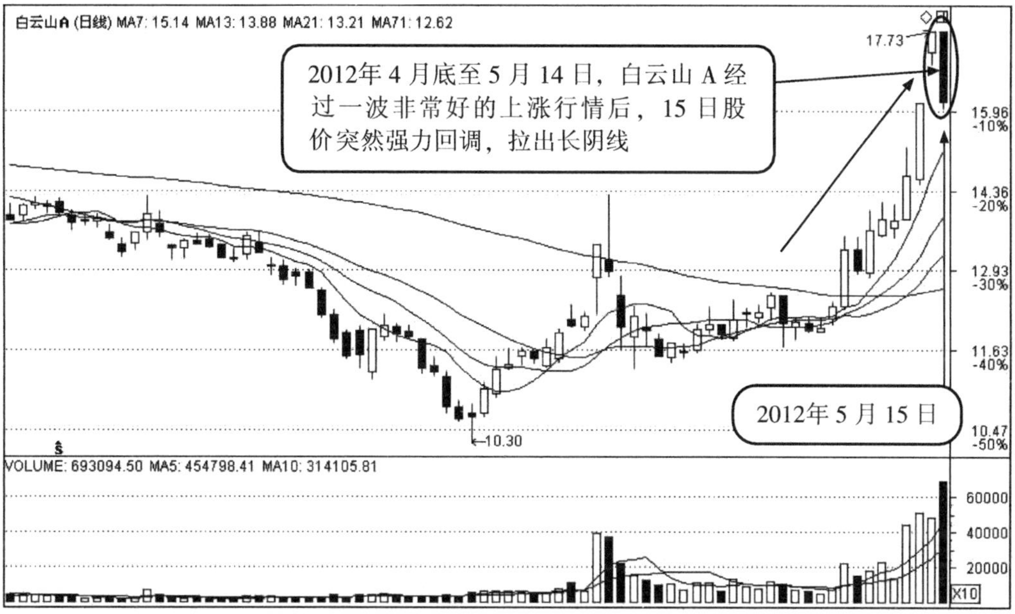

图3－57

（2）股票有重组、盈利增长等利好的支持。

白云山A当时受广药集团的吸收合并以及王老吉商标成功收回的影响，出现很好的上涨行情，符合堆量模型条件。

（3）股票为流通盘不超过5亿股的中小盘股。

图3－58显示，白云山A的流通盘为46903.78万股，不超过5亿股，符合堆量模型的流通盘要求条件。

白云山A	操盘必读	财务透视	主营构成	行业新闻	大事提醒	八面来风	公司概况
000522	最新季报	股东进出	股本分红	资本运作	行业地位	信息快讯	回顾展望

每股收益	(元):0.5959	目前流通(万股)	:46903.78
每股净资产	(元):3.4100	总 股 本(万股)	:46905.37
每股公积金	(元):0.2323	主营收入同比增长	(%):19.49
每股未分配利润	(元):1.8689	净利润同比增长	(%):33.06
每股经营现金流	(元):0.9273	净资产收益率	(%):19.01
2012中期每股收益	(元):0.4647	净利润同比增长	(%):36.65
2012中期主营收入	(万元):238719.75	主营收入同比增长	(%):17.34
2012中期每股经营现金流	(元):0.5768	净资产收益率	(%):15.14

图3－58

（4）该股必须是走势强于大盘走势的强势股。

通过比较图 3－59 和图 3－60，说明白云山 A 的走势是完全不同于大盘下跌走势的，白云山 A 明显是跑赢大盘的强势股。

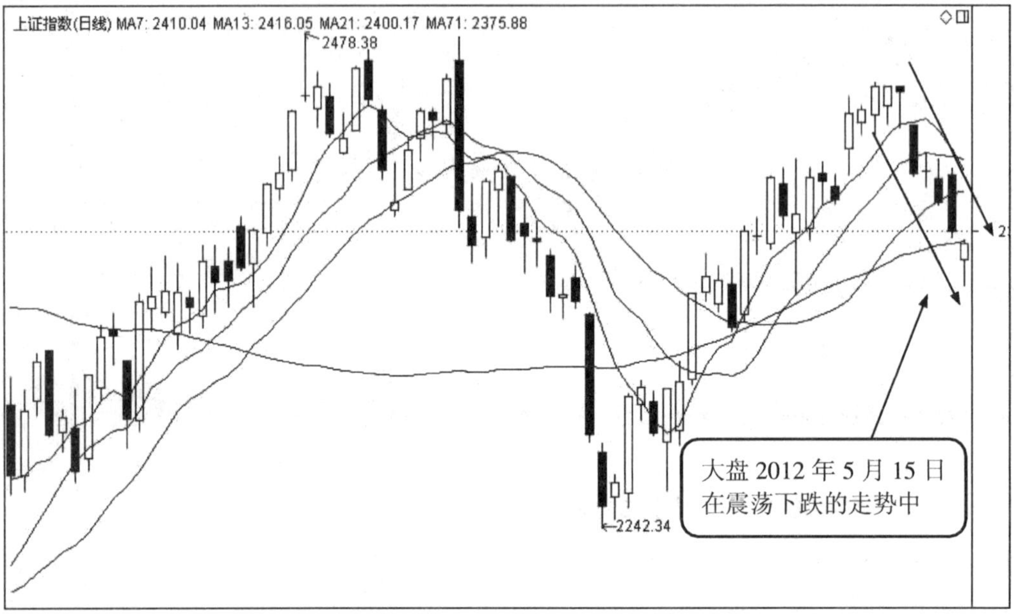

图 3－59

图 3－60

3. 堆量模型的量峰和波形的关系

（1）回调洗盘的当天多出现攻击型量峰（3 次以上）。

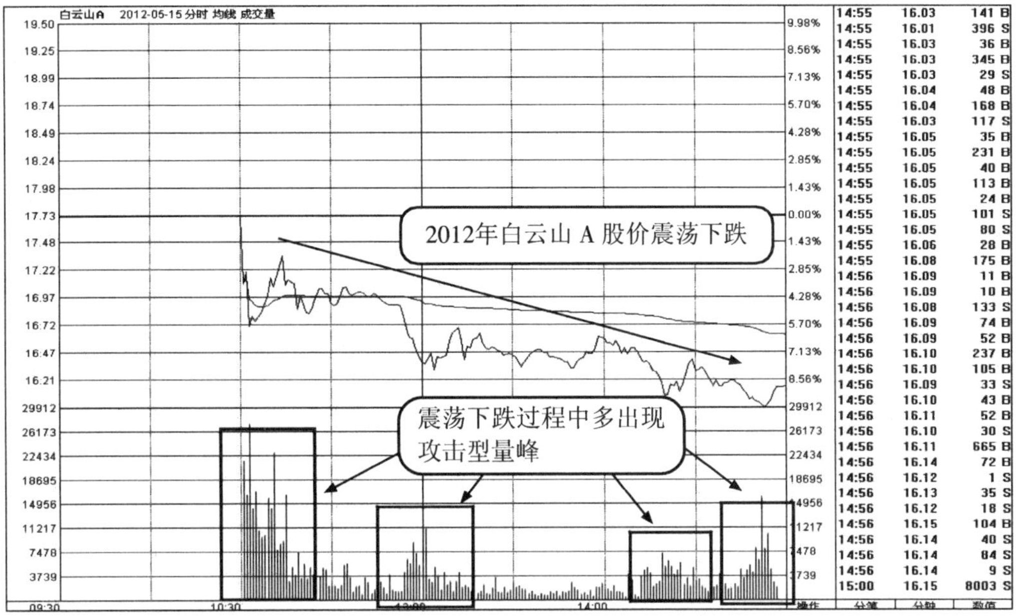
白云山A 2012-05-15 分时 均线 成交量
2012年白云山 A 股价震荡下跌
震荡下跌过程中多出现
攻击型量峰

图 3 -61

图 3 -61 显示，2012 年 5 月 15 日，白云山 A 股价震荡下跌时出现多达 4 次攻击型量峰。

（2）震荡向下的波形呈现梯级形态，表现出人为操作的特征，如图 3 - 62 所示。

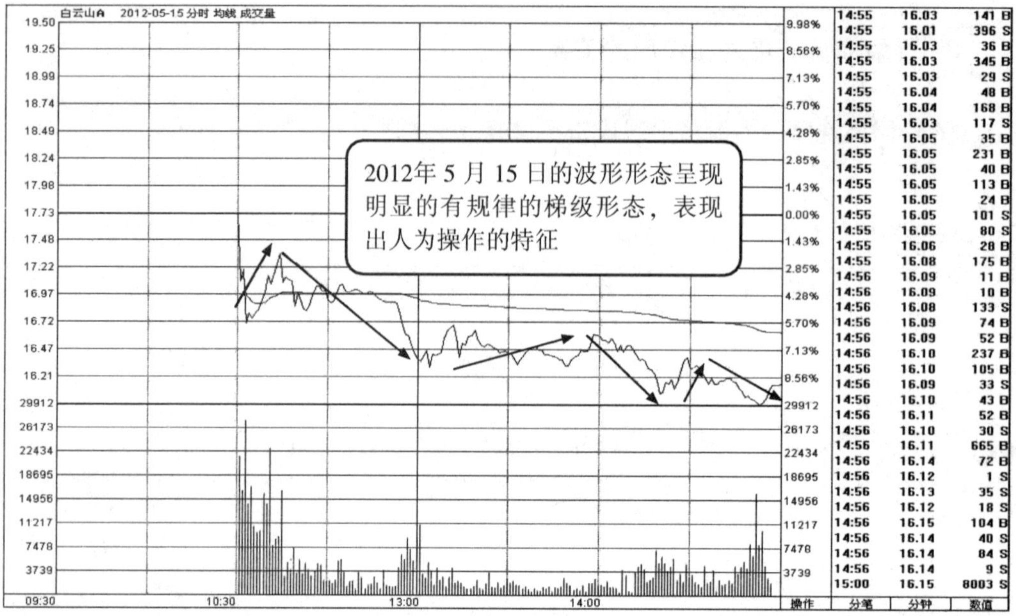
白云山A 2012-05-15分时 均线 成交量
2012年5月15日的波形形态呈现明显的有规律的梯级形态，表现出人为操作的特征
09:30
10:30
13:00
14:00

图3-62

本章习题

1. 什么是股票“15”模型？

2. 股票“15”模型的适用条件有几个？

3. 在什么市场阶段可以适用股票“15”模型，牛市、平衡市还是熊市？

4. 股票“15”模型的分时图波形形态有哪两个？

5. 构成股票“15”模型的条件中，主力早盘打压股价时买盘的位置挂单形态是什么？

6. 我们在盘中寻找“15”模型股票的时间段是14点15分到14点45分这个区间吗？

7. 为什么熊市格局下股票“15”模型的适用股票都是中小盘股？

8. 股票“15”模型的股票是熊市中的热点，这些热点都属于哪些概念？

9. 股票“15”模型的分时图中回调的幅度和收盘上涨的幅度会是相同或者相当吗？

10. 收盘后怎么能找到“15”模型的股票呢？

11. 熊市中某股票前期已经有了大幅的上涨，如果出现“15”模型情况的走势，此时我们可以买进吗？

第四章

怎样写操盘计划

“好记性不如烂笔头”这句话很有道理。盘中行情的变化是很快的，我们的大脑不可能对变化都做到完全记忆。无论是盘中还是盘后，我们都应该养成一个良好的习惯：认真写操盘计划。操盘计划主要包括：大盘风险程度分析，操盘个股的选择——所属概念、板块和主力是否已经进场，进出场策略和止损设定。

为什么要写操盘计划呢？俗话说：“干一行，爱一行。”笔者从1995年进入股市以来，经历了太多的波折，失败过、成功过，有失败的彷徨，有成功的喜悦。在每一天的看盘过程中，大多数时间都是以看为主，写是很少的。很长一段时间后，自己经历的机会和风险都被忘记了。即使偶尔想起某只个股的进场和出场节点，也是不全面的，原因就是笔者当初根本没有做文字的记录，这对于以后的操作是很不利的。后来我总结到：懒惰是走向成功的最大敌人。

“好记性不如烂笔头”这句话很有道理。盘中行情的变化是很快的，我们的大脑不可能对变化都做到完全记忆。无论是盘中还是盘后，我们都应该养成一个良好的习惯：认真写操盘计划。

如果一个投资者要把股票投资作为一项事业去做的话，笔者建议他就应该认真写操盘计划。虽然这样做也许很枯燥无味，但是如果你这样做了，那么你就离成功不远了。

一、怎样选股和制订操盘计划

主力在每一次操盘前都是有操盘计划的。我们普通投资者也应该一样，做到在每一次操作之前拟订好操盘计划。制订操盘计划要注意以下几个方面：

1. 大盘风险程度的分析

任何时候我们操作股票都要关注大盘。这是个习惯，谁要是说自己炒股从来不看大盘，那这个人要么是股神，要么就是一个亏损者。对于大盘风险程度的分析，简单地说，就是要弄清楚大盘处于熊市、牛市还是平衡市？根据这个定位来确定我们的操作细节。

2. 了解待操作股票所属概念和板块

在操作某只股票前，一定要分析清楚该股是否是市场的短期热点或者长期热点，是不是市场里的强势股。比方说某只股票公布了一个利好，市场中表现为连续几天的放量上涨，由此带来市场的追捧，该股就是市场的热点。或者某一板块由于政策、国际市场的走强引发的连续上涨（如2010年国际黄金价格大涨，致使有色板块中含金的个股长期走强)，这也是市场的热点。因此，由于世界能源的日近枯竭，未来的新能源概念、节能环保概念、稀缺资源概念等都将是市场长期的热点。

3. 通过分析盘口语言确定该股主力是否已经进场（走出进场模型）

这一点很重要。确定主力是否进场、盘口是否走出进场模型，是我们买入股票的依据。

4. 上涨盈利空间的预期

很多人在实际操作中往往忽略这一点。多数人都是买入股票后即使赢利了也没有一个赢利出局的计划，最后只能在无法忍受亏损的情况下出局，这是最悲哀的事情。

5. 进场策略

进场策略的关键在于进场仓位的比重及分几次买入，是双重仓位（两笔买入）、多重仓位（多笔买入）还是单一仓位（只买一笔），这涉及资金规模的运用技巧，笔者会在第六章“资金操作规模管理模式”里做详细的讲述。

6. 止损设定

止损是老生常谈的一个话题，也是大多数投资者最不愿意提的话题，因为谁都不想亏损，都想赚钱。可我要强调的是，会不会止损是一个投资者在市场中能否生存和成功的关键。

7. 获利出局

我们在股市投资的最终目的就是赚钱，获利卖出股票是我们最开心的事情，但是卖出股票要以股票出货模型为标准，要严格遵守盘口的挂单、量峰、波形等细节条件。

二、操盘计划案例分析

1. 神开股份（002278）

笔者以神开股份（002278）2012 年 6 月 26 日收盘时的操盘计划为例来说明。

神开股份 2012 年 6 月 26 日这天开盘后不久，主力很快就封死涨停板，到收盘时涨停板从来没有打开过。在熊市格局下，这样的强势股是不多的，该股又是上市不久的次新股，此股引起了笔者的关注。当天的 K 线图走势如图 4 -1 所示。

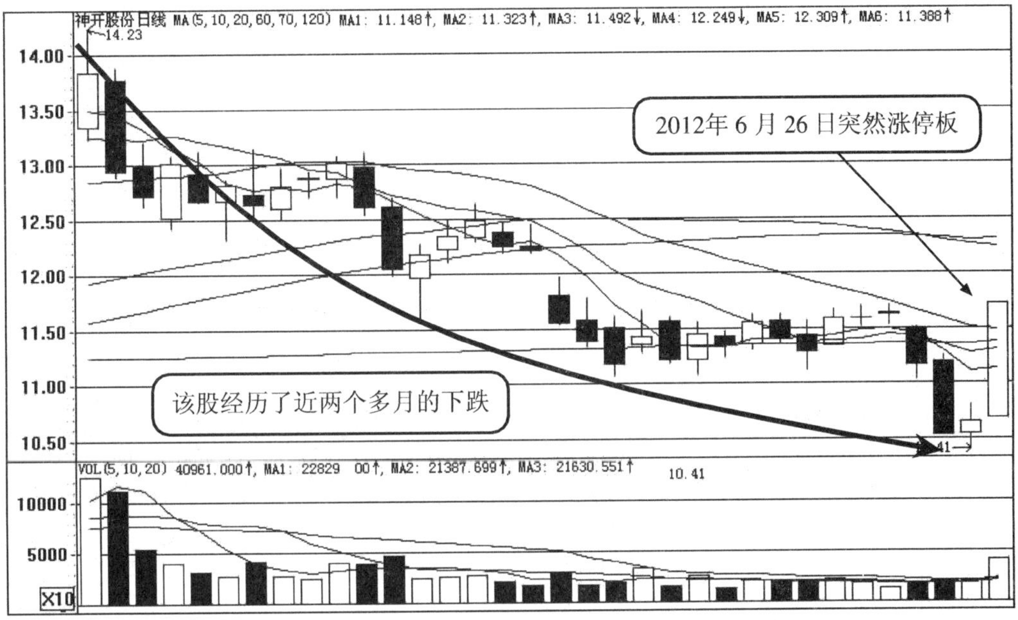

图 4 -1

日 K 线情况：股价连续两个月下跌创新低时收出小阳线，初步有止跌迹象，股价从 14. 23 元下跌至 10. 41 元，跌幅近 40%，此时短期风险也就释放殆尽。

当天的分时盘口走势如图 4 -2 所示。从图 4 -2 挂单情况看：先是自然的小单，9 点 34 分挂出递增压迫形态，9 点 35 分变为下蜂窝拦截形态，9 点 37 分挂出“一”字压迫形态，9 点 38 分挂出夹板形态，到 9 点 39 分涨停板为“一”字拦截形态。这个挂单过程表明主力在抢筹码建仓。而大盘处于熊市调整中，上证指数此时的走势情况见图 4 -3。

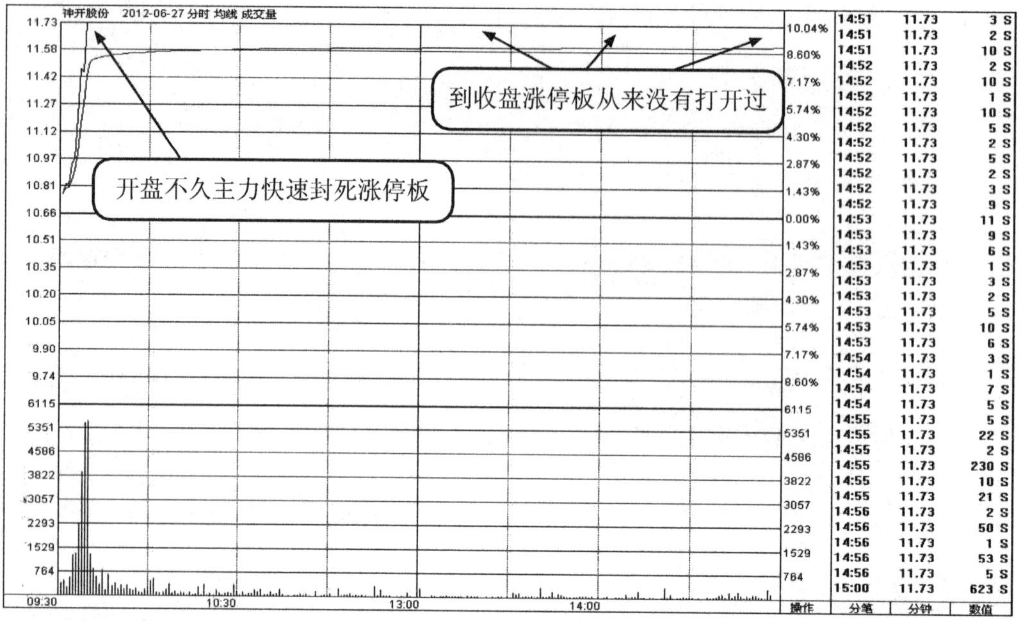
神开股份 2012-06-27 分时 均线 成交量
到收盘涨停板从来没有打开过
开盘不久主力快速封死涨停板

图 4 -2

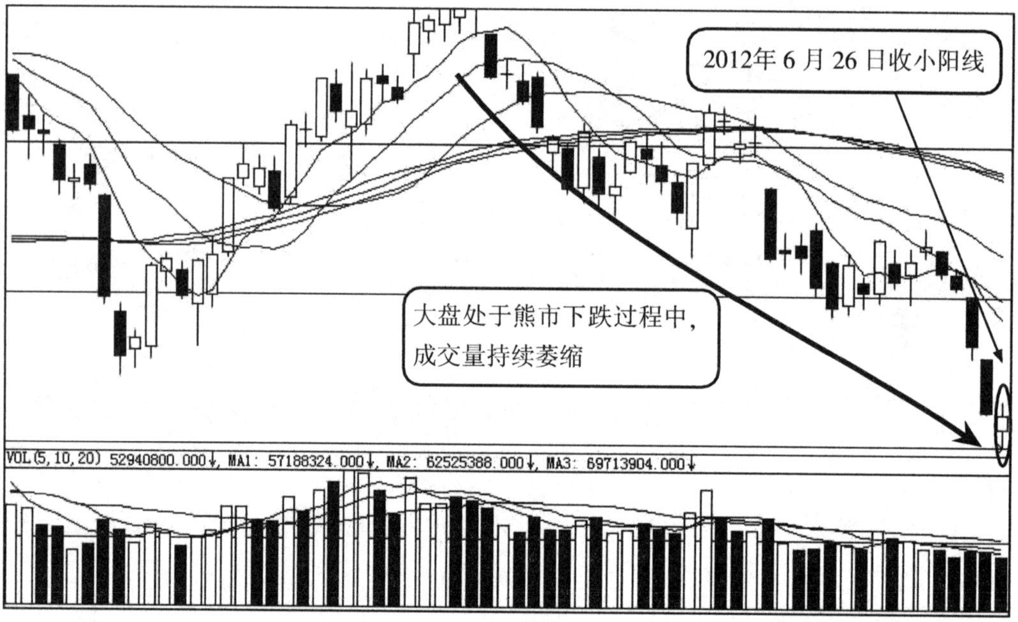
2012年6月26日收小阳线
大盘处于熊市下跌过程中，
成交量持续萎缩
VOL(5,10,20) 52940800.000↓, MA1: 57188324.000↓, MA2: 62525388.000↓, MA3: 69713904.000↓

图 4 -3

如图 4 -3 所示，上证指数处于熊市下跌过程中，成交量持续萎缩，2012 年 6 月 26 日收出小阳线，市场出现止跌迹象，此时操作个股风险把控难度不大。

神开股份的概念：从事能源采掘业，是市场的长期热点。随着能源的紧张和使用资源的枯竭，该股应该被看好。

操作策略：熊市中不追高，等待股价回抽按多重仓位（分多笔买进）的原则在低位进场，操作资金规模为总资金的 20%。

第二日的走势见图 4 －4。

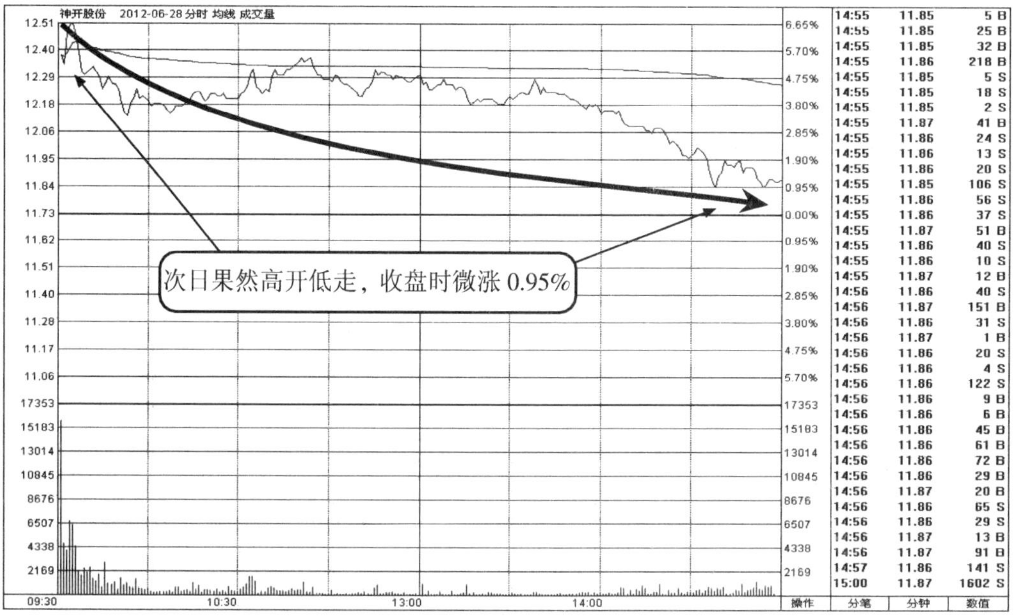

图 4 －4

第三天的 K 线走势见图 4 －5 和图 4 －6。

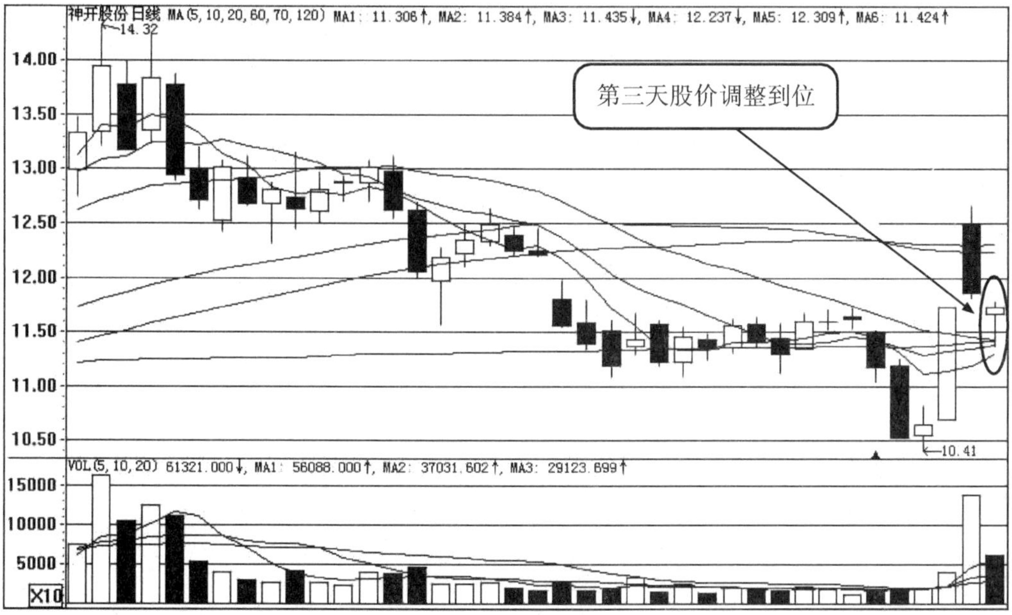

图 4 －5

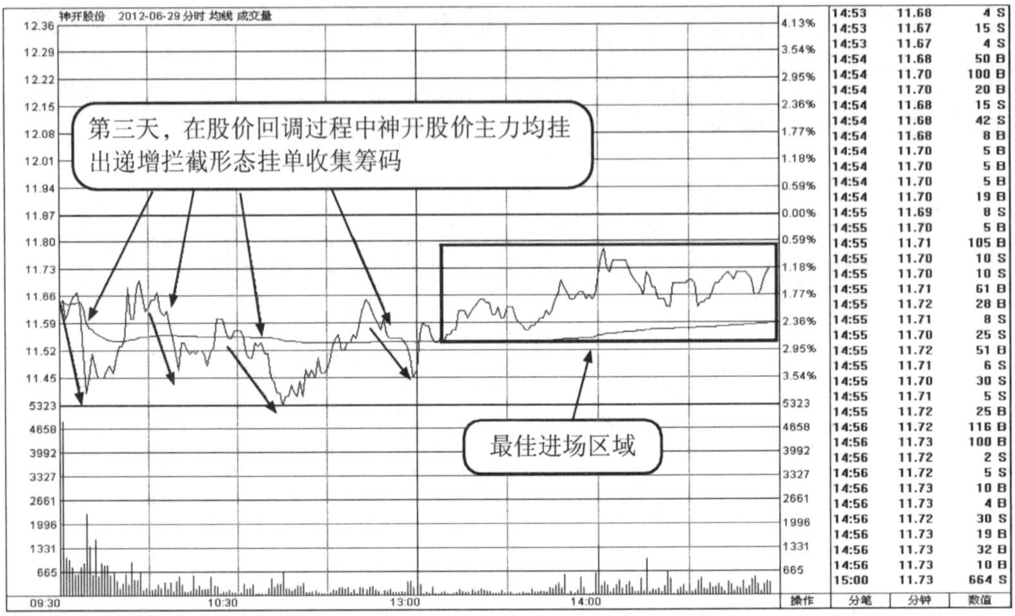

图 4 -6

图 4 -6 显示，该股走出胜利反转进场模型，该股由于是在熊市中走强，所以后市盈利预测不要求太高，7% ~10% 即可，止损幅度设在 -3%。该股实际的后市走势见图 4 -7。图 4 -7 显示，神开股份后两天的走势非常强劲，涨幅达到 5.8%。按照以上的操盘计划进行操作，赢利效果很好，操作是成功的。

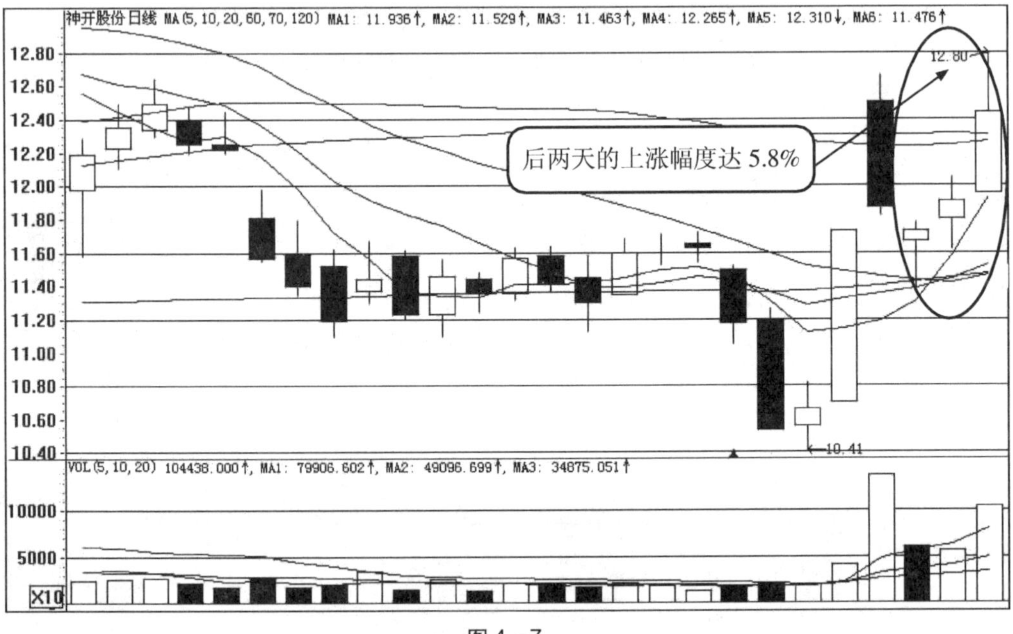

图 4 -7

2. 宝德股份（300023）

再以宝德股份（300023）为例：大盘处于熊市中，短线有反弹要求。2012 年 4～8 月上证指数的走势情况见图 4－8。

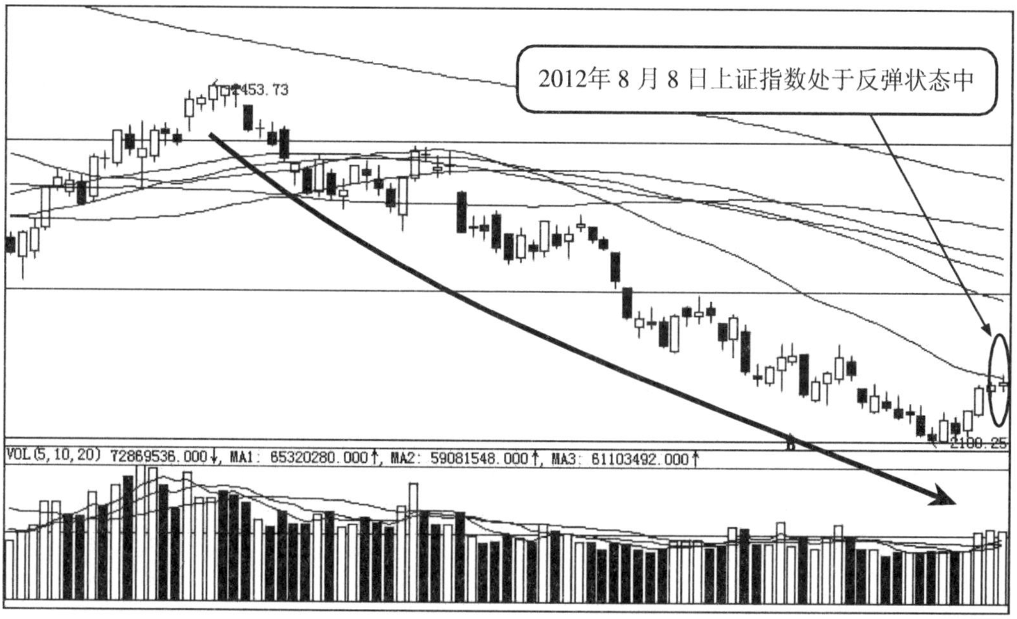

图 4－8

上证指数在碰触 2100 点的整数关后，结束熊市调整而展开反弹，连续 4 个交易日放量收阳线，此时可以进行个股的操作。

2012 年 8 月 8 日，宝德股份走出 U 形“15”模型。当时的 K 线走势情况见图 4－9。

图 4－9 告诉我们：该股在经过多日的大幅下跌后，继续下跌的风险已经释放，2012 年 8 月 8 日走出“15”模型是短线操作的最好时机。

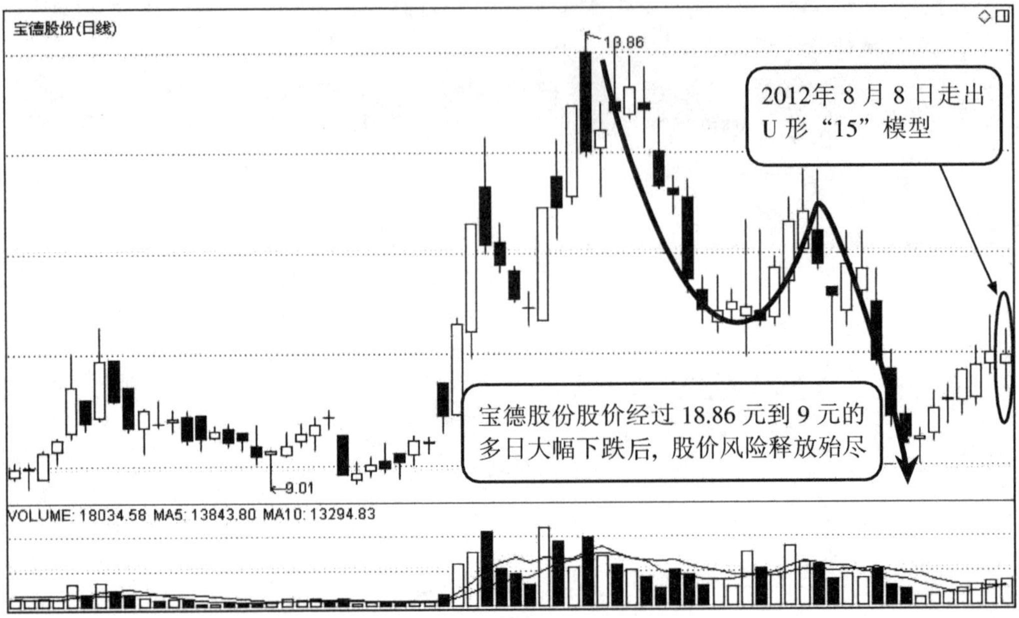

图4－9

这一天“15”模型的分时盘口交易走势见图4－10。

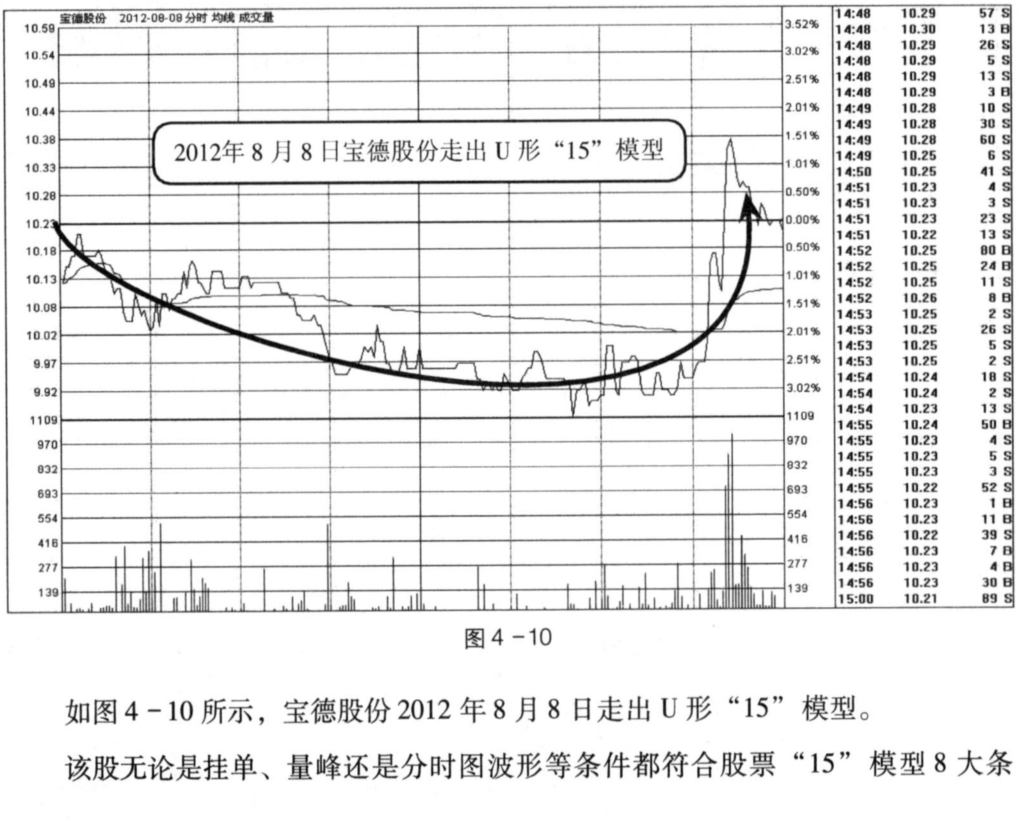

图4－10

如图4－10所示，宝德股份2012年8月8日走出U形“15”模型。

该股无论是挂单、量峰还是分时图波形等条件都符合股票“15”模型8大条件，原则上是符合进场条件的。按照回调买进的办法进行操作，坚决不追涨。

宝德股份属大盘走熊情况下连续拉阳线的强势股，从事石油钻采系统的研发和生产，具有长期热点炒作的概念。

进场策略：30%的资金、双重仓位（两次买进）逢低进场。上涨盈利预期：8%～15%；止损设定在：-3%。后市该股的表现见图4-11。

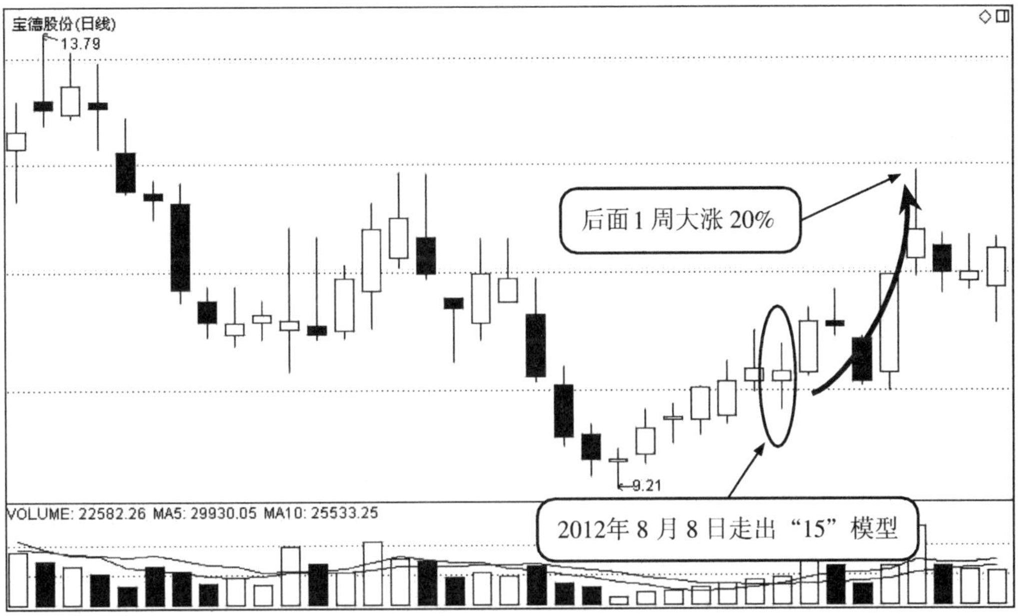

图4-11

如图4-11所示，宝德股份2012年8月8日符合股票“15”模型，1周内股价大涨20%。按照以上的操盘计划进行操作，盈利效果是非常好的，操作成功。

第五章

实战操盘日志

实战操作过程中笔者的感触很深：有成功的喜悦，更有不按照模型进场失败的痛苦。书中虽然没有列举失败的例子，但并不等于笔者没有失败过。在这个市场中风险永远伴随着我们，谁要做到常胜不败那是不可能的。但是，只要我们掌握了盘口的细节（必须学会股票进场模型），看清主力的操盘手法和意图，该进的时候进，该出的时候出（包括止损），我们就可以把风险控制在可掌控的范围之内，从而成为市场中的赢家。

理论要与实践相结合。笔者在前面的章节里讲述了盘口的理论性知识，为了便于读者朋友理解和掌握，笔者在本章中把近期的实战操盘记录展示给大家，读者朋友可以看到，运用本书提供的“15”模型、胜利反转模型和堆量模型就能在市场中获得高盈利。

1. 天业股份（600807）的操作过程（2011 年 10 月 10 日）

2011 年 10 月 10 日，在大盘继续低迷走熊的情况下，地产概念股逆势走强，天业股份更是在上午走出笔者的胜利反转模型，引起笔者的关注。

当时上证指数处于熊市状态中，指数在 2400 点以下区域，这一天更是创出 2338 点的新低，其 K 线走势如图 5 －1 所示。

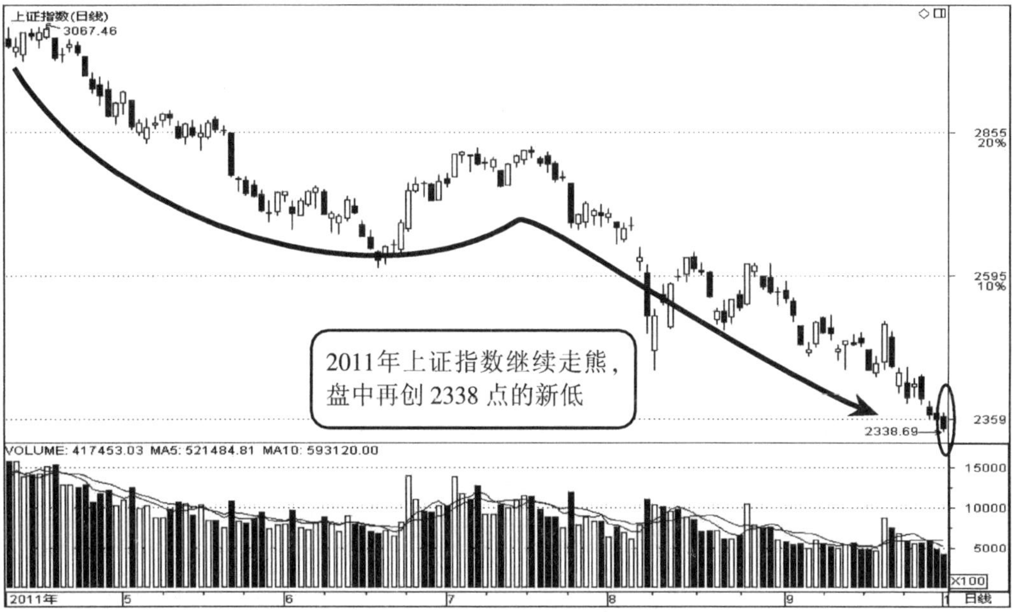

图 5 －1

图 5 －1 显示，上证指数自 2011 年 4 月初到 10 月一直是在熊市下跌过程中，10 月 10 日盘中创出 2338. 69 点的新低。日线的各项动量指标均出现底背离现象，反弹值得期待，大盘风险得到阶段性释放，此时可以进行个股的操作。

在熊市中寻找热点强势股票操作，这是炒股的铁律。天业股份具有地产、黄金概念，在世界黄金大涨的情况下该股走强符合热点的原则。天业股份的 K 线走势如图 5 －2 所示，天业股份经过多日的震荡下跌后，2011 年 10 月 10 日的 K 线图中出现胜利反转模型的 K 线。

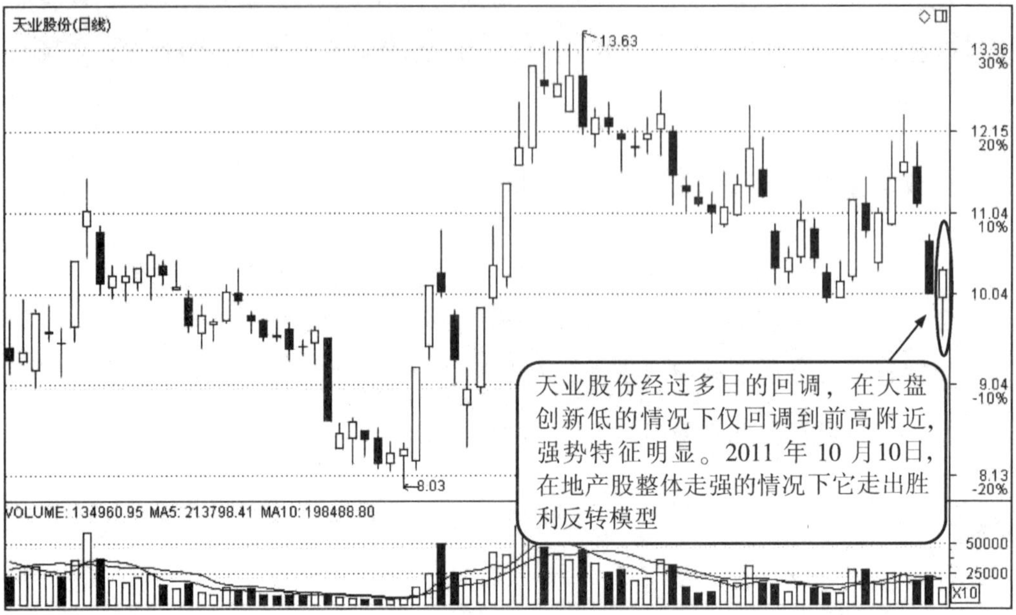

图 5 －2

天业股份 2011 年 10 月 10 日上午的走势如图 5 －3 所示。

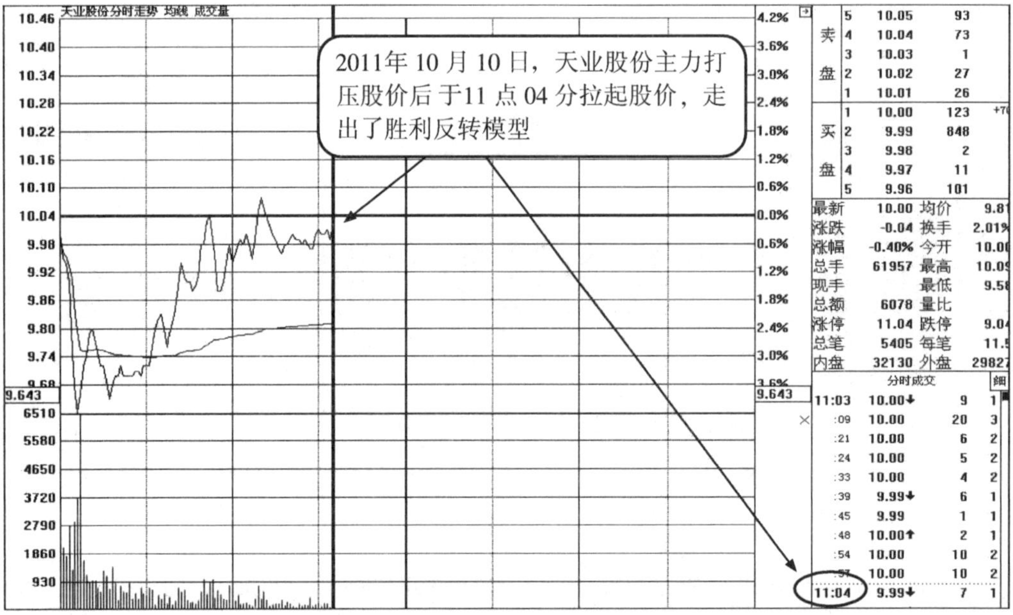

图 5 －3

此时笔者经过对该股的多方面分析，以及与胜利反转模型条件的比对，断定进场机会来了。

上涨盈利预期：12%。

进场策略：使用30%的资金，双重仓位（逢低两次买进）。

止损设定：-4%（收益风险比为3:1）。

以下是当天买入该股的交割单，见图5-4。

600807	天业股份	证券买入	9.970000
600807	天业股份	证券买入	10.030000

图5-4

买入该股后的走势见图5-5。

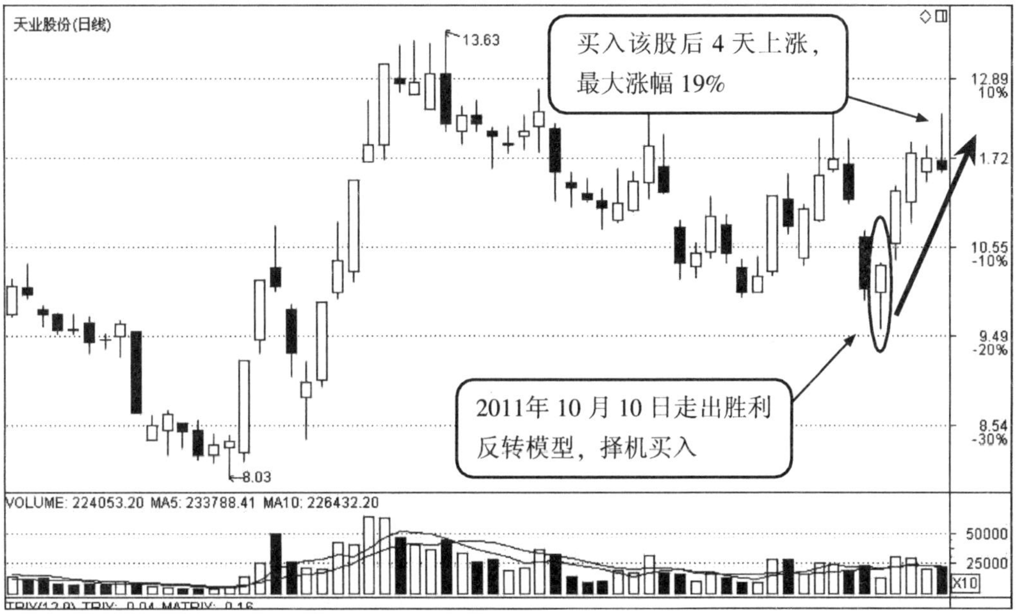

图5-5

随着该股上涨的能量减弱，主力明显有出货迹象，笔者分批出掉所有的筹码，落袋为安。下面是卖出的交割单，见图5-6。

600807	天业股份	证券卖出	10.880000
600807	天业股份	证券卖出	10.820000
600807	天业股份	证券卖出	10.860000
600807	天业股份	证券卖出	11.800000

图5-6

该股的平均盈利为 9.3%；操作效果：4 天之内获利近 10%，定义为成功。之后笔者再次短线操作，见图 5 -7，又略有盈利。

600807	天业股份	证券买入	11.133750
600807	天业股份	证券卖出	11.460000

图 5 -7

2. 中钢吉炭（000928）的操作过程（2011 年 10 月 12 日）

2011 年 10 月 12 日大盘走势出现止跌反弹的迹象，盘中大部分股票开始走强，中钢吉炭、方大炭素、中国宝安为代表的石墨烯概念成为热点，盘口明显有主力抢筹码的迹象，这引起笔者的关注。

当时大盘走势情况见图 5 -8。

图 5 -8

图 5 -8 显示：2011 年 10 月 12 日，上证指数创 2318.63 点新低后放量反弹，盘中个股出现普涨。此时可以逢低进场操作个股，风险不是很大。

中钢吉炭（000928）的 K 线走势如图 5 -9 所示。当天上午走出胜利反转进场模型，见图 5 -10。

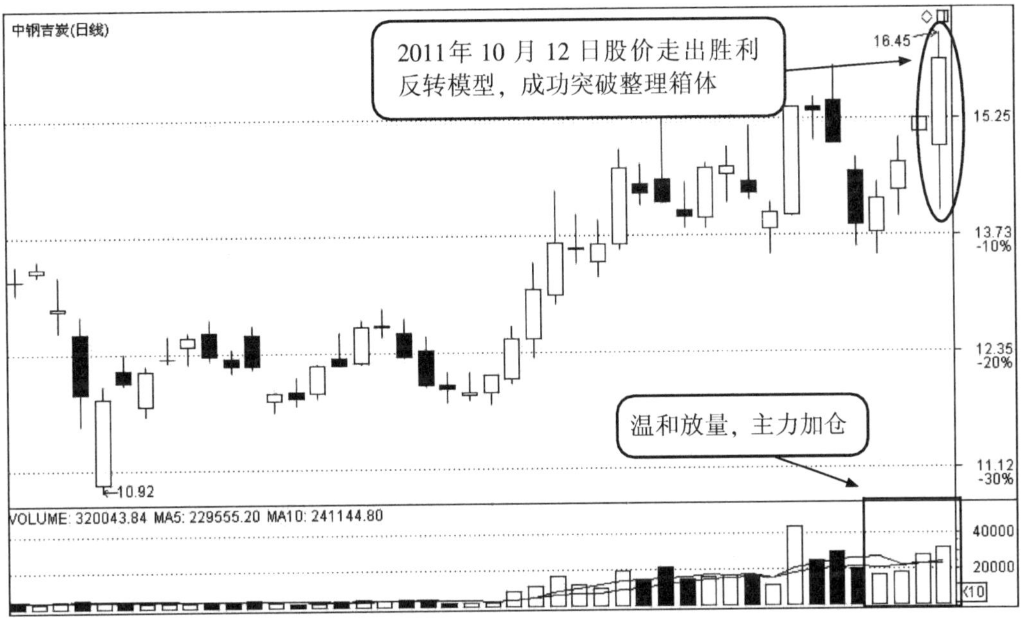
中钢吉炭(日线)
2011年10月12日股价走出胜利反转模型，成功突破整理箱体
温和放量，主力加仓

图5－9

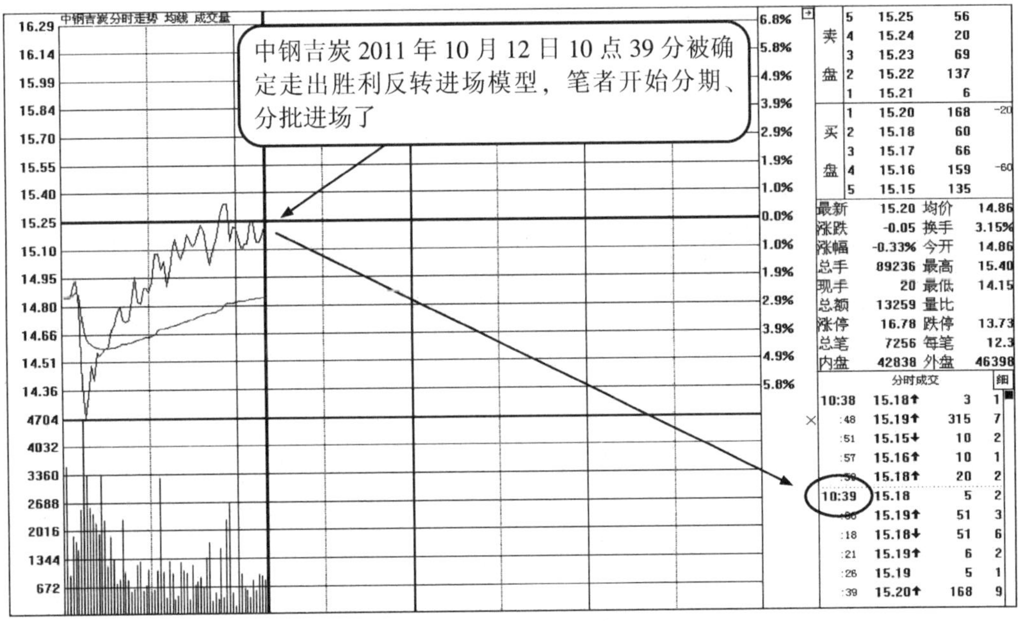
中钢吉炭2011年10月12日10点39分被确定走出胜利反转进场模型，笔者开始分期、分批进场了

图5－10

笔者通过分析中钢吉炭这一天的走势情况，发现该股符合胜利反转模型的每个条件，加上该股又是市场的热点（石墨烯概念），主力进场也明显，笔者开始分期、分批建仓了。

到收盘该股的走势情况见图5－11。

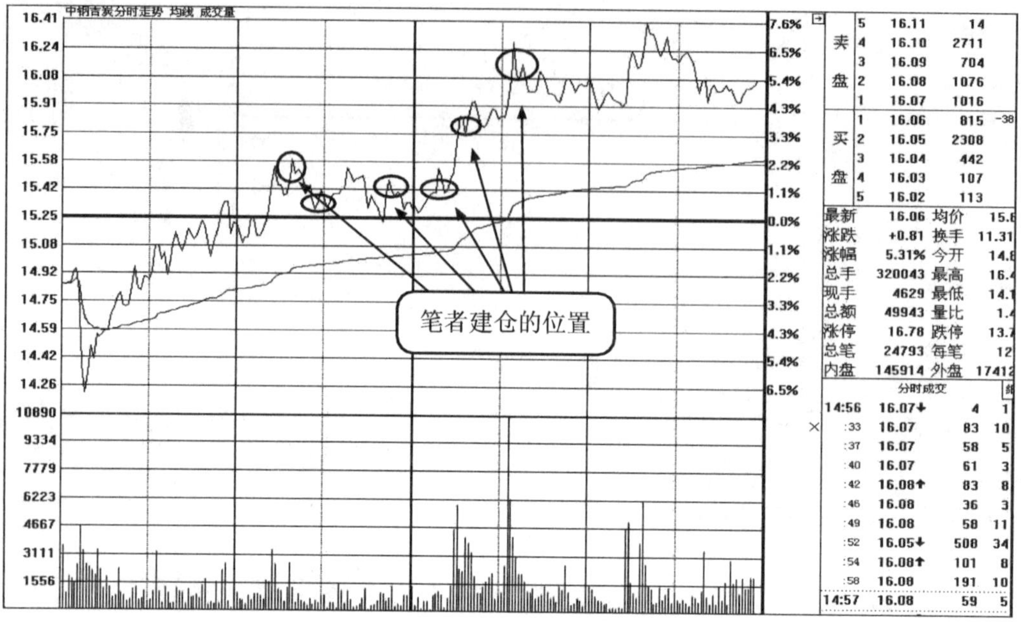

图5－11

进场策略：根据对大盘的风险分析，笔者运用资金总量的40%进行操作，多重仓位（逢低多次进场）建仓的均价在15.75元。

上涨盈利预期：15%。

止损设定：－5%（收益风险比3:1）。

之后4天的走势见图5－12。

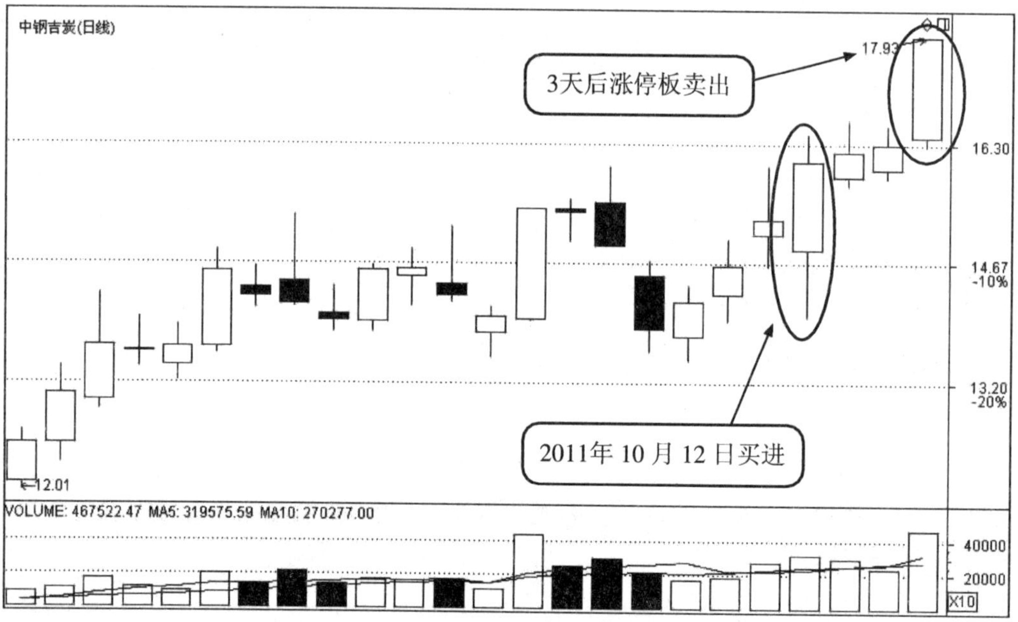

图5－12

卖出的理由见图 5－13。

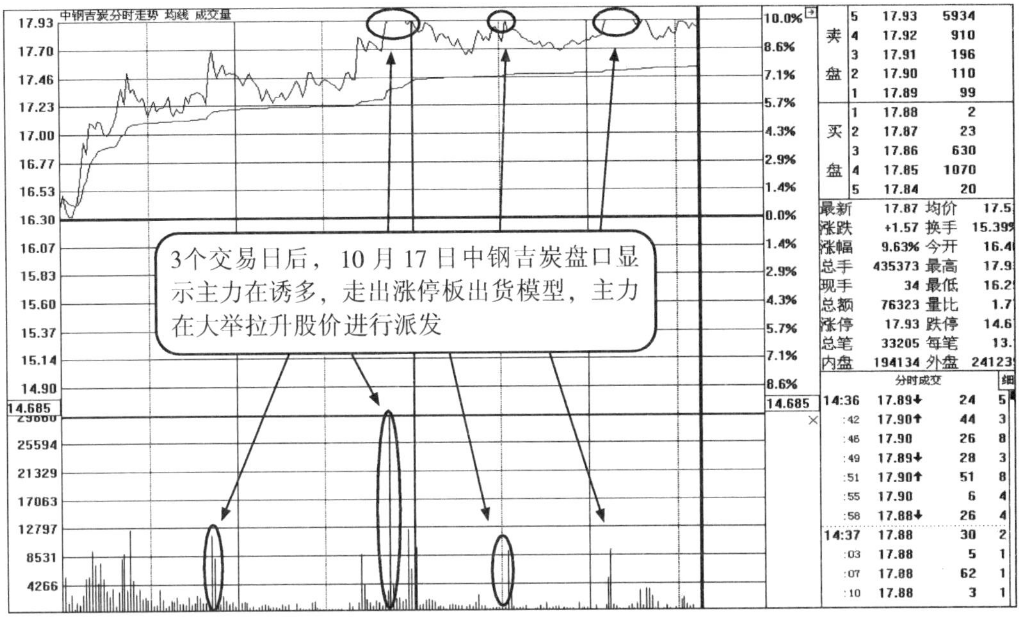
中钢吉炭分时走势 均线 成交量
3个交易日后，10 月 17 日中钢吉炭盘口显示主力在诱多，走出涨停板出货模型，主力在大举拉升股价进行派发

图 5－13

图 5－13 显示，3 个交易日后中钢吉炭主力拉升股价至涨停板，盘中涨停板不断被放量打开，笔者参照涨停板出货模型的条件，果断地在涨停板价位出掉手中筹码，见图 5－14。

成交时间	证券代码	证券名称	买卖标志	状态说明	成交价格
112210	000928	中钢吉炭	卖出	成交	17.930
112201	000928	中钢吉炭	卖出	成交	17.930
112152	000928	中钢吉炭	卖出	成交	17.930
111713	000928	中钢吉炭	卖出	成交	17.730
111653	000928	中钢吉炭	卖出	成交	17.740

图 5－14

该股的操作效果为成功，盈利比例为 14%。卖出后该股的走势见图 5－15。风险把控效果为极佳。

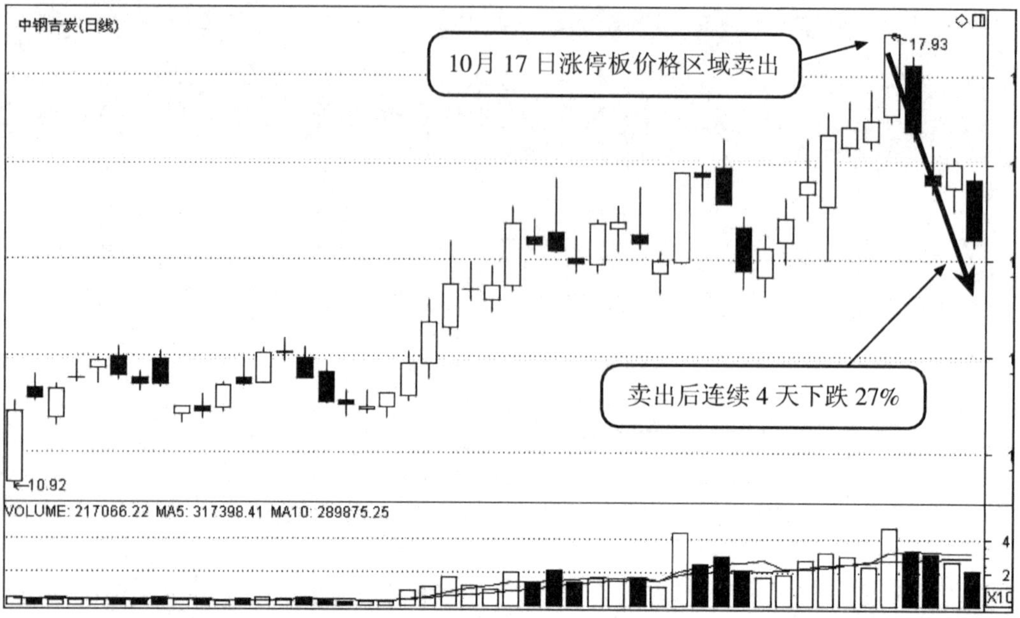

图 5 -15

3. 金路集团（000510）的操作过程（2011 年 11 月 2 日）

金路集团于 2011 年 11 月 2 日这天走出 U 形“15”模型，对应的 8 大条件完全符合。

由于当时市场正在炒作烧碱，烧碱价格大幅上涨，而该股的主营是烧碱，符合热点强势股票操作原则，笔者进行了重点操作。

大盘当时的走势情况见图 5 -16。这一天的大盘依然上涨，成交量温和放大，市场交投活跃，个股普涨，此时适合个股的操作。

金路集团这一天的分时盘口交易图情况见图 5 -17。

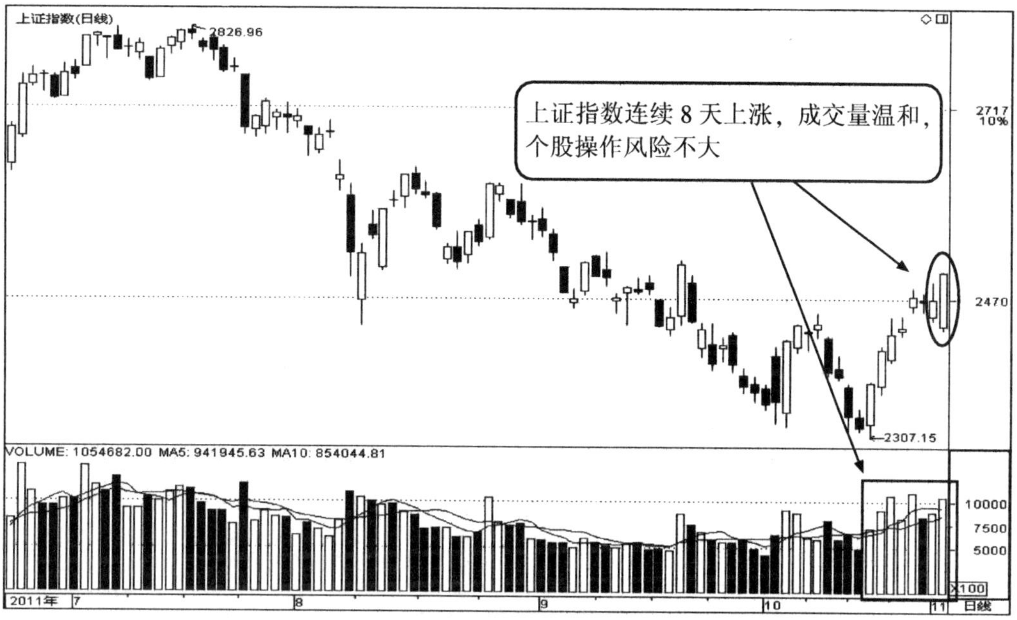

图 5 -16

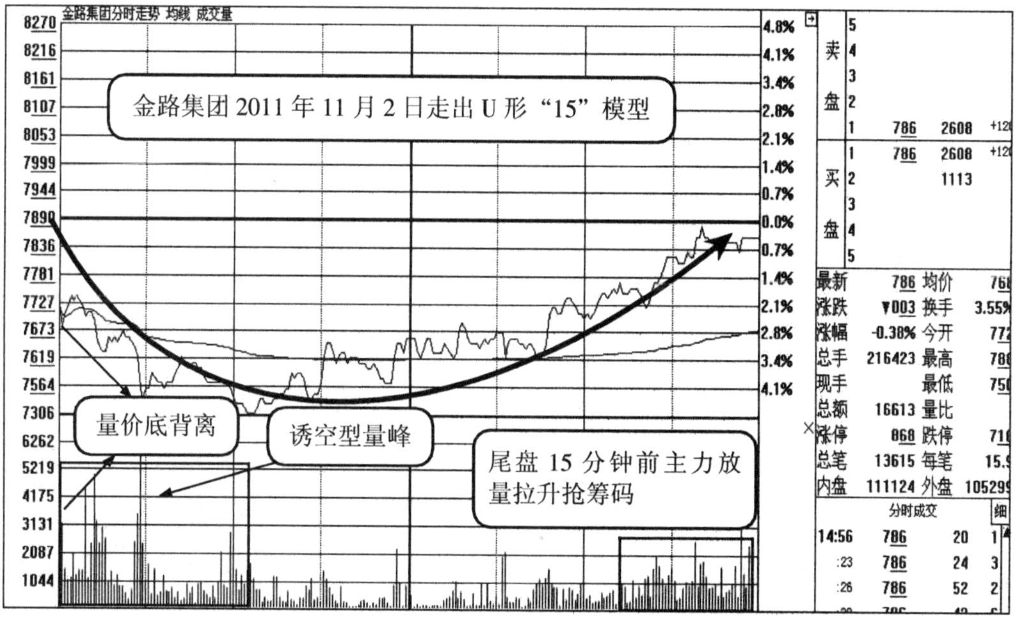

图 5 -17

盘口分析：该股无论是量峰、分时图波形还是挂单等，都符合笔者的“15”模型的 8 个条件。

结论：该股可以分期、分批进场操作。

进场策略：按照 50% 的资金进场，多重仓位（逢低多次）买进。

上涨盈利预期：15%。

止损设定：-4%（收益风险比3:1）。

持有4天后该股的表现见图5-18。

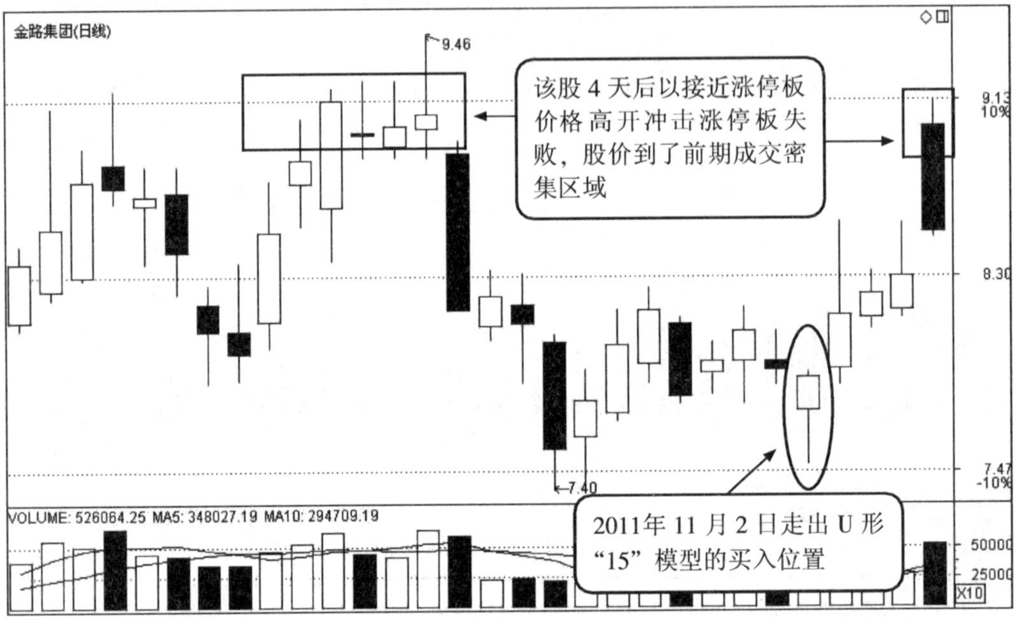

图5-18

这一天的分时盘口交易图显示主力在利用涨停板高开出货，见图5-19。

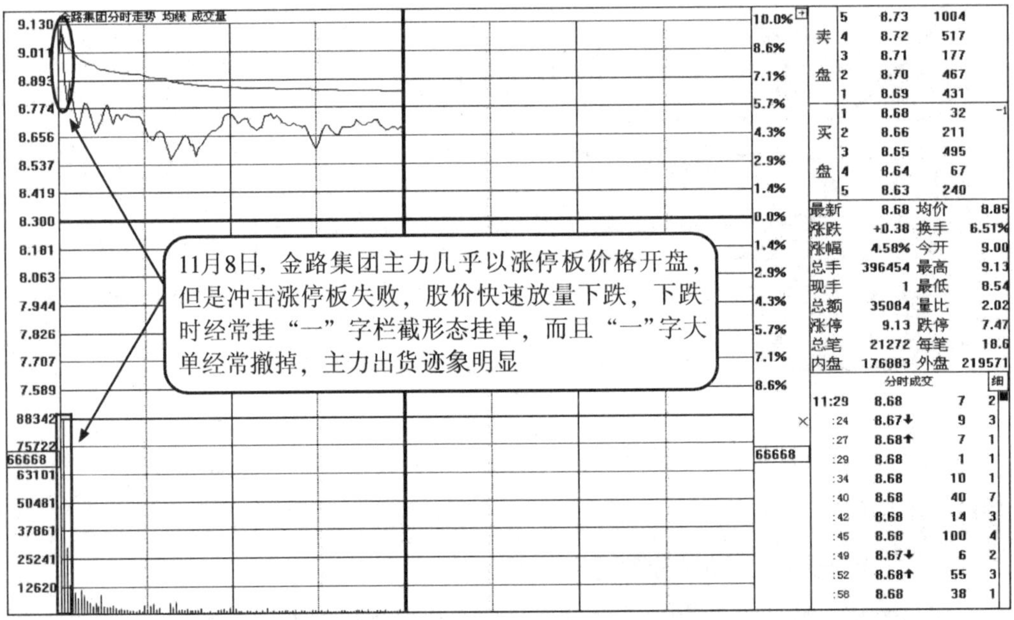

图5-19

盘口显示这是主力在以涨停板出货模型进行出货，笔者当机立断获利出局。

图 5 - 20 是卖出该股的交割单。

成交时间	股东代码	证券代码	证券名称	买卖标志	成交价格
09:53:41	0104471208	000510	金路集团	卖出	8.750
09:53:42	0104471208	000510	金路集团	卖出	8.750
09:53:43	0104471208	000510	金路集团	卖出	8.750
10:28:51	0104471208	000510	金路集团	卖出	8.750
10:28:52	0104471208	000510	金路集团	卖出	8.750
10:28:52	0104471208	000510	金路集团	卖出	8.750
10:28:52	0104471208	000510	金路集团	卖出	8.750

图 5 - 20

最终的盈利比例：13.8%；操作效果：成功盈利。卖出该股之后的股价走势见图 5 - 21。风险把控效果为极佳。

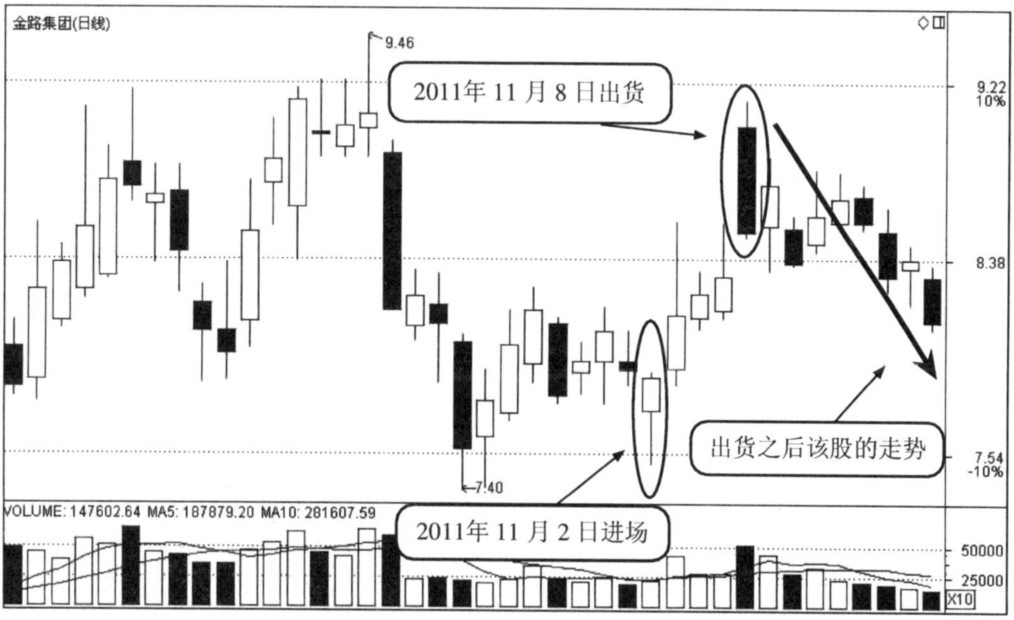

图 5 - 21

4. 重庆啤酒（600132）的操作过程（2011 年 11 月 23 日）

2011 年 11 月以来，重庆啤酒的走势特别抢眼；而大盘的走势正处于冲高回落过程中，见图 5 - 22。

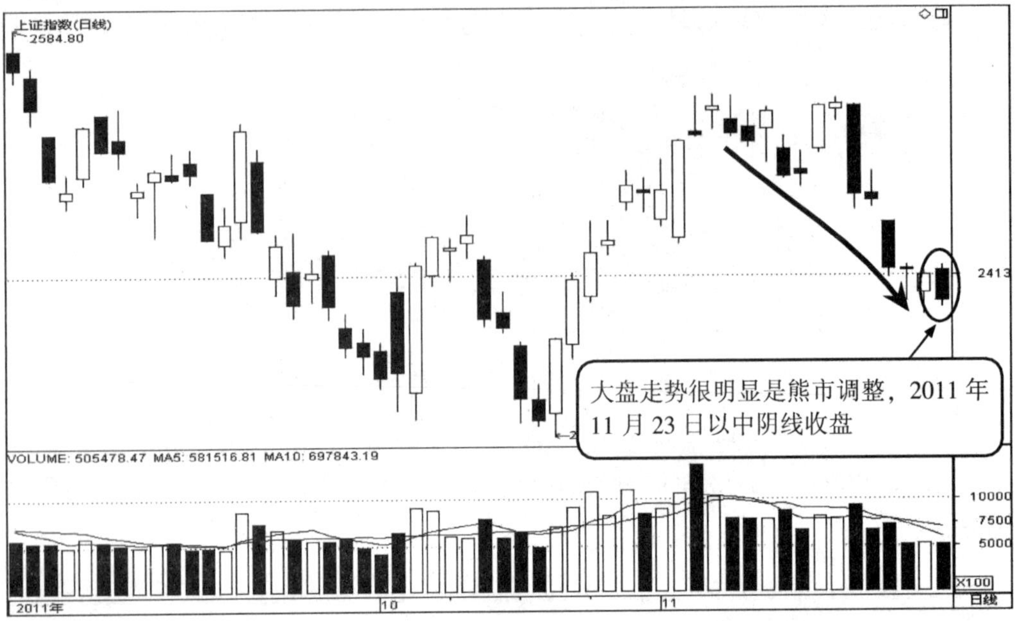

图 5 -22

图 5 -22 显示大盘运行在回调浪中，11 月 23 日继续下跌，收盘以中阴线报收，市场环境继续恶化。市场中个股普跌，但明显有活跃的强势个股，其中重庆啤酒的走势就属于强势个股，它的走势见图 5 -23。

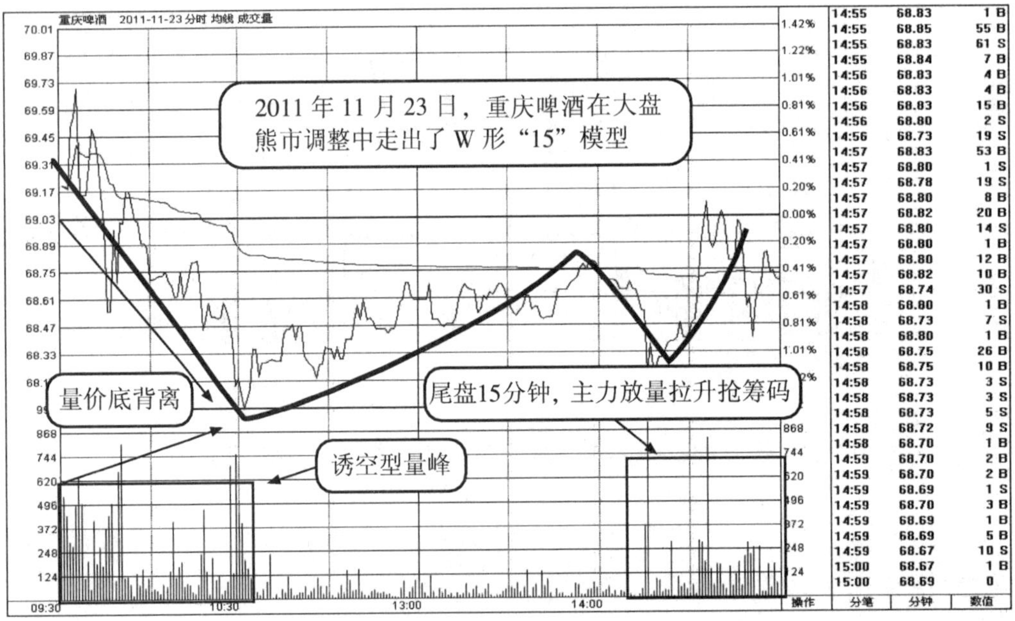

图 5 -23

该股这一天走出 W 形“15”模型，量峰、分时图波形和挂单等情况良好，符合笔者的“15”模型的 8 大条件。

大盘风险评估：大盘处于熊市中期，个股操作风险很大。

进场策略：不超过 10% 的资金进场操作。上涨盈利预期：15%。

止损设定：－5%（收益风险比 3:1）。

买入重庆啤酒后的走势如图 5－24 所示。

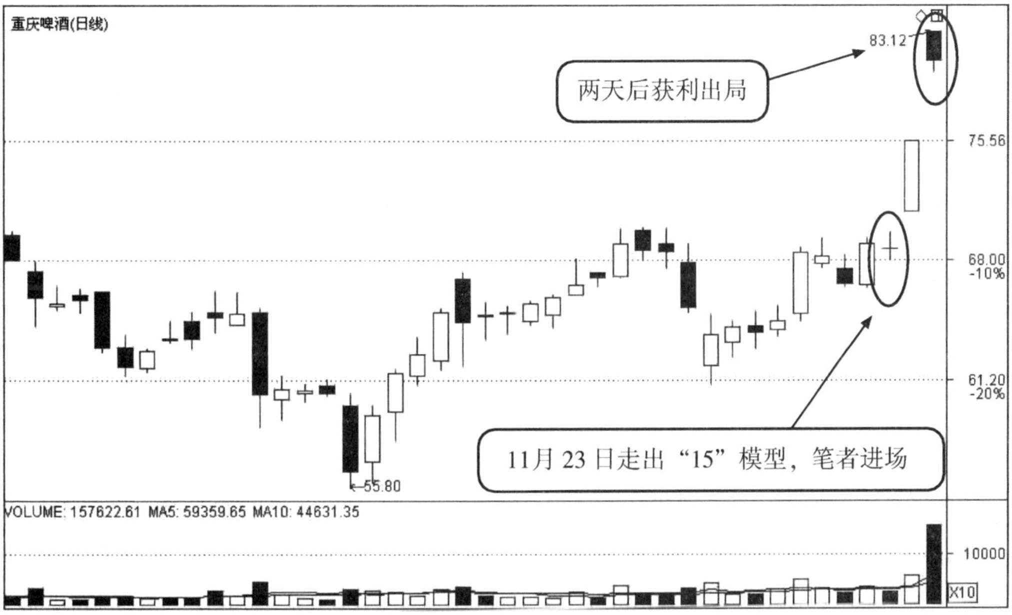

图 5－24

图 5－24 显示，笔者买入后出现连续两个涨停板，第二个涨停板明显是主力在出货。第一个涨停板的分时盘口交易情况如图 5－25 所示。

图 5－25 显示，该股 11 月 24 日上午开盘后不久即封涨停板，但是很快就放量打开。打开过程中的 9 点 43 分出现上二层、下一层的夹板式挂单，按照盘口理论，这是主力能够在控盘情况下出货的挂单形式。而涨停板打开时的量峰是放大量的冲击型量峰，这种量峰从盘口理论角度看也具有出货可能。但是瞬间打开涨停板时的量峰值仅有 52 万股，同时考虑到这个涨停板封死的时间长达 3 小时 45 分钟，笔者认为主力出货的数量不是很多，决定持股到次日再见机行事。

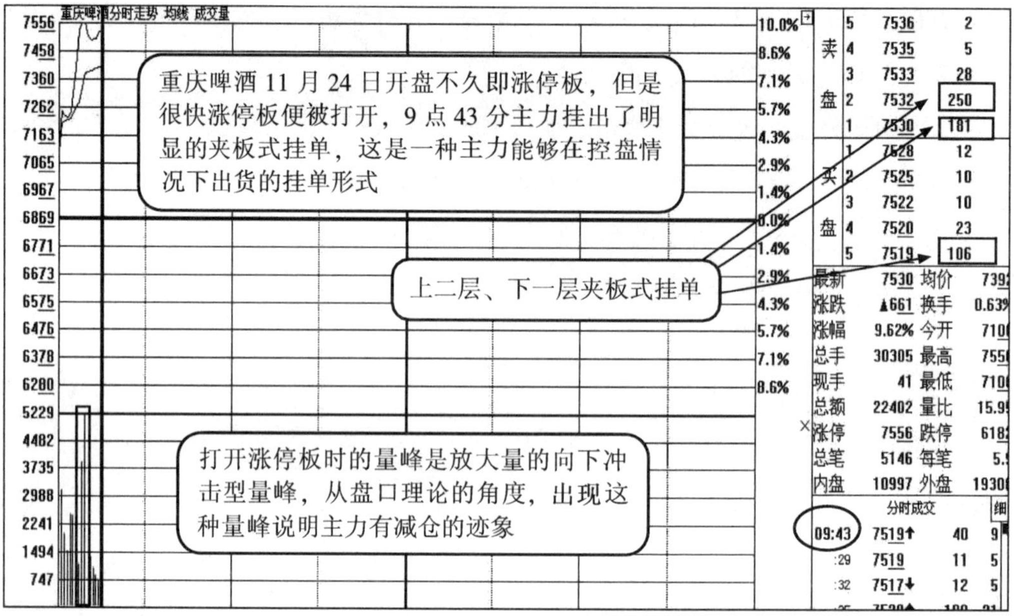
重庆啤酒分时走势 均线 成交量
重庆啤酒 11 月 24 日开盘不久即涨停板，但是很快涨停板便被打开，9 点 43 分主力挂出了明显的夹板式挂单，这是一种主力能够在控盘情况下出货的挂单形式
上二层、下一层夹板式挂单
打开涨停板时的量峰是放大量的向下冲击型量峰，从盘口理论的角度，出现这种量峰说明主力有减仓的迹象

图 5 -25

次日该股的走势微妙，看一下图 5 -26。

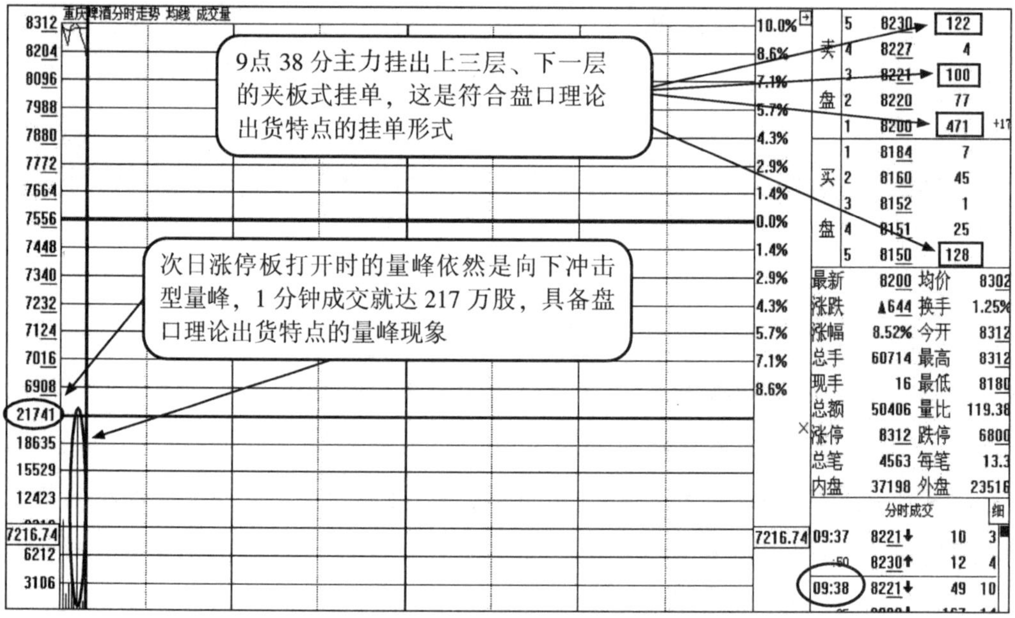
重庆啤酒分时走势 均线 成交量
9点 38 分主力挂出上三层、下一层的夹板式挂单，这是符合盘口理论出货特点的挂单形式
次日涨停板打开时的量峰依然是向下冲击型量峰，1 分钟成交就达 217 万股，具备盘口理论出货特点的量峰现象

图 5 -26

图 5 -26 告诉我们：重庆啤酒 11 月 25 日涨停板开盘，不久放量打开。打开涨停板时的量峰是向下冲击型量峰，9 点 36 分的量峰值放大到 217 万股，符合盘口理论的

主力出货特点；而9点38分这一刻的挂单是上三层、下一层的夹板式挂单，这种挂单形式和盘口理论涨停板出货特点是一致的。这可以初步说明主力是在大举出货。

时间运行到10点22分，盘口又出现图5－27所示的现象。

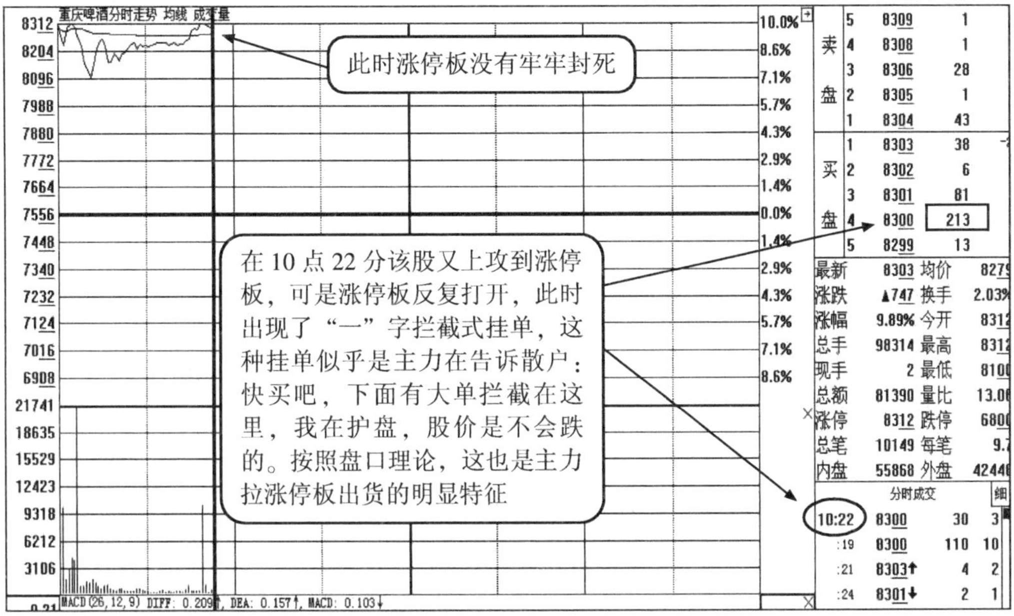
重庆啤酒分时走势 均线 成交量
此时涨停板没有牢牢封死
在10点22分该股又上攻到涨停板，可是涨停板反复打开，此时出现了“一”字拦截式挂单，这种挂单似乎是主力在告诉散户：快买吧，下面有大单拦截在这里，我在护盘，股价是不会跌的。按照盘口理论，这也是主力拉涨停板出货的明显特征
卖盘
买盘
10:22
分时成交
MACD(26,12,9) DIFF: 0.209 DEA: 0.157 MACD: 0.103

图5－27

图5－27显示，主力开始玩“姜太公钓鱼，愿者上钩”了。到14点03分股价开始跳水，见图5－28。

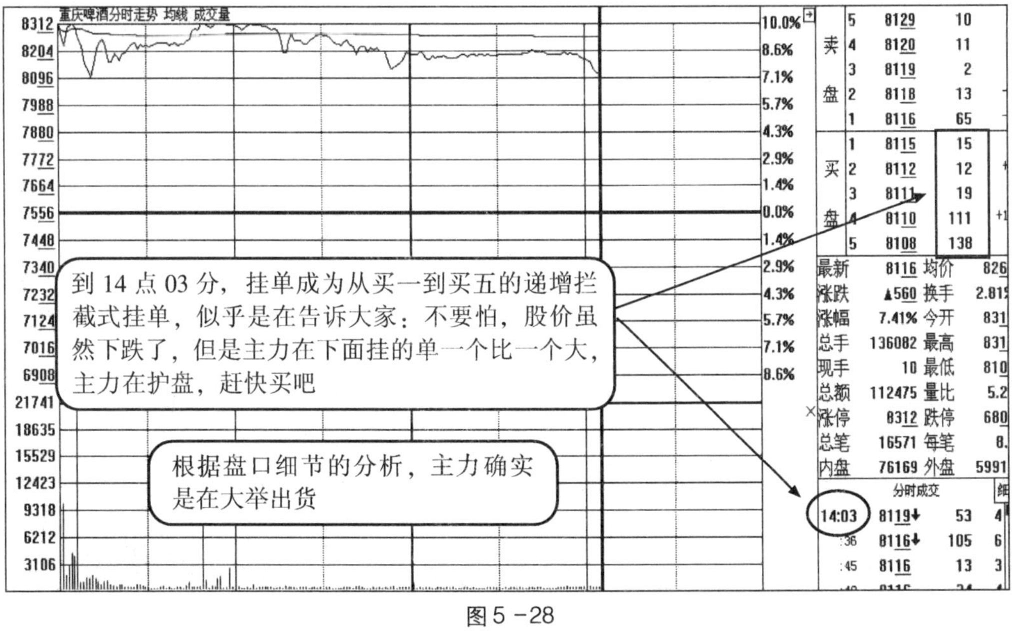
重庆啤酒分时走势 均线 成交量
到14点03分，挂单成为从买一到买五的递增拦截式挂单，似乎是在告诉大家：不要怕，股价虽然下跌了，但是主力在下面挂的单一个比一个大，主力在护盘，赶快买吧
根据盘口细节的分析，主力确实是在大举出货
卖盘
买盘
14:03
分时成交

图5－28

笔者看此情景，当机立断全部卖出，成交量如图 5－29 所示。

成交时间	证券代码	证券名称	买卖标志	状态说明	成交价格
94510	600132	重庆啤酒	卖出	成交	82.520
94444	600132	重庆啤酒	卖出	成交	82.510
94435	600132	重庆啤酒	卖出	成交	82.490

图 5 －29

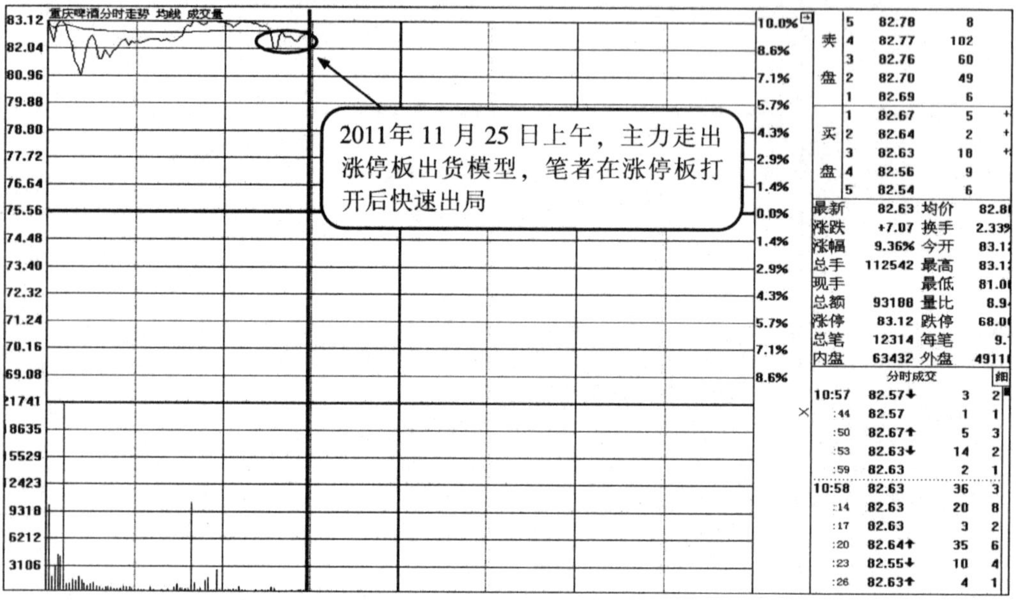
重庆啤酒分时走势 均线 成交量
2011年 11 月 25 日上午，主力走出涨停板出货模型，笔者在涨停板打开后快速出局

图 5 －30

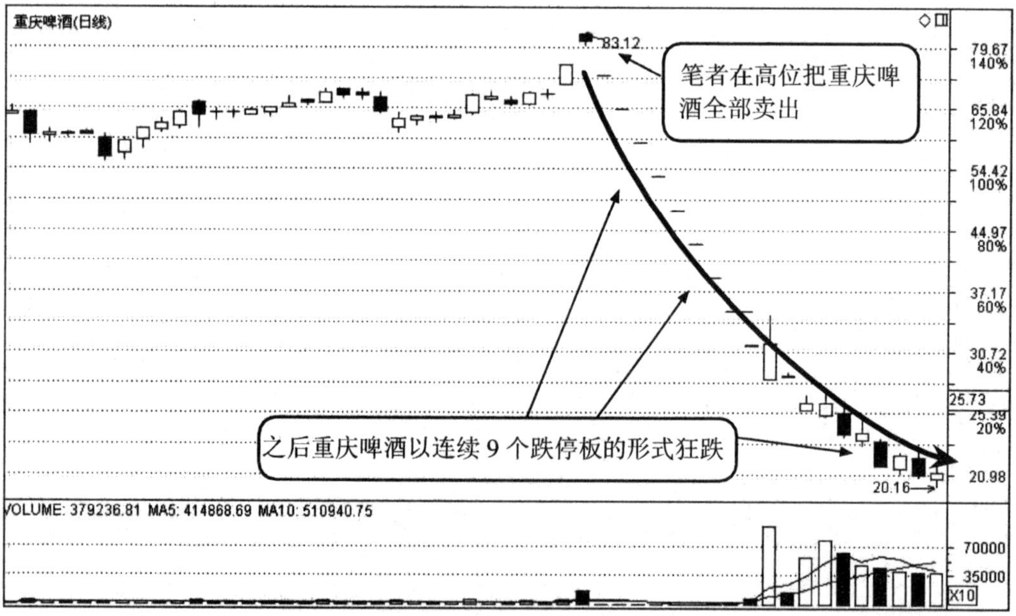
重庆啤酒(日线)
83.12
笔者在高位把重庆啤酒全部卖出
之后重庆啤酒以连续 9 个跌停板的形式狂跌
20.16
VOLUME: 379236.81 MA5: 414868.69 MA10: 510940.75

图 5 －31

笔者当时卖出的位置如图 5 - 30 所示。最终该股盈利 17.9%。操作效果为极佳。卖出后该股的走势如图 5 - 31 所示。受到利空消息影响，重庆啤酒以连续 9 个跌停板的形式狂跌，仅仅 20 个交易日股价由 83 元跌到了 20 元附近，而笔者却在这场盛宴散场前清醒地全身而退了，这是笔者从业以来最引以为傲的一次经典操作。

5. 万向德农（600371）的操作过程（2012 年 1 月 9 日）

2012 年 1 月 6 日，这一天是周五，笔者在做收盘作业的时候，万向德农这只股票的走势进入笔者的视线，它的走势见图 5 - 32。

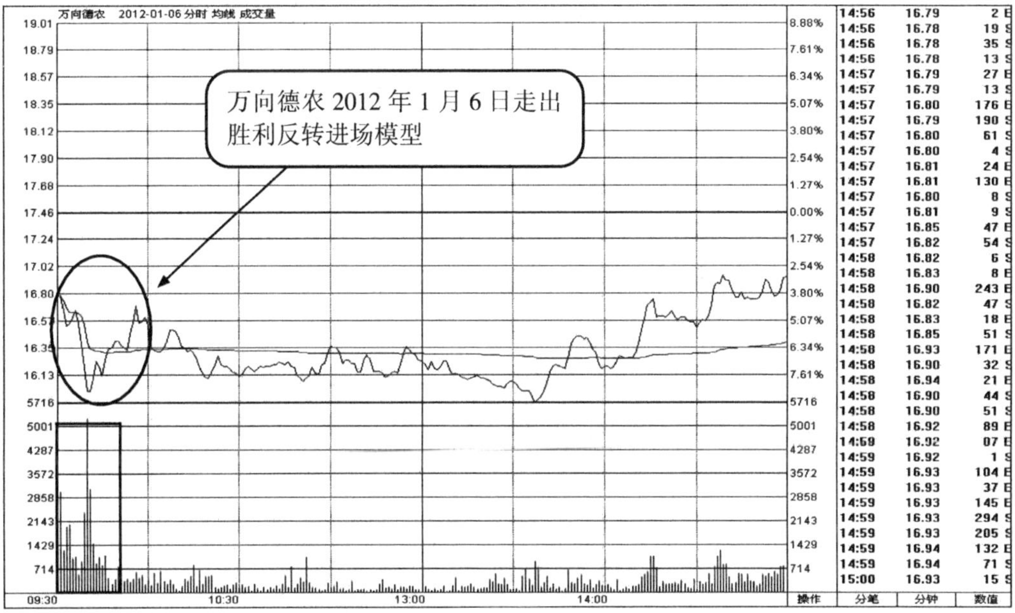

图 5 -32

该股这一天的盘口情况完全符合笔者的进场模型，可以进行实盘操作。该股属农林牧渔概念，临近春节，符合热点股票操作。当时大盘的走势见图 5 - 33。

图 5 -33

图 5 -33 显示，上证大盘已经历两个月的熊市回调，指数和 RSI 指标形成底背离，反弹可期。个股操作风险不大。

进场策略：运用 40% 的资金多重仓位（日内逢低多次）买入。

上涨盈利预期：20% 。

止损设定：-5% （收益风险比 4:1）。

1 月 9 日开盘不久便买入该股，买入交割单见图 5 -34。

证券名称	成交时间	买卖标志	成交价格
万向德农	10:05:18	买入	17.000
万向德农	10:05:18	买入	17.000
万向德农	10:05:18	买入	17.000
万向德农	10:05:18	买入	17.000
万向德农	10:05:18	买入	17.000
万向德农	10:05:18	买入	17.000
万向德农	10:05:18	买入	17.000

图 5 -34

买入后的走势见图 5 -35。

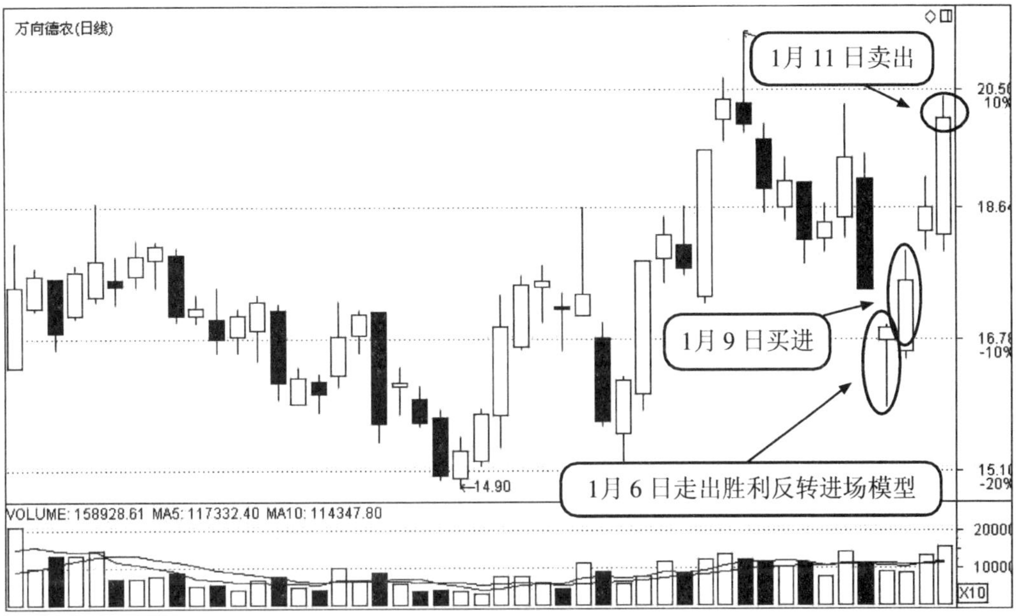

图5-35

为什么1月11日要卖出该股呢？请看图5-36。

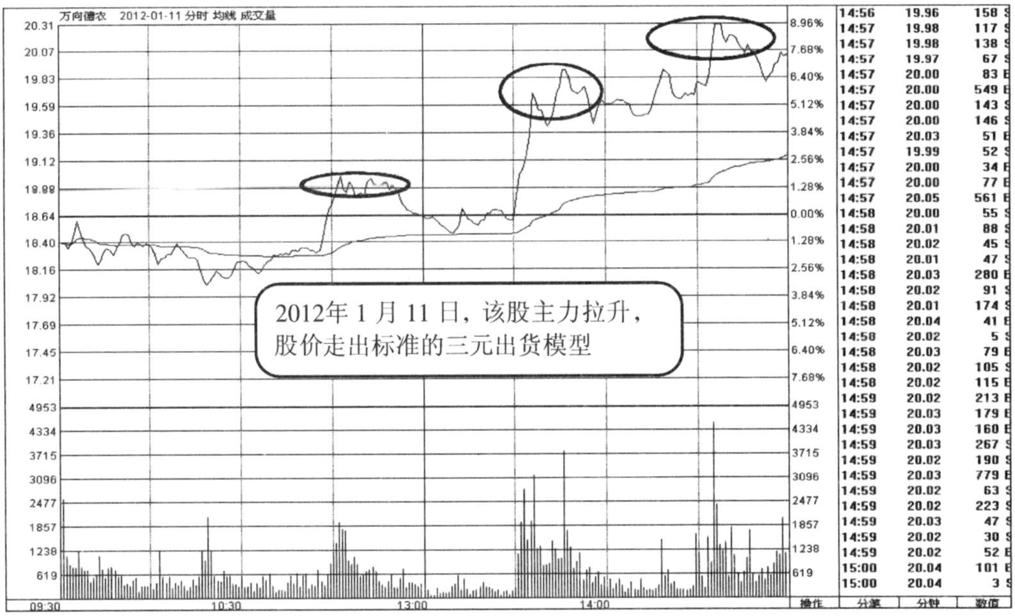

图5-36

这种情况下笔者不会贪图高利润，获利了结为先。

卖出交割单见图5-37。该股盈利比例为14.5%；操作效果为成功盈利。

万向德农	13:44:53	卖出	19.730
万向德农	13:44:53	卖出	19.730
万向德农	13:44:53	卖出	19.730
万向德农	13:44:53	卖出	19.730

图5－37

6. 白云山A（000522）的操作过程（2012年5月15日）

白云山A和广州药业连续多日成为市场热点强势股。5月15日白云山A走出堆量模型，见图5－38。

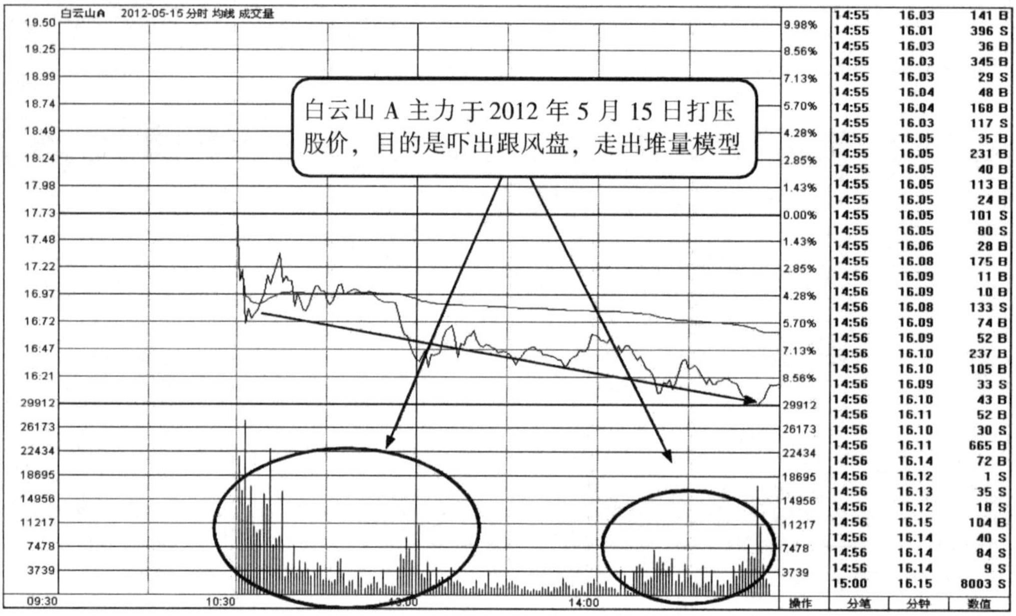

图5－38

图5－38告诉我们：白云山A2012年5月15日的分时盘口显示股价单边下行，可是量峰出现堆量特征，这是市场里不多见的一种现象。当时大盘还处在熊市调整过程中，如图5－39所示。

图 5 -39

图 5 -39 显示大盘处于回调整理过程中，此时操作个股有风险，但符合进场模型条件的个股是可以操作的。从盘口看，白云山 A 符合笔者的买进条件。

进场策略：不超过 10% 的资金多重仓位（逢低日内多次）买进。

上涨盈利预期：12% 。

止损设定： -4% （收益风险比 3:1）。

当天分批进场，交割单见图 5 -40。

20120515	000522	白云山A	买入	16.400
20120515	000522	白云山A	买入	16.400
20120515	000522	白云山A	买入	16.090

图 5 -40

第二天该股强势拉出涨停板，如图 5 -41 所示。

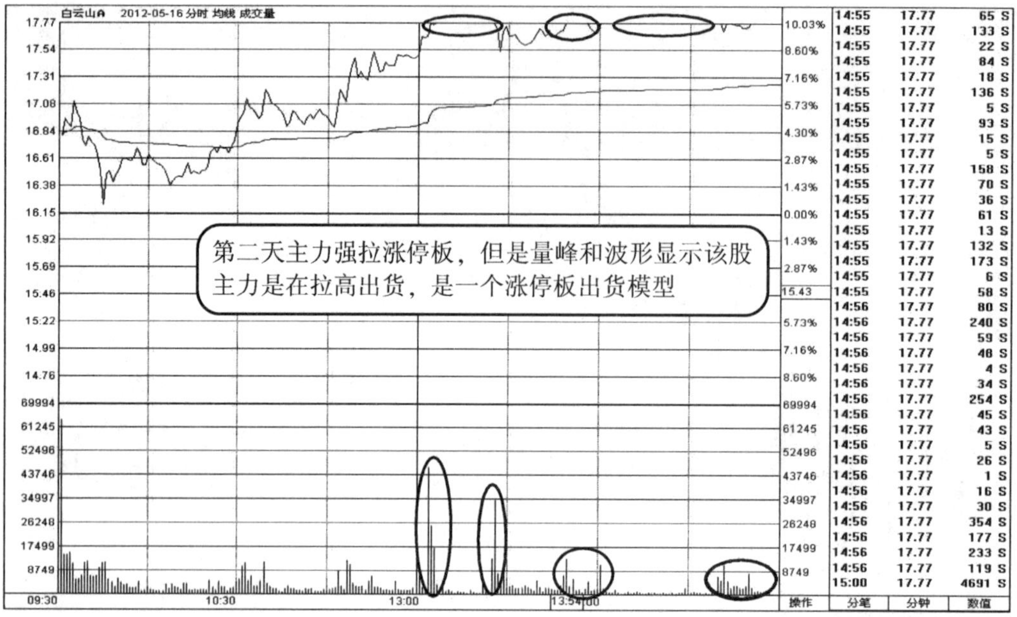
白云山A 2012-05-16 分时 均线 成交量
第二天主力强拉涨停板，但是量峰和波形显示该股主力是在拉高出货，是一个涨停板出货模型

图 5－41

见此情景笔者卖出该股，走势图说明主力在出货。成交单见图 5－42。该股操作效果为赢利 9%，风险控制效果为良。

130530	000522	白云山A	卖出	成交	17.710
130500	000522	白云山A	卖出	成交	17.700
130453	000522	白云山A	卖出	成交	17.630
130446	000522	白云山A	卖出	成交	17.700

图 5－42

第六章

资金操作规模管理模式

一位成功的投资者，无论他的操盘手法如何高超、操作技术如何娴熟，他对资金的操作规模都必须管理得非常到位。就连美国华尔街的那些职业投资家都在使用合理的资金操作规模管理模式，我们更应该加以重视。

笔者根据多年的投资经验，总结了以下三种情况下不同的资金操作模型，即牛市、平衡市和熊市市场中怎样使用资金，如何管理和科学地规避风险。

说起资金操作规模这个话题，笔者感触很深。早在 1995 年笔者刚刚进入股市的时候，丝毫没有资金操作规模这个概念。心想，买股票就是全仓进、全仓出，因为看好的股票如果不是用全部资金买入的话，那涨起来岂不是赚钱就少了。但是，血淋淋的事实告诉我，这样操作一段时间后，亏损很大。

一位成功的投资者，无论他的操盘手法如何高超、操作技术如何娴熟，他对资金的操作规模都必须管理得非常到位。就连美国华尔街的那些职业投资家都在使用合理的资金操作规模管理模式，我们更应该加以重视。

笔者根据多年的投资经验，总结出以下几种适合各种市场环境的资金操作规模管理模式，使用效果很好，希望对读者朋友有所帮助。

一、牛市资金操作规模管理模式

1. 牛市初期 433 模式

就是指在市场由熊转牛的时候，这时市场成交量明显放大，涨幅榜中涨停板股票的数量开始增多，领涨板块开始出现时的资金管理模式。资金操作规模可以放大。

433 模式中的“4”就是我们在经过对个股的分析、运用股票进场模型，决定买入个股的可用资金比例。第一次建仓的资金为 40%。

433 模式中间的“3”就是用 30% 的资金来做准备，如果该股第一次建仓后出现下跌，则可以用来补仓，以摊低持仓成本。

433 模式后面的“3”就是 30% 的资金不动，备用。

2. 牛市中期 631 模式

就是在市场呈现明显强势特征的情况下，这期间个股普涨，大盘的成交量继续温和放大，涨停板的股票数量非常多时的资金管理模式。

631 模式中的“6”就是指我们在经过对个股的分析、运用股票进场模型，决定买入个股的可用资金比例为 60%。

631 模式中的“3”就是如果该股出现下跌，那么我们可以用 30% 的资金继续补仓，以摊低持仓成本。

631 模式中的“1”就是 10% 的资金不动，备用。

3. 牛市后期 532 模式

就是指在大盘上涨到相对高位，市场出现成交量明显萎缩，涨停板的个股数量减少，成交量和大盘出现顶背离，继续上涨的动能下降时的资金管理模式。

532 模式中的“5”就是我们在经过对个股的分析、运用股票进场模型，决定买入个股的可用资金比例为 50% 。

532 模式中的“3”就是如果该股出现下跌，那么我们可以用 30% 的资金继续补仓，以摊低持仓成本。

532 模式中的“2”就是 20% 的资金不动，备用。

二、平衡市资金操作规模管理 532 模式

平衡市资金操作规模管理模式的用法与牛市末期 532 模式用法相同，此处不再赘述。

三、熊市资金操作规模管理模式

1. 熊市初期 320 模式

就是指成交量、指标和指数出现底背离后，或者由于利空的出现，大盘开始进入熊市下跌的开始阶段时的资金管理模式。这时下跌的股票数量开始增多，但是还有一部分个股继续保持强势，比如在盘中走出股票“15”模型、胜利反转模型、新股模型，我们可以在这几个进场模型出现的时候进行短线操作。

320 模式中的“3”指的是 30% 的资金用来进场买入股票。

320 模式中的“2”指的是 20% 的资金作为进场之后的保障资金，如果该股出现下跌，则可以逢低补仓摊抵持仓成本。

320 模式中的“0”是指另外 50% 的资金，不要体现在股票账户里，通过银证转账放到银行账户里（因为很多投资者在盘中发现急速上涨的股票会忍不住追高买

入，这样风险很大，所以最好是让这部分资金在银行里“睡大觉”)。

2. 熊市中期 230 模式

就是指市场进入熊市中期，此时个股出现普跌现象，下跌时成交量明显放大，涨幅榜中涨停板的个股极少或者没有涨停板时的资金管理模式。但是还有一部分个股继续保持强势，比如在盘中走出股票“15”模型、胜利反转模型、新股模型，我们可以在这几个进场模型出现的时候进行短线操作。

230 模式中的“2”指的是 20% 的资金用来进场买入股票。

230 模式中的“3”指的是 30% 的资金作为进场之后的保障资金，对建仓的 20% 资金作为备用，如果该股出现下跌，则可以逢低补仓，摊低成本，控制风险。

230 模式中的“0”指的是另外 50% 的资金，最好不要体现在股票账户里，通过银证转账放到银行账户里。

3. 熊市后期 340 模式

就是指在大盘经过长期下跌的熊市过程后期，成交量、指标和指数出现底背离，市场一部分板块或者很多个股成交开始活跃、涨停板的个股开始增多时的资金管理模式。如果盘中走出股票“15”模型、胜利反转模型、新股模型，我们可以在这几个进场模型出现的时候进行短线操作。

340 模式中的“3”指的是 30% 的资金可以进场买入股票。

340 模式中的“4”指的是 40% 的资金作为进场之后的保障资金，如果该股出现下跌，则可以逢低买入摊低持仓成本。

340 模式中的“0”指的是另外 30% 的资金最好放在银行账户里。

第七章

学习效果测试试卷

一、单选题（只有一个正确答案）每题 3 分

1. 下面四种挂单中，（　　）是递增压迫形态挂单。

A.

卖盘	5	3.86	1523
	4	3.85	665
	3	3.84	589
	2	3.83	503
	1	3.82	379
买盘	1	3.81	413
	2	3.80	828
	3	3.79	775
	4	3.78	1007
	5	3.77	83

B.

卖盘	5	24.38	10
	4	24.31	10
	3	24.30	2
	2	24.28	64
	1	24.25	36
买盘	1	24.23	2
	2	24.20	15
	3	24.18	4
	4	24.17	15
	5	24.16	20

C.

卖盘	5	7.05	477
	4	7.04	226
	3	7.03	137
	2	7.02	453
	1	7.01	321
买盘	1	7.00	31
	2	6.99	370
	3	6.98	218
	4	6.97	412
	5	6.96	289

D.

卖盘	5	7.78	26
	4	7.77	11
	3	7.76	58
	2	7.75	25
	1	7.74	294
买盘	1	7.72	45
	2	7.71	262
	3	7.70	412
	4	7.69	23
	5	7.68	420

2. 下面四种挂单中，（　　）是递减压迫形态挂单。

A.

卖盘	5	17.87	29
	4	17.86	160
	3	17.85	46
	2	17.84	166
	1	17.83	21
买盘	1	17.82	10
	2	17.81	23
	3	17.80	122
	4	17.79	4
	5	17.78	54

B.

卖盘	5	5.93	1090
	4	5.92	1140
	3	5.91	960
	2	5.90	487
	1	5.89	99
买盘	1	5.88	216
	2	5.87	435
	3	5.86	289
	4	5.85	487
	5	5.84	164

C.

卖盘	5	10.21	22
	4	10.20	820
	3	10.19	118
	2	10.18	610
	1	10.17	1947
买盘	1	10.16	143
	2	10.15	405
	3	10.14	46
	4	10.13	124
	5	10.12	704

D.

卖盘	5	7.79	425
	4	7.78	296
	3	7.77	253
	2	7.76	477
	1	7.75	125
买盘	1	7.74	255
	2	7.73	454
	3	7.72	341
	4	7.71	667
	5	7.70	958

3. 下面四种挂单中，（　　）是递增拦截形态挂单。

A.

卖盘	5	7.95	141
	4	7.94	707
	3	7.93	370
	2	7.92	239
	1	7.91	72
买盘	1	7.90	94
	2	7.89	69
	3	7.88	5
	4	7.87	2
	5	7.85	2

B.

卖盘	5	25.43	37
	4	25.42	3
	3	25.41	54
	2	25.40	24
	1	25.39	48
买盘	1	25.38	11
	2	25.35	48
	3	25.34	5
	4	25.33	78
	5	25.32	12

C.

卖盘	5	2.89	2273
	4	2.88	2177
	3	2.87	1624
	2	2.86	2578
	1	2.85	3817
买盘	1	2.84	1936
	2	2.83	2814
	3	2.82	1564
	4	2.81	1895
	5	2.80	2920

D.

卖盘	5	5.12	242
	4	5.11	2
	3	5.10	98
	2	5.09	78
	1	5.08	51
买盘	1	5.06	410
	2	5.05	677
	3	5.04	955
	4	5.03	1075
	5	5.02	1114

4. 下面四种挂单中，（　　）是递减拦截形态挂单。

A.

卖盘	5	10.91	16
	4	10.90	499
	3	10.89	143
	2	10.88	785
	1	10.87	253
买盘	1	10.86	42
	2	10.85	58
	3	10.84	173
	4	10.83	108
	5	10.82	72

B.

卖盘	5	13.09	33
	4	13.05	13
	3	13.04	41
	2	13.03	30
	1	13.01	7
买盘	1	13.00	26
	2	12.98	4
	3	12.97	92
	4	12.95	50
	5	12.94	4

C.

卖盘	5	10.27	78
	4	10.26	200
	3	10.25	241
	2	10.24	12
	1	10.23	122
买盘	1	10.20	898
	2	10.19	280
	3	10.18	204
	4	10.17	187
	5	10.16	51

D.

卖盘	5	5.74	463
	4	5.73	472
	3	5.72	431
	2	5.71	248
	1	5.70	58
买盘	1	5.68	403
	2	5.67	240
	3	5.66	418
	4	5.65	290
	5	5.64	586

5. 下面四种挂单中，(　　) 是夹板形态挂单。

A.

卖盘	5	20.37	5
	4	20.36	16
	3	20.35	5
	2	20.33	48
	1	20.32	269
买盘	1	20.31	44
	2	20.30	19
	3	20.25	10
	4	20.23	45
	5	20.22	5

B.

卖盘	5	51.93	13
	4	51.92	80
	3	51.90	343
	2	51.88	13
	1	51.87	6
买盘	1	51.84	1
	2	51.83	2
	3	51.81	202
	4	51.80	92
	5	51.78	93

C.

卖盘	5	24.42	14
	4	24.40	5
	3	24.39	60
	2	24.38	46
	1	24.36	44
买盘	1	24.35	2
	2	24.32	72
	3	24.31	24
	4	24.30	29
	5	24.29	15

D.

卖盘	5	9.49	211
	4	9.48	339
	3	9.47	367
	2	9.46	510
	1	9.45	133
买盘	1	9.44	119
	2	9.43	371
	3	9.42	371
	4	9.41	232
	5	9.40	310

6. 下面四种挂单中，(　　) 是“一”字拦截形态挂单。

A.

卖盘	5	8.45	1161
	4	8.44	547
	3	8.43	179
	2	8.42	549
	1	8.41	79
买盘	1	8.40	220
	2	8.39	328
	3	8.38	143
	4	8.37	97
	5	8.36	160

B.

卖盘	5	12.06	105
	4	12.05	61
	3	12.04	32
	2	12.03	10
	1	12.02	58
买盘	1	12.01	2
	2	12.00	80
	3	11.99	90
	4	11.98	100
	5	11.96	65

C.

卖盘	5	4.28	1458
	4	4.27	1135
	3	4.26	912
	2	4.25	618
	1	4.24	438
买盘	1	4.23	12
	2	4.22	326
	3	4.21	468
	4	4.20	931
	5	4.19	462

D.

卖盘	5	9.54	90
	4	9.53	60
	3	9.52	41
	2	9.51	36
	1	9.50	145
买盘	1	9.48	1923
	2	9.47	101
	3	9.46	92
	4	9.45	210
	5	9.44	30

7. 下面四种挂单中，（　　）是对称蜂窝形态挂单。

A.

卖盘	5	14.25	87
	4	14.24	63
	3	14.23	35
	2	14.22	60
	1	14.20	6
买盘	1	14.19	208
	2	14.17	103
	3	14.15	253
	4	14.14	27
	5	14.13	43

B.

卖盘	5	12.17	129
	4	12.16	130
	3	12.15	211
	2	12.14	40
	1	12.13	5
买盘	1	12.12	58
	2	12.10	40
	3	12.09	26
	4	12.08	10
	5	12.07	15

C.

卖盘	5	1.92	23895
	4	1.91	24063
	3	1.90	51081
	2	1.89	63486
	1	1.88	11119
买盘	1	1.87	32274
	2	1.86	34126
	3	1.85	11500
	4	1.84	20673
	5	1.83	25540

D.

卖盘	5	8.44	308
	4	8.43	224
	3	8.42	84
	2	8.41	23
	1	8.40	58
买盘	1	8.39	47
	2	8.38	218
	3	8.37	107
	4	8.36	419
	5	8.35	1831

8. 股票“15”模型适用的市场环境是（　　）。

A. 牛市　　B. 平衡市

C. 熊市　　D. 以上三种都可以

9. 股票“15”模型出现的时间是（　　）。

A. 上午开市后 15 分钟附近　　B. 上午收盘前 15 分钟附近

C. 下午开市后 5 分钟附近　　D. 下午收盘前 15 分钟附近

10. 股票“15”模型出现的当天上涨幅度最好不要超过（　　）。

A. 2. 5%　　B. 3. 5%

C. 5. 5%　　D. 6. 5%

11. 盘中如何发现股票“15”模型？（　　）

A. 上午开市后 15 分钟，用 80 键看 5 分钟涨速排名

B. 上午收盘前 15 分钟，用 80 键看 5 分钟涨速排名

C. 下午开市后 15 分钟，用 80 键看 5 分钟涨速排名

D. 14 点 15 分开始，用 80 键看 5 分钟涨速排名

12. 盘后如何发现股票“15”模型？（　　）

A. 用50键看涨幅排名，逐一看涨幅在0%～2.5%的股票

B. 用60键看涨幅排名，逐一看涨幅在0%～2.5%的股票

C. 用70键看涨幅排名，逐一看涨幅在0%～2.5%的股票

D. 用80键看涨幅排名，逐一看涨幅在0%～2.5%的股票

13. 股票“15”模型的条件之一，收盘前15分钟累积的成交量是全天最大的量，中盘股（流通盘5亿～7亿）每分钟最大量峰值要求不少于（　　）。

A. 50万股　　B. 60万股

C. 70万股　　D. 100万股

14. 股票“15”模型的构成条件之一，当天打压股价的过程，打压调整的幅度不能超过（　　）。

A. 3.5%　　B. 5.5%

C. 6.5%　　D. 7.5%

15. 股票“15”模型的构成条件之一，小盘股（流通盘1亿～5亿）收盘前15分钟，每分钟成交笔数要求不少于（　　）。

A. 8笔　　B. 9笔

C. 10笔　　D. 12笔

二、多选题（有两个及以上正确答案）每题5分

1. 股票“15”模型的构成条件之一，从低点拉升股价的过程，买盘的挂单是(　　)。

A. 递增拦截形态　　B. 下蜂窝形态

C. “一”字拦截形态　　D. 夹板形态

2. 股票“15”模型的构成条件之一，尾盘15分钟拉升股价的过程，卖盘的挂单是(　　)。

A. 递增压迫形态　　B. 递减压迫形态

C. “一”字压迫形态　　D. 上蜂窝形态

3. 常用的量峰种类有（　　）。

A. 冲击型量峰　　B. 攻击型量峰

C. 诱空型量峰　　D. 诱多型量峰

4. 攻击型量峰的表现形式有（　　）。

A. 不间断持续爆发　　B. 纵向放大、没有横向的延续

C. 瞬间爆发　　D. 纵向、横向都放大

5. 诱空型量峰的目的是（　　）。

A. 拉升股价　　B. 洗盘

C. 建仓　　D. 出货

三、判断题（每题 3 分）

1. 股票“15”模型适用于牛市、平衡震荡市、熊市，其中在牛市中准确率最高。（　　）

2. 股票“15”模型构成条件之一：日 K 线表现为回调多日或横盘多日（洗盘），走出模型的前两天有两个小阳线更好，走出模型的当日不是在突破价位。（　　）

3. 股票“15”模型的构成条件之一，中盘股（流通盘 5 亿 ~ 7 亿）收盘前 15 分钟，每分钟成交笔数要求不少于 20 笔。（　　）

4. 冲击型量峰是主力在盘中间歇性投入大笔资金积极买进或大单对敲造成瞬间发生剧烈波动的现象，持续时间一般在 7 分钟以内。（　　）

5. 诱空型量峰的构成条件之一：打压股价的过程，量价底背离，尾盘股价必须拉起。（　　）

6. 股票“15”模型的构成条件之一：尾盘 15 分钟拉升股价的过程中，要求量峰是冲击型量峰。（　　）

7. 股票“15”模型的构成条件之一：买盘总量大于卖盘 2 倍为好。（　　）

8. 压迫式挂单可以分为递增压迫式、递减压迫式、“一”字压迫式、上蜂窝式四种。（　　）

9. “一”字拦截式多出现在主力出货时，主力的真正意图是告诉市场主力在护盘，其实主力在悄悄地出货。（　　）

10. 如果股价日 K 线处高位或阶段性高位，分时图表现为冲高小幅回落横盘，并出现夹板式挂单，则主力多在出货。（　　）

第八章

操作心得

凡是市场中的成功人士，他们都有一个共同的好习惯：做操作计划和交易记录。这虽然很烦琐、无味，但是很有效。因为我们大脑的记忆量是有限的，随着时间的流逝，我们的记忆就会丢失。留下一定的交易记录和过去的操作计划来随时进行查验，对我们总结交易效果、积累经验有极大的帮助。

想在某个行业和职业里取得成功就必须要有经验和知识，操作股票也不例外，需要花时间学习并在实践中检验，要制订操作策略和计划，不断地加以完善，这样才可能成功。

一个有短线操作习惯的投资者，每天要在电脑显示屏前坐 4 ~5 个小时，不停地变换界面、不停地做出各种决策。市场中有近 3000 只股票，任何一只股票都是瞬息万变的。我们不可能做到对每一只股票都有非常详细的了解，于是走马观花就成了大多数人的习惯。凡是市场中的成功人士，他们都有一个共同的好习惯：做操作计划和交易记录。这虽然很烦琐、无味，但是很有效。因为我们大脑的记忆量是有限的，随着时间的流逝，我们的记忆就会丢失。留下一定的交易记录和过去的操作计划来随时进行查验，对我们总结交易效果、积累经验有极大的帮助。笔者对盘口分时图的截图、交易数据、模型的进出节点等都会做详细记录，如图 8 －1 的模式加以文字的叙述。

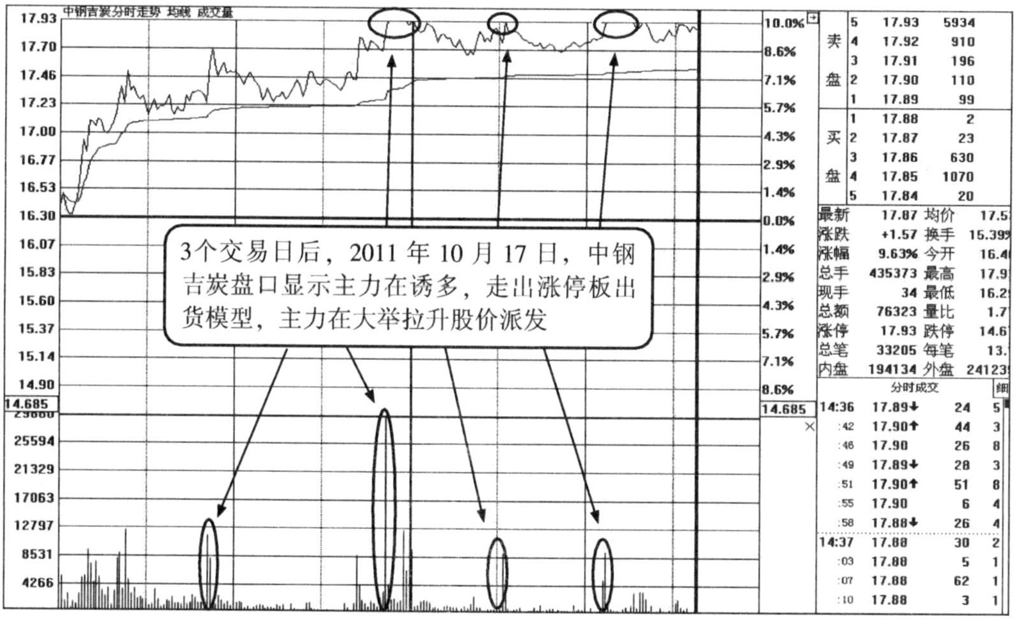
3个交易日后，2011 年 10 月 17 日，中钢吉炭盘口显示主力在诱多，走出涨停板出货模型，主力在大举拉升股价派发

图 8 －1

最好是打印出来并装订成册，并编好日期与号码，以便日后查看。

这样做也对记忆有加深效果，日积月累，很多经验就会很系统地印在脑海里，即使偶尔忘记了某一个，拿出来一查便知。凡是持续成功的投资者，他们都有一个交易记录系统，可以在任何时候回顾任何一笔从进场到出场的整个操作过程。

通过阅读本书，朋友们可以学习到笔者的盘口基础理论、把握主力的几个重要节点（挂单、量峰、进场模型）。客观地讲，大多数朋友是习惯于用技术分析来指导自己的操作，笔者在这里强调，你们应该改掉这种不科学的操作习惯。因为事实证明，市场中亏钱的人都是用技术分析来指导操作的。如果你相信我的观点，学习并运用好盘口语言，你就会成为这个市场里的成功者。

投资者还要养成每天做盘后作业的习惯。我每天在收盘后都要稍稍休息一下，大约1个小时，然后把大盘、强势股、热点股都做一下复盘，对盘口的挂单、量峰、波形和分笔成交都做了解，符合进场模型、出场模型的，异动股等都要做好截图、记录，或者将要操作的股票输入自选股的界面加以监控，做好操作计划。

在操作的过程中请不要被亏损和失败所打击，从而灰心丧气。一个成功的投资者应该拿得起、放得下，没什么了不起的，错了改过来，做好止损的操作，未来不再犯同样的错误。即使是专业人士，在股市里也不可能每一次都操作成功。

只要你反复认真地阅读本书，领悟到其中的精华，在实战中恰当应用，再加上你的聪明才智，我相信会有美好的生活等待着你。

第九章

盘口涨停先锋训练营课程介绍

我在前面几个章节分别讲了盘口的基础。包括挂单、量峰、进场模型等。但是书籍写得再好也不如身临其境的授课效果好。

23 年以来，笔者对市场、个股盘口长时间总结的经验，在实战中获得很好的效果。但是盘中时有出现的主力拉高出货时的暗度陈仓单、口水单，通过书籍很难写清楚。

书籍讲述有很大的局限性。

笔者的盘口语言系列书籍总共写了两个进场模型，分别是 15 和胜利 V 进场模型，这两个进场模型一般适合熊市。大盘在平衡震荡市和牛市时适用的其他 7 个进场模型，以及 3 大出货模型都没有讲述。主要是因为笔者的写作能力不是很强，时间上、空间上的诸多条件也不允许笔者天天抽时间来写书。所以笔者一般采取线下面对面授课的形式来讲盘口语言。

盘口涨停先锋训练营课程内容

第一部分

9 大进场模型：15 、1400 、东西堆量 、三叉戟 、1415、胜利 V 、新股进场 、平台大波段 、涨停板进场 。分别适合熊市、平衡市、牛市的市场环境。

当然在进场模型中我们会讲分时成交里面的主力交易细节，尤其是主力拉涨停板之前出现的口水单，以及主力拉高出货过程出现的暗度陈仓单。笔者会教学员学会在盘中用短短 2 分钟发现并识别这两个交易现象，从而掌握抄底和逃顶的快速高效的操作。

第二部分

3 大出货模型：双元出货模型 、三元出货模型 、涨停板出货模型。适合所有的市场环境。

第三部分

引导学员熟悉并掌握可以带来复利盈利效果的 T +0 战法。

第四部分

运用主力操盘线搏取股票的主升浪。这个部分我们要结合盘口来讲述盘口 K 线（底部的黄金 K 线和顶部的垃圾 K 线）。

第五部分

大盘风险和机会的把握要领。

第六部分

个股的融券操作技巧。掌握这个操作后可以在市场出现调整甚至是熊市来临的时候也能够靠借券卖出实现盈利。

第七部分

如何做盘口的收盘作业。收盘作业也叫复盘，可以帮助我们对个股的主力操作性质做好研判，对我们运用盘口进场模型选股能起到事半功倍的效果。同时对大盘后市走势的研判有很大的帮助。

学员操作效果案例

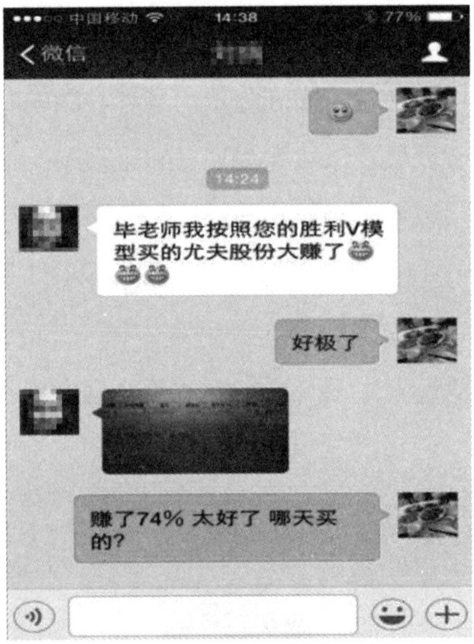

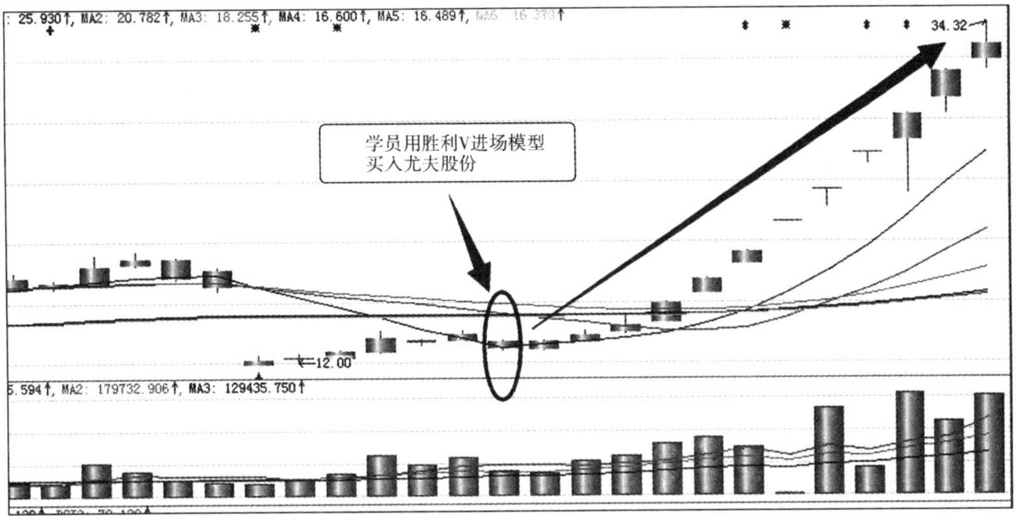
: 25.930↑, MA2: 20.782↑, MA3: 18.255↑, MA4: 16.600↑, MA5: 16.489↑
34.32
学员用胜利V进场模型
买入尤夫股份
12.00
5.594↑, MA2: 179732.906↑, MA3: 129435.750↑

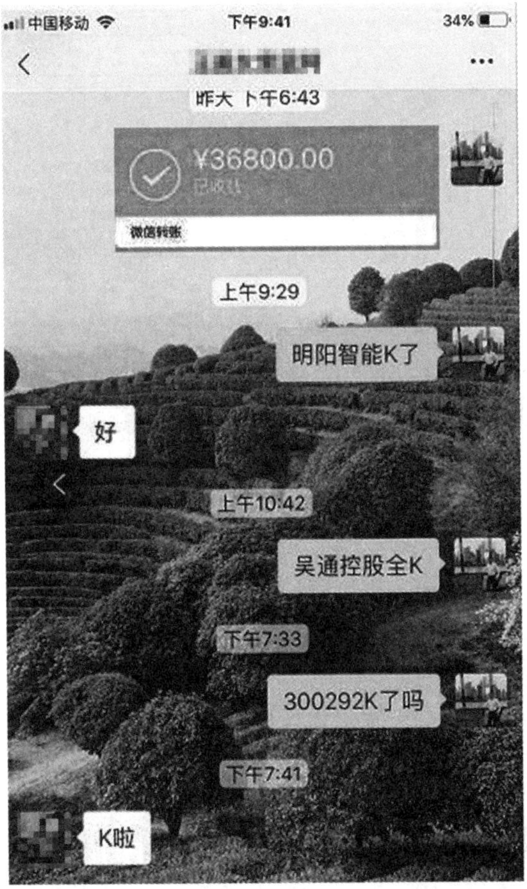
中国移动
下午9:41
34%
昨天 下午6:43
¥36800.00
已收钱
微信转账
上午9:29
明阳智能K了
好
上午10:42
吴通控股全K
下午7:33
300292K了吗
下午7:41
K啦

2019 年 4 月 26 日大盘下跌时学员操作的个股均大幅赢利。

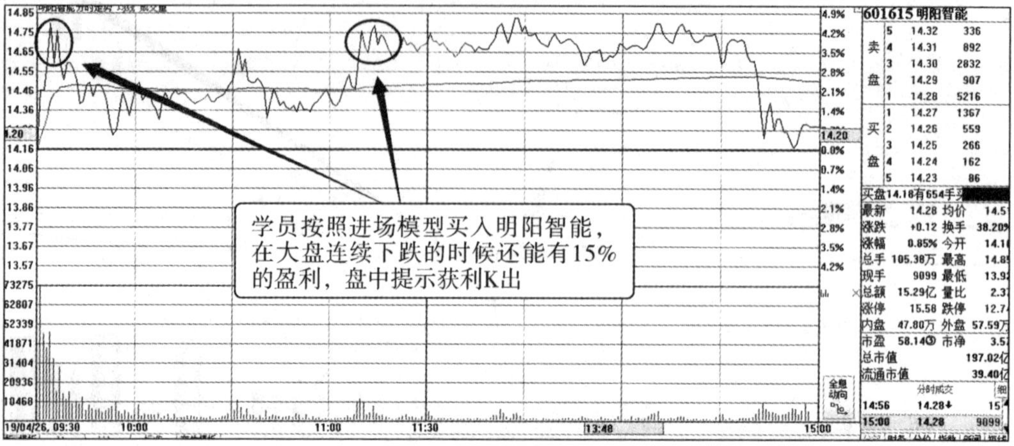
601615 明阳智能
学员按照进场模型买入明阳智能，在大盘连续下跌的时候还能有15%的盈利，盘中提示获利K出

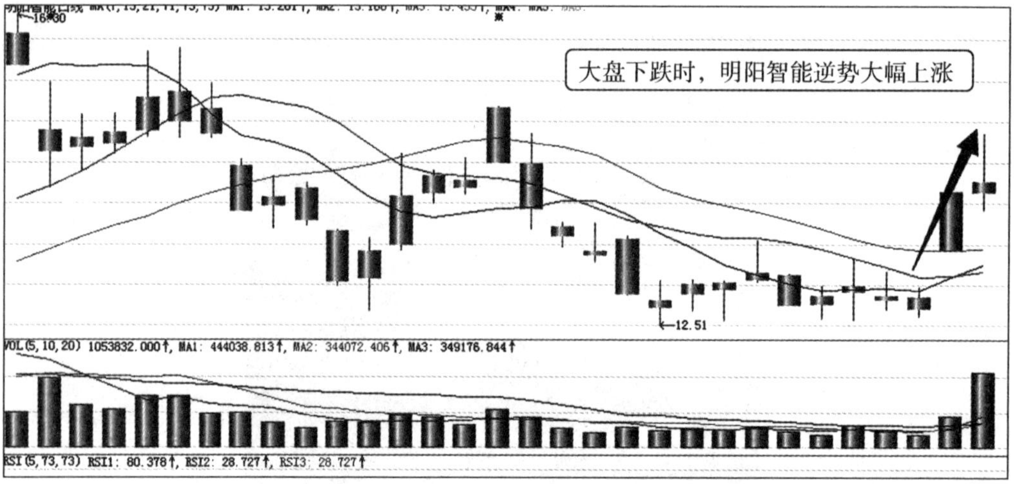
大盘下跌时，明阳智能逆势大幅上涨
12.51

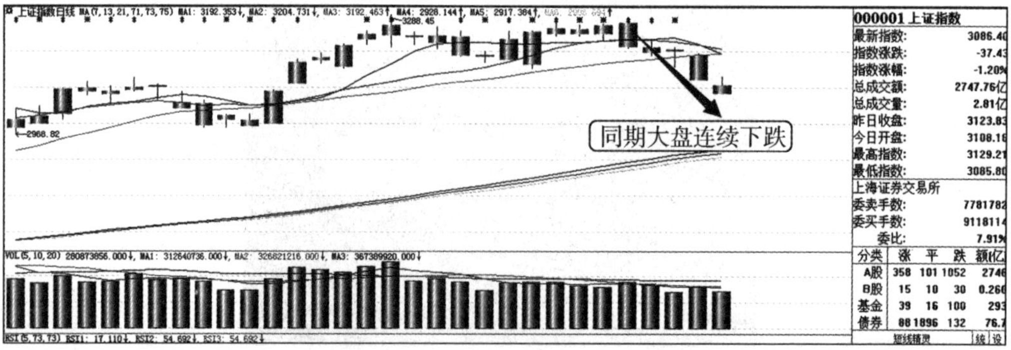
000001 上证指数
同期大盘连续下跌

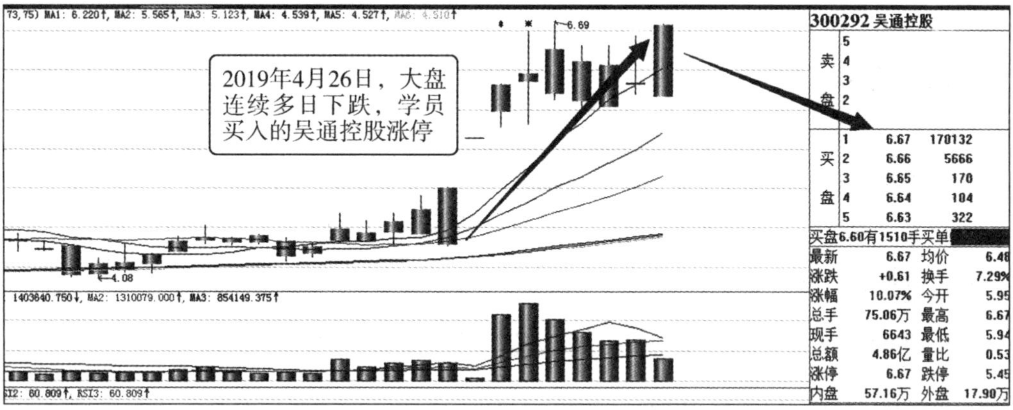

当前股票市值：26,477,473.36 现金余额：4,793,624.73 股票+现金合计：31,271,098.09
浮动盈亏：+1,267,977.86 历史盈亏：+27,637,186.41 总盈亏：+28,905,164.27

码	名称	最新	成本	持仓里	当前市值	平衡价	历史盈亏	浮动盈亏
002040	南京港	13.980		0	0.00	0.000	+1,326,700.83	+0.00
601519	大智慧	9.730		0	0.00	0.000	+1,336,559.62	+0.00
600705	中航资本	5.900		0	0.00	0.000	+583,617.30	+0.00
002958	青农商行	8.270		0	0.00	0.000	+2,992,121.68	+0.00
IF1906	IF1906	4019.200		0	0.00	0.000	+4,123.22	+0.00
000159	国际实业	10.980		0	0.00	0.000	+855,629.55	+0.00
002617	露笑科技	7.170		0	0.00	0.000	+1,359,749.50	+0.00
000830	鲁西化工	15.340		0	0.00	0.000	+18,359.00	+0.00
000078	海王生物	5.230		0	0.00	0.000	-517,910.25	+0.00
600365	通葡股份	6.360		0	0.00	0.000	+445,119.22	+0.00
600218	全柴动力	18.040		0	0.00	0.000	+6,485,676.00	+0.00
300435	中泰股份	18.200		0	0.00	0.000	-358,481.24	+0.00
600875	东方电气	12.130		0	0.00	0.000	+1,078,147.20	+0.00
002177	御银股份	6.030		0	0.00	0.000	-1,083,758.40	+0.00
300292	吴通控股	6.670	5.89	2626000	17,515,420.00	5.911		+1,965,544.86

课程特点

实战性：摒弃传统的高学历派、教条式或理论式教学，全部课程均从实战操作出发，“真正实战操盘体系＋思维拓展训练＋实盘状态训练”。

系统性：回避零零散散的不系统的教学。

集中式：封闭性专业强化训练，快速达到相对职业化操盘手水平。

特优待遇：学员加装一个可以发现主力操盘细节的专用盘口监控软件。

课程优势

1. 零起点。对学历、股票学习基础没有任何要求。

2. 上手快。通过学习，学员能够掌握盘口中主力的操盘细节。从而保证交易时不会拖泥带水、犹犹豫豫。

3. 老师与学员长期在盘中进行互动交流。

4. 学员可以多次重复复训，加深记忆。

后记 AFTERWORD

古希腊数学家阿基米德说过："给我一个支点，我就能撬动地球。"每一位股民也会这样想：给我一个好的操作方法，我就可以在股市里成功。没错，笔者也是这样想的。但是股市里只有两种人：赢家和输家，即使是赢家也做不到每一次操作都只赢不输，他只不过是对风险的控制能力强些罢了。

《盘口语言解密与实战》这本书经过数月整理终于和朋友们见面了，这是笔者的第一本书。由于笔者的写作能力有限，书中略输文采，请朋友们谅解。

笔者只是希望借《盘口语言解密与实战》这本书能架起一座交流的桥梁，互相学习，共同进步，欢迎朋友们来信交流。

交流邮箱：2576168124@ qq. com

博客：http：//blog. sina. com. cn/cfb2008

洞悉国际金融市场风云　　解读环球金融前沿理念
透视世界资本深层潜流　　架构海内外投融资通道
掌控金融投资运作规则　　剖析金融投资成功案例
揭示欧美金融战略规划　　应变未来金融风险措施

北京大學

股票投资学高级研讨班

课程地点：北京大学

特训专家：毕全红

投资风格：通过盘口中主力的操盘细节来对股票进行高胜算的定位，在三种市场行情（牛市、熊市、平衡市）中博取稳定的盈利。

操盘感悟：静观盘口的变化，不急于出手，通过盘口的细节定位操盘动作，当发现主力完成洗盘并走出进场模型后再果断杀入。赢利后通过盘口主力的细微操作发现主力出货时走人。

本课程长期报名电话：18899778486（凌霄）